Hitzemond

Oliver Fehn

Hitzemond

12 Geschichten über menschliche
Abgründe, Ängste und Schatten

Pandämonium Verlag

1. Auflage September 2013

Layout: Gerd Frey
Umschlagbild: Tobias Könemann (www.sidh-art.de);
mit freundlicher Genehmigung
Druck und Vertrieb: Books on Demand GmbH, Norderstedt

Made in Germany

ISBN: 978-3-9813482-9-3

Nur ganz kurz …

Wir alle werfen einen Schatten, der je nach psychischer Tageszeit mal länger ist, mal kürzer. Wir sind nicht von Natur auf gut, so wie einige Spinner uns das glauben machen wollen. Doch unsere wirklichen Ängste haben nichts zu tun mit Dämonen, Phantomen, Vampiren und Geistern, sondern mit Menschen. Zu Recht. Die Abgründe unserer eigenen Seele (und die der anderen) sind es, vor denen wir wirklich auf der Hut sein müssen; denn sie sind unberechenbar. Die faszinierendsten Gestalten der Weltliteratur – Elektra, Ophelia, Phaedra – sind diejenigen, die unter den Bann ihrer eigenen Schatten gerieten, bis sie selbst Schatten wurden und in Schattenwelten lebten. Ihre armen Opfer (die sie manchmal auch selbst waren) hatten nichts zu lachen; sie bekamen es ganz aus der Nähe zu sehen, das Gesicht, das in unseren Albträumen meist nur aufschimmert.

Um das Schattenhafte, um die Dinge, die bei Nacht lebendig werden, geht es auch in den 12 Geschichten in dieser Sammlung. Sie sind über Jahre hinweg entstanden, die älteste davon („Nachtgesang“) schrieb ich, als ich noch ein Teenager war, die neueste („Der schwarze Vorhang“) kurz vor Herausgabe dieses Buchs.

Lesen Sie das Buch nicht, wenn Sie soeben ein seelisches Tief durchlaufen oder sich allgemein leicht ängstigen.

Ansonsten wünsche ich Ihnen viel Spaß!

Münchberg, Ende Juli 2013
Oliver Fehn

Inhaltsverzeichnis

Die erste Kurzgeschichte, die ich schrieb; ich war noch nicht mal zwanzig. Eine jener Geschichten, von denen man Jahre später sagt: „Wenn ich sie damals nicht geschrieben hätte, wäre sie wohl nie geschrieben worden.“

Nachtgesang

„Willst du wirklich kein Taxi nehmen?“, fragte Kitty. „Um diese Uhrzeit ist die Stadt wie ausgestorben.“

Vor der Tür heulten Motoren, und Autos hupten ihr Abschiedskonzert. Sie standen am Fenster, die halbleeren Gläser in der Hand, und winkten den letzten Gästen nach.

„Keine Sorge, Dickerchen“, sagte Judy. „Seit vorhin bin ich doch vierzig. Ein richtig großes Mädchen.“

„Ein altes Mütterchen, meintest du wohl. Wie weit ist es bis zur Pension?“

„Nicht mal eine halbe Stunde.“

Als der Kellner vorbeihuschte, um die Fenster zu öffnen, schielten sie auf seinen Hintern und schubsten sich an – zum hundertsten Mal an jenem Abend. Die kühle Luft tat gut. Im Park gegenüber flackerten Laternen, und über die Straße wehten Müll und alte Zeitungsblätter. Judy zog ein Tablettenröhrchen aus ihrer Handtasche.

„Was für die Seele?“ fragte Kitty.

„Für den Magen. Vertrage nichts Kaltes mehr. Ted sagte vorhin, wir könnten eigentlich in den jungen Tag hineinfeiern. Aber glaub mir, ich wäre gestorben.“

Sie spülte zwei Tabletten mit Wein runter und rülpste lautlos. „Hörst du das?“ fragte sie, und Kitty nickte. „Der Wind flüstert. So haben wir als Kinder immer gesagt.“

„Du bringst was durcheinander.“ Kitty klappte mit den plumpen Fingern ihre Ohrmuscheln nach vorn. „Der Regen ist es, der flüstert. Der Wind geigt."

Sie lauschten, und es war ein Flüstern und Geigen da draußen. Dann lief eine Gruppe Jugendlicher vorbei, die das Konzert mit ihrem Geplärr übertönten. Einer starrte durchs offene Fenster und rief „Oh, eine Peepshow." Judy grinste nervös. Kitty sah wieder auf die Uhr.

„Ich werd verrückt." Judy kicherte und warf den Kopf verspielt an Kittys Schulter. „Du trägst noch immer die alte Armbanduhr, die ich dir zu deinem neunten Geburtstag geschenkt habe? Die mit dem *Speedy-Gonzales*-Motiv?"

Kitty starrte verschämt auf ihr Handgelenk. „Sie leuchtet sogar noch, wenn man das Knöpfchen drückt. Ich hatte sie eigentlich jedes Jahr zu deinem Geburtstag am Arm, aber du hast es nie bemerkt."

Sie ließ Speedys Gesicht auf dem Zifferblatt aufleuchten, begrüßte ihn wie damals mit *Arriba, Señor!* und äffte sein spitzes Grinsen nach.

Auch Judy versuchte sich an einer Speedy-Parodie. „Arriba, Señor. Mann, ist das toll, Dickerchen. Wir sind da, die Uhr ist da, unser Freund der Wind ist da ..."

„Freund? Na ja, damals war das anders." Kitty rieb sich die Arme, wie man es an kalten Tagen am Feuer tut. „Meist hatten wir ganz schön Respekt vor ihm. Vor allem nachts. Am Tag war er harmlos."

„Da geigte er auch nicht." Judy nickte. „Am Tag war er das, was sie uns im Physikunterricht erzählt hatten: bewegte Luft. Nachts war er Musik. Ein Lied in Moll." Sie reckte den Hals zum Fenster. „Oh Gott, was war das denn?"

Sie sprang zum Fenster und lauschte hinaus. Regen trommelte auf ihren Nacken, und sie schüttelte sich. Dann rauschten zwei Autos vorbei. „Hat sich fast angehört, als würde ein Elefant trompeten."

„Vielleicht ist ja ein Zirkus in der Stadt", sagte Kitty, die inzwischen hinter ihr stand und sie mit ihrem Gewicht ans Fensterbrett presste, dann kicherten sie ihr Schulmädchengekicher.

Judy drehte sich um. „Meine Mutter sagte immer, früher hätten die Zirkusleute ihr Zelt auf dem alten Richtplatz aufgeschlagen, wo jetzt das leere Brauereigebäude steht. Oder nicht mehr steht?"

Kitty kreischte, weil der Wind ihre Frisur zerzauste, und beide retteten sich wieder an die Bar.

„Es existiert noch", sagte Kitty. „Ist aber ziemlich verfallen. Und der Zirkus kommt nur noch selten hierher. War wohl ein Brummi."

Judy freute sich über die natürliche Erklärung. „Stimmt. Wenn Brummis bremsen, klingt das manchmal sehr ... wie sagt man, elefantös?"

„Elefantastisch."

„Genau, elefantastisch." Sie gluckten und tranken aus. Allmählich gewann die feuchte Nachtluft im Kampf gegen Tabakschwaden und schalem Biergeruch die Oberhand. Der Kellner trug die letzten Gläser in die Küche.

„Soll ich dich nach Hause begleiten?", fragte Judy an der Garderobe, wo ihre Mäntel wie zwei Verbrecher an einer Galgenstätte baumelten. Sie prüfte, ob der Zimmerschlüssel mit dem klobigen Anhänger noch in ihrer Tasche steckte und fand ihn unter einem Wust von Taschentüchern.

„Ich schaff's allein, sind doch nur ein paar Schritte", antwortete Kitty. „Ist mir übrigens immer noch ein Rätsel, wieso du kein Taxi nimmst."

„Weil ich träumen will, Dickerchen", sagte Judy. „Wann krieg ich schon mal was von meiner alten Stadt zu sehen?"

Sie sog die süße Nachtluft ein, als könne sie so die alten Zeiten zurückholen, die Tage mit Kitty, dem Wind und den Geheimnissen. Sie war längst zur Großstadtbewohnerin geworden und hätte es hier nicht mehr ertragen. Einmal im Jahr aber die große Party und alte Freunde wiedersehen, das musste sein. Es bewahrte sie davor, stumpf zu werden und zu vergessen.

Kitty umschlang sie mit ihren fleischigen Armen. „Mach's gut, großes Mädchen. Arriba, Señor.“

In dem roten Haus, nur ein paar Schritte entfernt vom Brauereigebäude, hatten sie damals gewohnt: sie, ihre Eltern und Melissa. Dann starb Judys Mutter, und die Gemeinde erwarb das Haus; seitdem stand es ungenutzt.

Sie presste die Nase gegen das Fenster, hinter dem einst ihr Zimmer gelegen hatte. Ein kahler Raum; auf dem Boden Betonsäcke und Maurerutensilien. Dann lief sie ein paar Schritte weiter und spähte in Melissas Zimmer. Dasselbe. An die Fensterscheibe hatte jemand einen selbstklebenden Schmetterling gedrückt, auf dessen Flügeln *All You Need Is Love* stand.

Sie ging zur Haustür und drückte die Klinke nieder. Verschlossen. In einem Horrorfilm wäre das anders gewesen: Sie wäre eingetreten und hätte Schritte im Treppenhaus gehört, und ihre tote Mutter hätte ihr Kaffee und Kuchen gebracht, als hätte sie all die Jahre über nur gewartet. *Mach's gut, liebes altes Haus*, flüsterte sie, ehe sie weiterging.

Auch das Brauereigebäude, das an Sommertagen salzigen Trebergeruch verströmt hatte, barg eine wichtige Erinnerung. Über eine Treppe an der Seitenfront gelangte man über einen unterirdischen Korridor zu den Kellern. Dort hatte man sich wunderbar verstecken können: vor der Weißen Bande (ein paar Jungs, die mit Eisbärenmasken Jagd auf Nachbarmädchen machten, um ihren Puppen die Augen auszustechen), vor dem Buckligen aus dem Nachbarhaus, dem niemand begegnen wollte, weil er bucklig war, und einmal auch vor einem Pferd, das aus einem Schlachttransporter gesprungen und panisch durch die Straßen galoppiert war.

Nur Kitty, Melissa und sie hatten das Versteck gekannt. Einmal war sie einen ganzen Tag lang nicht mehr hervorgekommen, und Kitty hatte ihr am Abend Kekse und Limo gebracht, als Überlebensration. Dass die Brauerei an einem Ort stand, wo man in alten Zeiten Verbrecher hingerichtet hatte, machte das Spiel natürlich besonders gruslig. Zumindest für Judy und Kitty. Melissa nahm es eher mit Gleichmut hin.

Während Regentropfen von ihrem Kopftuch abprallten wie Gewehrkugeln, dachte sie an ihre Schwester. Ob sie unruhig wurde, wenn draußen der Wind geigte? Ob die Pfleger ihr Medikamente spritzten oder ihr ein Radio in die Zelle stellten, damit sie Ruhe gab?

Beim Überqueren der Flussbrücke sah sie hinüber zu dem großen Gebäude mit den vielen beleuchteten Fenstern. Ihre Schwester hatte im fünften Stockwerk gewohnt, hinter dem dritten Fenster von rechts, doch das war Jahre her, und vermutlich hatte man sie längst in eine andere Zelle umquartiert. Judy wusste es nicht, weil sie Melissa nie besuchte.

Ein einziges Mal war sie dort gewesen, vor mehr als zwanzig Jahren, um sie zum Geburtstag zu überraschen. Mit einem Ständchen auf der alten Stradivari, Melissas einzigem Vermächtnis. Sie hatte sich ein heiteres Stück ausgesucht, was von Mozart, und monatelang geübt, bis ihr die Fingerkuppen bluteten. Auf Melissas Ohren jedoch schien es nicht harmonischer zu wirken als das Gejaule von Hunden.

„Was ist mit Hütchen?“ fragte sie nach der ersten Strophe und starrte ihre Schwester durch stecknadelgroße Pupillen an. „Hast du Hütchen schon vergessen?“

Judy ließ sich nicht verunsichern und spielte auch die zweite Strophe. Es war Frühling; Knospen sprossen aus den Bäumen, und Kinder liefen barfuß, während sie hier spielte, mit rotem Kopf, und Melissa auf ihre Anstaltsschuhe starrte, die Lippen zusammengepresst, die Finger gekrümmt, eine Missgeburt hinter Glas.

„Ich hab geträumt, du bringst Hütchen mit, und Hütchen hat sein Totenhemd nicht mehr getragen, und alles war nur ein böser Spuk“, sagte sie.

Dann war Judy gegangen, weinend, um die verhexte Geige für immer auf den Dachboden zu verbannen. Ein Pfleger hatte sie zur Tür begleitet.

„Es steht nicht gut um sie. Sobald sie träumt, fängt sie an zu frieren. Dann läuft sie barfuß durch den Schnee, um nach Hütchen zu suchen. Seien Sie nicht traurig. Sie haben sich alle Mühe gegeben.“

Eine Hand griff nach ihrer, als sie an der Brücke stand und sich das Treiben in der Anstalt vorstellte. Seltsamerweise erschrak sie nicht. Sie spürte kurze, weiche Finger, wie die eines Kindes; die Nägel abgekaut.

„Willst du mit mir Liebe machen?“ fragte der Junge.

Als sie sich zu ihm umdrehte, starrte er zu Boden und zog die Schultern hoch. Am Kragen des roten Flanellhemdes, das er auf der nackten Haut trug, baumelte ein Preisschild, auf seiner spärlich behaarten Brust sah sie Gänsehaut. Er roch wie feuchte Lumpen.

„Mir ist kalt im Regen. Wollen wir Liebe machen?“

Sie zog eine kleine Nagelschere aus ihrer Handtasche, trennte das Preisschild ab, und der Wind nahm es mit. „Jetzt bist du viel schicker. Woher hast du denn dieses Hemd?“

Er wich einen Schritt zurück und klammerte sich an einen Laternenpfahl. „Die anderen haben es für mich ausgesucht. Mich haben sie nicht mit ins Geschäft gelassen.“

„Welche anderen?“ fragte Judy.

„Die aus dem Eispalast. Dort haben wir alle gewohnt, bis heute Morgen.“

Sie strich ihm über den Nacken. „Ich kann keine Liebe mit dir machen. Ich habe einen Mann. Einen sehr zornigen Mann. Er würde dich schlagen, wenn er es herausbekäme.“

Der Junge zog die Mundwinkel herab. „Ich will nicht, dass einer mich schlägt.“ Nach einer Weile blitzten seine Augen. „Aber wir könnten es heimlich tun.“

Sie deutete mit dem Finger auf das Anstaltsgebäude. Hinter

Melissas früherem Fenster huschten Schatten auf und ab. „Dort drüben wohnt meine Schwester“, sagte sie. „Dort leben die Menschen hinter Glasscheiben.“

Er nickte lange und vergaß vielleicht, worüber. „Kaufst du mir eine warme Jacke?“

„Ja, aber erst morgen früh. Jetzt sind alle Läden geschlossen.“

Er lächelte, als hätte sie ihm ein süßes Geheimnis verraten. Während sie nebeneinander herliefen, starrte er auf ihre Beine. Es war nicht das Starren von Männern, die nur auf den richtigen Moment warten. Er schien zu wissen, was auf keinen Fall geschehen durfte.

In diesem Moment hörten sie den Gesang zum ersten Mal.

Er kam aus den Flussniederungen, wo keine Lichter brannten, kam näher und entfernte sich. Eine trällernde Opernstimme. Sie sah hinab, um die fremde Sängerin zu erspähen, sah aber nichts als Schwärze.

„Klingt wie aus einer Zauberoper“ sagte sie. „Wir sind nicht allein.“

Der Gesang rutschte in den Keller, um sofort wieder pfeilgeschwind zu einem hohen C emporzuschnellen, das ein ekstatisches Halleluja ebenso sein konnte wie ein Schmerzensschrei. Als sie nach seiner Hand griff, spürte sie, dass er zitterte.

„Sie kann mal wieder nicht schlafen“, murmelte er. „Dann steht sie auf und singt. Und sucht nach dem, den sie verloren hat. Sie hat mir nie von ihm erzählt, aber wahrscheinlich gab es eine Zeit, in der die beiden täglich Liebe machten.“

„Wer bist du eigentlich?“ fragte sie, als sie durch menschenleere Gassen liefen. Sie gingen jetzt Hand in Hand, aber sie wusste nicht, ob sie das wollte.

„Ich bin Mooney“, sagte er. „Der Mann im Mond. Aber ich war immer ein guter Mann im Mond. Ich habe mich nie mit der Eisprinzessin angelegt.“

Sie nickte, als erzähle er ihr von gemeinsamen Bekannten. Sobald sie an einer Sitzbank vorbeikamen, spürte sie ein Zucken in seiner Hand. Sie antwortete mit einem Ruck in die Gegenrichtung, wie bei Hunden, die man leinenführig macht.

„Die Eisprinzessin“, wiederholte sie. „Ist das die Frau, die wir singen hörten?“

„Nein“, antwortete er ungeduldig. „Die Eisprinzessin ist die, die uns die Zuckerperlen gibt.“

„Eine gute Prinzessin also?“

Er schüttelte energisch den Kopf. „Wenn sie gut wäre, hätten wir nicht aus ihrem Palast fliehen müssen.“

Sie ertappte sich dabei, seine Finger zu streicheln. Er streichelte zurück. Ihre Hände machten Liebe.

„Und die Frau, die gesungen hat?“

„Hat tote Augen. Starrt und starrt.“ Als seine Finger sich in vertraulichere Regionen vorwagten, riss sie sich los. Mooney nickte, als würden alle Dinge im Leben so enden.

Er deutete auf ein Bushäuschen am Ende der Straße, in dem ein schummriges Lämpchen brannte. „Verstecken wir uns dort? Bauen wir uns ein Nest?“

Sie lachte. „Lauf schon.“

Sie rannten los, und es war, als würden sie im Regen fliegen, dann stolperte sie über eins von Mooneys langen Beinen, stürzte und zog ihn mit, und sie kugelten über die Straße und lachten, und es war wie Liebe machen, nur ohne Liebe.

„Oh.“ Sie deutete auf die Straße, lachte und hielt sich an seiner Schulter fest. „Ich hab meine ganzen Papiertaschentücher ausgesät.“

Er winkte ab. „Die holt sich der Regen.“

Im Bushäuschen hoffte sie, dass Mooney ihre Kindereien nicht als Einladung verstanden hatte. Als sie sich auf die fleckenübersäte Bank setzten, vor der Eispapier und Zigarettenkippen im Schmutz klebten, presste er sie an sich. Sein Atem in ihrem Gesicht war kühl wie der Mond.

„Hörst du? Jetzt singt sie wieder. Was tun wir, wenn sie uns hier entdeckt?"

Sie spähten durch die kleine Türöffnung auf die andere Straßenseite, wo an einer Fassade rosa und grüne Lämpchen sich zu dem Schriftzug *Bar Amor* formten. Die Fenster waren gekippt, sie hörten Dean Martin, wie er *Everybody Loves Somebody* lallte, dann klirrten Gläser. Die *Bar Amor* hatte noch geöffnet.

Der Gesang war jetzt nur noch wenige Schritte vom Bushäuschen entfernt. Sie eilten über die Straße, steuerten die Eingangstür an, und der Mann im Mond versteckte sich hinter Judy.

„Erzähl mir deine Geschichte", sagte er, als sie an einem der kleinen Marmortische saßen und ein wortkarger Wirt ihnen ihre Getränke servierte: Rotwein für sie, und einen Mondschein-Cocktail für Mooney. Er lachte und rührte das indigofarbene Getränk mit dem Finger um. Dann versuchte er, dasselbe mit Judys Wein zu tun, aber sie gab ihm einen Klaps auf die Hand.

Außer ihnen war niemand hier. Im fahlen Licht der Kerze auf dem Tisch betrachtete sie sein Gesicht zum ersten Mal genauer. Ein Teenager, mit Flaum auf der Oberlippe. Rosige Wangen. Und breite, durstige Lippen, die ihn ein wenig entstellten. Als er lächelte, sah sie seine Kinderzunge.

„Was für eine Geschichte?" flüsterte sie. Hinter dem Tresen stand der wortkarge Wirt und starrte sie an.

Er zuckte die Achseln. „Jeder hat eine Geschichte. Ich könnte dir zum Beispiel erzählen, warum ich im Eispalast gelandet bin. Willst du es wissen?"

Sie trommelte im Takt zu Dean Martin, der sein Lied bereits zum dritten Mal sang. Sobald die Platte zu Ende war, warf der Wirt eine neue Münze in die Jukebox.

„Du wolltest Liebe machen", sagte sie. „und jemand anderes wollte es nicht."

Seine Augen verwandelten sich in kleine Schlitze. „Du bist

ziemlich schlau.“ Unter dem Tisch berührten sich ihre Knie.

„Dann bist eben du dran“, sagte er.

Sie seufzte. „Es gibt viele Geschichten. Welche willst du hören?“

„Die von der Kälte. Von der Welt, die immer kälter wird. Davon handeln die meisten Geschichten.“

Sie trank von ihrem Wein, der einen Hitzestoß durch ihre Venen jagte. „Du hast Recht. Es ist kalt geworden auf diesem Planeten. Als wäre immer Winter. Ich hatte eine Schwester, die beschloss, sich für immer in ihr kleines, überheiztes Zimmer zurückzuziehen. Auch im Sommer knisterte dort immer der Ofen. Zuletzt ließ sie niemanden mehr zu sich. Seit jenem schwarzen Tag. Dem schwärzesten in meinem Leben.“

Er nickte, als wäre er dabei gewesen. „Es gibt solche Tage. Da gefriert einem das Blut in den Adern. Meine Schäferhündin ist an Darmkrebs gestorben, als ich noch klein war. Sie hat alles vollgekackt: ihre Decke, mein Bett, jeden Teppich. Dann ist sie gestorben. Ich habe nicht geweint. Aber wenn ich irgendwo am Weg Hundekacke sehe, werde ich traurig. Dann friere ich und muss über den Tod nachdenken.“

Sie wischte ihm einen hartnäckigen Regentropfen von der Nase und lächelte. Vielleicht war er ja ein Engel, der fremde Junge, der kackende Hunde liebte und keine Tränen mehr hatte.

„In meiner Geschichte spielt auch ein Hund mit“, sagte sie. „Aber nur in einer Nebenrolle. Die Hauptrolle in meiner Geschichte spielt ein Elefant.“

Mit diesem Elefanten hatte alles angefangen. Hütchen hatte Melissa ihn getauft, und sie trug das Stofftier die ganze Zeit mit sich herum, auch in die Kirche und jene rätselhafte Schule am Stadtrand, von der Judy bald glaubte, sie sei verflucht: eine Schule für Kinder wie Melissa, die mit Schneeflocken sprachen und Briefe an Engel schrieben. Die nicht blöd sein konnten, weil sie – das betonte ihre Mutter oft – wunderbar Geige spielten und sich komplizierte Notenfolgen einprägen konnten. Die aber die Zähne fletschten und ihre Finger zu Krallen bogen, wenn man sie mit rosa Fliedersträußen fotografierte, in einem weißen Kleid, das aussah wie ein Totenhemd.

Hütchen.

Judy sollte ihn in Pflege nehmen, als Melissa für ein paar Tage mit ihrer Schulklasse in die Berge fuhr. „Du musst ihn bei dir schlafen lassen", sagte sie. „Er war noch nie allein. Und du musst die Heizung in deinem Zimmer einschalten, auf Höchststufe." Es war August, und auf den Straßen schmolz der Teer. Judy nickte nur.

„Vergiss es auf keinen Fall", ermahnte Melissa sie am nächsten Tag, bevor sie in den Bus stieg und ohne Tränen Richtung Süden fuhr. „Schlimm genug, dass er an seinem vierzigsten Geburtstag allein sein muss."

Hütchens Geburtstag wurde jedes Jahr groß gefeiert. Mit Bananen, Erdnüssen und Bonbons, die Melissa zum Schluss alle selbst verspeiste. Den Elefanten hatte ihr Cousin ihr vor fünf Jahren auf dem Volksfest geschossen. An jenem Tag war Hütchen zur Welt gekommen, und nun wurde er laut Melissa jedes Jahr zehn Jahre älter, so rechne man das bei Elefanten. Als Judy nach Hause kam, lag ein Zettel mit rosa Schmierschrift auf ihrem Bett: *Deng an meinen Ellefanten.*

Doch nicht eine Nacht lang war Judy gehorsam. Sie verschmachtete fast in ihrem Bett, zerwühlte die nassgeschwitzte Decke und zog sich schließlich nackt aus. Hütchen lag mit ausgestrecktem Rüssel neben ihr und grinste.

Als die Sonne aufging, hatte sie die Nase voll. Sie packte den Elefanten bei den großen Ohren und begann ihn zu schütteln: „Okay, mein Junge. Grins du ruhig. Du erträgst keine Kälte, und ich ertrage verdammt noch Mal keine Hitze. Die letzten sieben Stunden waren *deine* Show – jetzt zeige *ich* dir mal, was für ein großartiges Gefühl es ist, sich für andere zu opfern." Sie nahm Hütchen, trug ihn runter in den Keller und steckte ihn in die

Tiefkühltruhe. Dann ging sie auf ihr Zimmer, stellte die Heizung ab, riss alle Fenster auf und schlief ein.

Als sie Hütchen am nächsten Morgen aus seinem eisigen Gefängnis befreite, lächelte er wie immer. Es klebten aber Eisperlen an seinem Rüssel, und sein Fell, vollgesogen mit Judys gefrorenem Schweiß, fühlte sich klamm und borstig an. Sie fönte ihn ab und warf ihn auf den Garderobenschrank; dort blieb er liegen, bis Melissa zwei Tage später von ihrer Fahrt zurückkam. Man sah, dass ihr die Berge keinen Spaß gemacht hatten, vermutlich vor Sorge um Hütchen. Judy brachte ihr den Elefanten, und die große Schwester presste ihn an ihre Brust. Sofort jedoch musterte sie das Stoffbündel mit irrem Entsetzen.

„Was hast du mit ihm gemacht?“ rief sie.

„Was soll ich mit ihm gemacht haben?“

Melissa ballte die Fäuste. „Er ist tot. Du hast ihn umgebracht.“

Judy zeigte ihr den Vogel. „Wie kann er tot sein, du dumme Kuh? Stofftiere sind schon tot, wenn sie geboren werden. Schlitz ihm den Bauch auf, und du findest nichts als stinkende Holzwolle. Tot, meine Güte.“

„Er ist tot“, flüsterte Melissa, und eine Träne fiel auf Hütchens Fell und blieb dort hängen wie Geifer. „Erfroren.“

„Sie rannte in mein Zimmer, nichts hätte sie aufhalten können, und ich musste hilflos zusehen, wie sie sich rächte: an Frosty, meinem kleinen Eskimohund. Sie würgte ihn, ihre knochigen Finger krallten sich um seinen Hals. Es war entsetzlich.“ Als sie sah, wie der Mann im Mond eine Braue hob, sagte sie: „Natürlich, Frosty war auch nur ein Plüschtier. Aber, zum Teufel, nicht in diesem Moment.“

Mooney trank von seinem Mondscheincocktail. Seine Augen blickten sanft und teilnahmsvoll, als erlebe er im Geiste alles mit.

„Du wirst mich für übergeschnappt halten“, sagte sie nach einer Schweigeminute. „Frosty sah aus wie zuvor, seine lange rote Zunge leuchtete noch immer wie Himbeer-Götterspeise. Aber ganz sicher war ich mir nicht, was Melissa mit ihm angestellt hatte. Du verstehst, was ich meine. Oder verstehst es auch nicht. Hütchen und Frosty waren natürlich schon immer tot gewesen, aber jetzt waren sie ... irgendwie anders tot."

„Anders tot", wiederholte Mooney, als sei es das Schlüsselwort. Das Schlimmste hatte sie ihm nicht erzählt: Nachdem Melissa ihrem Elefanten ein Totenkleid genäht und ihn im Garten begraben hatte, hatten sie und Kitty ihn heimlich wieder ausgebuddelt, waren damit nachts in ihr Zimmer geschlichen, hatten Hütchen mit einer Taschenlampe angestrahlt und sich dazu ein gruseliges Trompeten aus den Kehlen gequetscht. Melissa war vor Angst fast übergeschnappt. Aber solche Geschichten erzählte man nicht. Jedenfalls nicht Engeln, die immerzu froren.

„Wir schließen." Der Wirt stand mit einem großen Portemonnaie vor ihrem Tisch. Erschrocken hob Mooney die Hand an den Mund, doch Judy winkte ab. „Ich zahle für uns beide. Darf ich ein Taxi rufen?"

Er sah auf die Uhr, dann nickte er. Sie kramte in ihrer Börse. Kramte und kramte. Es fehlten ihr vierzig Cent.

„Das geht nicht", sagte der Wirt. „Das haben schon andere versucht. Hat Ihr Kavalier nichts einstecken?"

Mooney fühlte sich nicht angesprochen. Nachdem Judy ihm erklärt hatte, worum es ging, schüttelte er den Kopf.

„Wir brauchten kein Geld im Eispalast", sagte er. „Ich hab nur Kautabak in meiner Tasche. Und Murmeln."

Der Wirt rief einen Frauennamen, und eine dicke Frau trat aus einem Verschlag.

„Zechpreller, so nennt man das doch?" sagte sie, nachdem der Mann sie aufgeklärt hatte. „Wir werden die Polizei rufen."

„Aber es sind nur vierzig Cent." Judy schüttelte verzweifelt den Kopf. „Ich kann es Ihnen morgen vorbeibringen."

„Sparen Sie sich's." Der Wirt ließ das große Portemonnaie zuschnappen. „Mir reicht's, wenn ich euch beide nicht wiedersehe. Und jetzt aufstehen und gute Nacht. Das Telefongespräch könnt ihr vergessen.“

Der Regen versetzte ihnen wütende Ohrfeigen, als sie sich draußen in die Arme fielen. Mooney summte *Everybody loves somebody*, immer nur die eine Zeile, und wieder flüchteten sie in ihr Bushäuschen, und als Judy keine Stimme hörte, die da irgendwo sang, lachte sie. Der Wind war warm und der Regen süß; sie schnappte ein paar Tropfen mit den Lippen auf. Ihre Jubelstimmung verflog, als Mooney fragte:

„Darf ich bei dir schlafen?“

Sie räusperte sich. „Ich hab doch nur ein Hotelzimmer.“

Er sah sie flehend an. „Bitte. Ich weiß nicht, wo ich sonst hin soll. Die anderen werden sich den Hintern abfrieren, in ihren Kellergewölben und unter den Brücken. Aber Mooney hat ein Zuhause. Weil er charmant ist und die Frauen ihn mögen.“ Er legte die Hände aufeinander, als wolle er beten. „Bitte.“

„Okay. Vielleicht darfst du bei mir schlafen. Aber nicht *mit* mir.“

Sein dankbares Lächeln schien ihn Mühe zu kosten. Wahrscheinlich hoffte er, es sei nicht ihr letztes Wort.

Vielleicht *war* es ja nicht ihr letztes Wort.

„Stimmt was nicht?“ fragte Mooney, als sie vor der Hoteltür standen. „Du guckst so seltsam.“

Ja, du Schlaumeier, dachte sie, es stimmt was nicht. Sie kramte in ihrer Manteltasche, ihre Finger bohrten und tasteten, dann spürte sie Tränen in den Augen. Der Schlüssel war weg.

Na klar, ihre Aktion mit dem Sturz. Die Taschentücher, die überall auf der Straße lagen. Der Schlüssel musste mit ihnen herausgefallen sein. Warum zum Teufel hatte Mooney die Taschentücher gesehen und nicht den Schlüssel?

„Ich glaube, aus unserer gemeinsamen Nacht kann nichts werden.“ Sie erklärte ihm alles und ließ es so klingen, als hätte sie heute Nacht wer weiß was mit ihm anstellen wollen.

„Das sagst du nur so, stimmt's?“ Mooney zog eine Schnute.

„Du willst warten, bis ich weg bin, und dann allein pennen, stimmt's?“

An seiner Stelle hätte sie das auch so interpretiert. Aber sie wollte ja gar nicht, dass er ging. Wenn Mooney weg war, war sie allein. Mit dem Regen und den leeren Straßen. Im Hotel gab es keinen Nachtportier, es befand sich nicht mal eine Glocke an der Tür. Sie war obdachlos. Sie waren es beide.

„Ich werde dich nicht in Ruhe lassen“, sagte Mooney und packte ihren Arm. Würde nun dasselbe geschehen wie damals, ehe sie ihn in den Eispalast steckten?

Sie tätschelte seine Hand. „Doch, das wirst du.“

Er sah sie mit runden Augen an, dann blendete sie Scheinwerferlicht, und ein Bus hielt. Außer zwei jungen Mädchen stieg niemand aus. Der Bus war leer bis auf eine Japanerin, die ganz hinten saß und ihnen aus dem Fenster zulächelte. Judy winkte, und sie winkte zurück. Die Japanerin warf den Kopf in den Nacken und lachte. Sie wirkte beschwipst. Während der Motor im Leerlauf vor sich hingurgelte, sahen sie, wie der Busfahrer an einen Baum urinierte. Mooney klopfte an die Scheibe, und die Frau zeigte ihm die Zunge.

„Sie will Liebe machen“, sagte er zu Judy.

„Bist du dir da sicher?“

Er nickte, als sei er auf diesem Gebiet ein alter Hase. „Die anderen müssen frieren. Unter den Brücken und in den Kellern. Aber der Mann im Mond wird es warm haben. Weil keine Frau ihm widerstehen kann.“

Er streckte Judy die Hand hin und küsste sie auf die Stirn. „Nimm dich in Acht, Liebes. Sie sind unterwegs. Und wenn die Frau wieder singt, versteck dich gut. Sie sucht nach ihrem Liebsten. Und nach einem Mädchen, das ihn ihr weggenommen hat, für immer. Gott segne dich. Und grüß mir den Mond.”

Er sprang in den Bus, dann sah Judy, wie er neben der Japanerin in den Sitz sank und eine Menge erzählte. Sie hob die Schultern und gestikulierte. Dann stieg der Busfahrer zurück in sein Cockpit, der Motor knatterte, und sie fuhren weiter. Der Mann im Mond winkte, und das Mädchen winkte mit.

Judy sah ihnen nach und schwenkte ein Taschentuch. Ein kalter Windstoß entriss es ihr und ließ es in den Nachthimmel segeln wie einen verirrten Drachen.

Sie lief zurück in die Richtung, aus der sie gekommen war, und im Rauschen des Regens, der wie wütende Schnäbel auf sie einpickte, vernahm sie obszöne Worte.

Sie musste bei Kitty läuten; es war die einzige Möglichkeit, nicht irgendwo unter einer Brücke schlafen zu müssen. Immer wieder blieb sie stehen und hielt sich die Seite, weil ihre Lungen sich jedem Atemzug widersetzten. Es war wie damals, als sie vor der Weißen Bande geflohen war: Hilflose Kinderangst, die sich auch nach Jahren noch genauso anfühlte.

Als sie vor der Tür des Mietshauses stand, in dem Kitty wohnte, läutete sie Sturm. Mein Dickerchen wird nicht öffnen, dachte sie, denn in bösen Filmen öffnete nie jemand. Ihre Blicke streiften Kittys Briefkasten, aus dem ein Versandhauskatalog ragte, ein in narbige Plastikfolie eingeschweißter Wälzer. Sie hielt ihn ins Licht der Straßenlaternen. Heute Morgen mit der Post gekommen. Warum hatte Kitty ihn bei ihrer Ankunft nicht mit ins Haus genommen?

Vielleicht, weil Kitty nie zu Hause angekommen war ...?

Die Brauerei. Warum war ihr dieser Gedanke nicht gleich gekommen? Ihr Geheimversteck. Bis der Morgen kam und die Straßen sich belebten, würde sie dort geschützt sein. Am Horizont platzte schon der Himmel und schickte die ersten Streifen Licht, wie beschlagenes Silber.

Zum ersten Mal im Leben stieg sie bei völliger Dunkelheit dort hinab. Hätte wenigstens ein Stern durch die Luke geblinzelt. Lieber Mann im Mond, falls du wirklich ein Engel warst, dreh jetzt mit deiner Laterne eine Ehrenrunde für mich. Auch wenn ich nicht mit dir Liebe machen wollte, hilf mir trotzdem. Dafür werde ich lernen, den Mond zu umarmen, und wir können ein Paar sein, wenn die warmen Nächte kommen.

Der Mann im Mond reagierte nicht. Er musste weit weg sein, so weit wie das Meer, oder wie Japan vielleicht.

Dann hörte sie jene Schritte, wie sie *tack-tack-tack* die Treppe herunterkamen. Stöckelschuhe. Nicht flink wie am Morgen, wenn die Welt erwacht, sondern langsam und schwer.

Nachtschritte.

Wenn sie nicht schlafen kann, steht sie auf und singt. Weil sie nach dem sucht, den sie verloren hat.

Kein fröhlicher Gesang, der hüpfte und perlte.

Nachtgesang.

Wenn der Himmel sich zuzieht und Winde sich quälen,
kommt der Mitternachtsengel, hat Hunger auf Seelen.

Judy summte mit. Dann fielen ihr weitere Worte ein, eine ganze Strophe. Als Kinder hatten sie sich vor diesem Lied gegruselt. Zumindest Judy. Vor diesem irren Liedchen, das niemand erfunden hatte, das es auf keiner Platte gab, das ihre Mutter nicht kannte, ihre Großmutter nicht, und von dem ihre Lehrerin sagte, es sei scheußlich, nichts für Kinder. Der Mitternachtsengel. Judy hatte ihn sich in schneeweißem Gewand vorgestellt, mit Fingernägeln wie Eiszapfen.

Von der kleinen Kitty im Hause dort drüben
sind nichts als silberne Schuhchen geblieben.

Sie hatten verschiedene Namen eingesetzt, ein Gruselspiel für Kinder. Von der kleinen *Judy*, der kleinen *Melissa*, von ihnen allen waren nur silberne Schuhchen geblieben. Oder ein Geigenkasten. Oder Hütchen, der Elefant. Das erste Opfer einer langen bösen Eiszeit.

Kommt der Morgenwind dann und bläst auf den Wegen,
weht dir nur der Geruch von Knochen entgegen.

Wer dieses Lied noch einmal singt, schreibt eine Strafarbeit. Aber war es denn so schlimm? Schlimmer als der Bi-Ba-Butzemann, dessen Name so lustig klang und der in Wahrheit auf Dachböden lebte und junge Vögel fraß? Oder der Heidschi Bumbeidschi, der in den Weihnachtstagen Babys aus ihren Wiegen raubte? Böse Mädchen sangen mit. Sie tat es jetzt.

Der Regen, der Regen hat alles gesehen,
und er schweigt, und er schweigt, bis die Spuren verwehen.

Die Stimme war jetzt ganz nahe. „Alles Gute zum Vierzigsten."

Dann spürte Judy eine Hand, die sich um ihren Nacken legte und ihr die Schulter drückte, so wie man kleine Schwestern tröstet. Dann die Finger an ihrem Hals. Die sich keine Zeit ließen, sondern es schlagartig taten, wie eine zuschnappende Falle. Ihre Knie gaben nach.

Das Seltsame war, dass sie weich fiel, wie auf einen Kleiderhaufen oder einen Berg von Marshmallows. Während ihr letzter Schrei von einem hohen C erstickt wurde, klammerten sich ihre Hände an das nächstbeste Etwas – einen menschlichen Arm. Ein sanftes Licht strahlte auf. Speedy Gonzales, mit seinen frechen Mäusezähnen, grinste sie an.

„Arriba, Señor", keuchte sie, bevor die Welt zu Eis erstarrte.

Meine zweite Geschichte, und etwas völlig anderes als „Nachtgesang". Übrigens trotz der Ich-Form in keiner Weise autobiografisch. Nur eine Art Traum, a fantasy ...

Schmuddelbuddel

Vom ersten Tag an, Schmuddelbuddel, haben sie dich alle verachtet.

Lange Zeit ahnten sie nicht mal, dass du hier wohntest. Wenn Mutti in mein Zimmer kam, rief ich: Schnell, Schmuddelbuddel, unters Bett! – und wie ein flinker Ball rolltest du in dein Versteck und gabst keinen Laut von dir, bis sie wieder draußen war. Manchmal blieb sie lange: straffte die Gardinen, enthaarte den Teppich und schrubbte sogar unsere Lieblingsposter, auf denen das Meer und der Himmel immer blasser wurden – alles schweigend, ohne mich anzusehen. Sobald sie wieder draußen war, explodierten wir beide förmlich vor Lachen, kugelten uns am Boden und schlugen Purzelbäume. Sie hatte ja keine Ahnung.

Schlimmer war es, wenn du erkältet warst und immerzu niesen musstest. Bis runter ins Esszimmer konnte man dich hören, und manchmal klapperte ich laut mit meinem Besteck, damit sie nichts mitbekamen. Sie sagten, wenn du nicht sofort aufhörst, nehmen wir dir den Teller weg, und du kriegst gar nichts zu essen.

Leider warst du ziemlich oft erkältet – kein Wunder. In Zuckerwatteland, wo du geboren bist, ist der Sommer länger als hier, und das Meer dort ist warm wie Badewasser. Mir war klar, dass du oft Heimweh hattest. Und wusste, dass du, wenn du unruhig schliefst und dich an mich schmiegtest, von deiner großen Kuschelhöhle träumtest. Wenn der Morgen kam und Mutti dreimal an die Tür klopfte – das Signal zum Aufstehen – schlüpftest du rasch in dein Versteck.

Oh Gott, weißt du noch, wie ich einmal von der Schule kam

und nicht wie gewohnt deinen Schatten am Fenster sah? Diesmal ist es passiert, dachte ich. Diesmal haben sie ihn entdeckt. Ich wusste ja nicht, dass du mich überraschen wolltest und gerade unser Bett zur Kuschelhöhle umbautest. Ich dachte wirklich, sie hätten dich aufgespürt und in die Mülltonne gesteckt. Was ist das für ein Scheusal in Tobys Kinderzimmer? Wie schmutzig es ist. Igitt, wirf es raus.

Ich saß am Tisch und brachte keinen Bissen runter. Als ich begann, mit der Gabel herumzuspielen und dein Gesicht in die Soße zu zeichnen, warfen sie mir lange, schweigende Blicke zu und nickten. Ich hatte keine Ahnung, was dieses Nicken zu bedeuten hatte. Vielleicht hieß es ja: Ab heute, mein Junge, bist du wieder allein. Ab heute ist dein Schmuddelbuddel nicht mehr bei dir.

Irgendwann ließ ich meine Portion einfach stehen und rannte die Treppe hinauf in mein Zimmer, um nach dir zu suchen. Dein Versteck war leer, die Vorhänge zugezogen. Ich riss die Schranktüren auf, sah in meiner Aufregung sogar in den Schubladen nach – dann lugtest du auf einmal unter der Bettdecke hervor. Da fiel uns beiden nichts Besseres ein, als vor Freude zu heulen.

„Sollte doch 'ne Überraschung werden“, sagtest du. „Ich hab inzwischen die alten Träume aus deinem Bett gefegt, da verging die Zeit wie im Flug.“

Das freute mich natürlich. Deine Tage waren noch einsamer als meine. Schließlich konnte ich dich nirgendwohin mitnehmen, ob ich nun in der Stadtbücherei schmökerte, Kastanien sammelte oder am Steinbruch schwimmen ging. Dein Fell war oft nass vor Tränen, wenn ich nach Hause kam. Dann lehnte ich mich an dich und sagte:

„Wart's ab, Schmuddelbuddel. Wenn wir erst groß sind, muss keiner von uns beiden mehr allein sein.“

Wenn sie unterwegs waren, stellten wir oft alles auf den Kopf. Beschossen uns mit Seifenresten und Wasserbomben und telefonierten stundenlang nach Zuckerwatteland. Unter Muttis Nähmaschine bauten wir uns einen Dschungel, mit Lianen aus Nähgarn und Sümpfen aus Schmieröl. Ich war Mogli, und du warst Baghira der Panther. Unseren Feinden, den Kissenmonstern, ließen wir keine Chance: Wir stachen mit Messern auf sie ein, bis ihre Seelen als Bettfedern zur Zimmerdecke schwebten. Einmal streiftest du mit dem Schwanz eine teure chinesische Vase, und sie kippte vom Schrank und zerbrach. Du konntest wirklich nichts dafür. Als Vati und Mutti kamen, gaben sie mir die Schuld. Brüllten herum und brummten mir eine Woche Hausarrest auf. Aber was soll's, Schmuddel, ich wusste ja, dass ich das alles nur für dich tat.

„Mit dem Jungen muss etwas geschehen", sagte Vati, und ich sah mich schon in einem Labor liegen, wo fünfzehn Ärzte an meinem Gehirn herumschnippelten. „Er hat wieder einen seiner Tobsuchtsanfälle bekommen. Sieh dir bloß mal sein Zimmer an."

„Er braucht einen Freund", sagte Mutti. „Er ist der einzige aus seiner Klasse, der immerzu allein ist."

Du bekamst es zufällig mit, Schmuddel, und ich hörte dich hinterm Sofa leise kichern.

Aber sie ließen nicht locker. Einen ganzen Sommer lang, beim Frühstück schon, oder wenn ich zu lange auf der Toilette saß oder abends nicht ins Bett wollte, immer hörte ich nur dasselbe: Einen Freund, einen Freund, einen Freund. Irgendwann platzte mir der Kragen, und ich beschloss, ihnen alles zu sagen. Falls sie dich rauswerfen würden, okay, kam ich eben mit.

„Hört endlich auf mit eurem Freund", sagte ich. „Ich *habe* einen Freund. Wenn ihr's nicht glauben wollt, kommt mit auf mein Zimmer, dann stelle ich ihn euch vor."

Sie tauschten spöttische Blicke, als würden sie so etwas nicht zum ersten Mal erleben. Dann führte ich sie hinauf, wo du dich gerade auf der Fensterbank sonntest und ein altes Lied aus Zuckerwatteland vor dich hinsummtest.

„Hier", sagte ich. „Das ist mein Freund Schmuddelbuddel."

Du blicktest hoch, als du deinen Namen hörtest, und nicktest ihnen freundlich zu. Sie aber machten lange Gesichter.

„Will er uns für blöd verkaufen?“ fragte Mutti. „Hier ist doch überhaupt niemand.“

Ich hatte es immer befürchtet, Schmuddelbuddel: Sie wollten dich nicht wahrhaben. Sie taten einfach so, als gäbe es dich nicht.

„Macht doch eure Augen auf“, rief ich ärgerlich. „Und sagt wenigstens Hallo zu Schmuddelbuddel.“

„Mit dem Jungen muss etwas geschehen“, sagte Vati, als sie wieder hinuntergingen.

In der Schule hatte ich oft Sehnsucht nach dir. Vor allem wenn sie mich wieder einmal mit ihren hinterhältigen Fragen quälten: nach dem Äquator, den Primzahlen, der japanischen Hauptstadt. Da wünschte ich mir oft, du wärst mein Banknachbar und hättest geflüstert: Nimm's nicht so schwer. Am Äquator ist immer Sommer; Primzahlen wissen nicht mal selbst, dass sie welche sind; und Japanerinnen haben bezaubernde Augen. Mehr musst du nicht wissen.

Stattdessen verknotete ich mein Haar und kratzte mir Pickel aus dem Gesicht. Das war verboten, auch wenn es nirgendwo geschrieben stand. Im Zeugnis vermerkten sie, ich sei ein schwieriger Junge. Was mir irgendwie schmeichelte. Nur die zu Hause konnten sich wieder einmal gar nicht dafür erwärmen.

Sie rieten mir, Nachhilfestunden bei einem Schulfreund zu nehmen, und ich antwortete: „Der einzige Freund, den ich habe, war nie auf einer Schule. Trotzdem weiß er viel mehr als ihr alle.“ Sie wussten sofort, von wem die Rede war, und kürzten mir das Taschengeld. Wir werden ihm seinen eingebildeten Freund schon austreiben, sagte mein Vater.

Eigentlich gar nicht so schlecht, Schmuddel, dass du Luft für sie warst. Manchmal tat ich einfach so, als wärst du nicht da und legte das aufgeschlagene Mathebuch vor mich auf den Tisch. In Wirklichkeit hocktest du auf meinem Schoß, und wir spielten

Wünschelbrunnen. Jeder warf in Gedanken eine Münze ins Wasser und flüsterte der Fee, die dort unten wohnte, seinen Wunsch zu. Ich wünschte mir immer dasselbe: dass du für immer hier bleiben würdest, und dass sie dich nie hinaus in den Regen jagten, der den Tod für dich bedeutet hätte. Und du wünschtest dir immer, Vati und Mutti würden sterben. Weil wir dann ein Haus für uns allein hätten und alles tun könnten, was uns Spaß macht, erklärtest du, als ich zunächst erschrak. Und ich sah, dass es gar keine so dumme Idee war.

Dann kamen jene Briefe. Von den Lehrern, die darin alles aufzählten, was sie an mir störte. Wirkt zerstreut, hieß es da. Erschafft sich Fantasiewelten, ist unempfänglich für Kritik. So ähnlich jedenfalls. Ab sofort musste ich meine Hausaufgaben unter Vatis Aufsicht machen. Wenn er mich bei einem Fehler ertappte, schlug er mir mit dem Lineal auf die Finger. Keine Angst, Schmuddel, es tat nicht besonders weh. Erst später, wenn ich versuchte, das getrocknete Blut mit heißem Wasser runterzuwaschen, war es wie tausend Nadeln. Er schlug mich fast jeden Tag. Und du fletschtest die Zähne. Einmal, als er wieder auf meinen Handrücken einschlug und nicht aufhören wollte, verlorst du die Nerven und sprangst ihm ins Kreuz.

Er tat, als würde er es gar nicht bemerken.

Irgendwann war Mona da. Sie war die Klassenbeste und nicht mal eine besondere Streberin, weil ihr alles zuflog, wie sie sagten. Jeden Nachmittag kam sie für zwei Stunden, um mir alles über Brüche, Dezimalzahlen und Kommastellen beizubringen. Am Anfang legte sie sich wirklich ins Zeug, und auch ich gab mir Mühe, wenn schon nicht für die Schule, dann doch wenigstens für sie. Sie erklärte und erklärte, und ich nickte und nickte. Doch schon bald wurde alles in meinem Kopf zum Wortsalat: Ich verwechselte Quader und Äquator, Abszisse und Abszess. Und nickte immer zaghafter, zuletzt in die falsche Richtung. Sie durchschaute mich sofort.

„Wenn du keine Lust hast, lassen wir es doch einfach bleiben.“ Sie nahm ihre Stricktasche mit den Heften und stand auf, aber ich hielt sie am Arm fest.

„Wir können doch auch was anderes machen als lernen. Ich weiß, dass du mir helfen willst. Aber das Zeug will einfach nicht in meinen Kopf.“

Selbst wenn sie ganz normal nachdachte, sah sie aus, als würde sie eine Matheaufgabe lösen. „Mir ist es gleich.“

„Mir auch. Wenn die anderen sich nach mir erkundigen, sag einfach, ich sei ein hoffnungsloser Fall.“

Mona war einverstanden. Sie kam auch in den nächsten Tagen, und wir warfen uns jetzt einfach aufs Sofa und quatschten dem Teufel das Ohr weg. Sie war nicht nur in Mathe ein Genie. Wir redeten über Hunde, das Weltall, Superman und ihre Nabelbruchoperation. Sie zeigte mir sogar die Narbe. Im Gegensatz zu meinem Nabel war ihrer ein tiefes, dunkles Loch mit vielen Flusen drin.

„Der sieht ja bescheuert aus“, sagte ich, aber damit sie nicht beleidigt war, beugte ich mich im gleichen Moment zu ihrem Nabel runter und drückte ihr einen Kuss drauf.

„Huch“, sagte sie.

Ich sah zu Boden. „Bist du jetzt sauer auf mich?“

Sie musterte ihren Bauch, auf dem meine Lippen einen mattglänzenden Stempel hinterlassen hatten. „Es hat gekitzelt.“ Sie lachte und schüttelte sich, als würde ihr eine Maus über den Rücken krabbeln. „Hast du schon mal ein Mädchen auf den Mund geküsst?“

Als sie eine Stunde später ging, hatte ich. Und von nun an freute ich mich richtig auf ihre Besuche. Vorsichtshalber lag natürlich immer ein Buch vor uns, oder ein paar vollgeschriebene Blätter aus unseren Mathetagen. Die waren lang vorbei, und es kam der April, und die Bäume rochen nach Mandeln, wenn wir uns heimlich in den Stadtpark schlichen, um Enten zu füttern. Die Omas auf den Bänken lächelten uns zu, als würde unser Anblick –

zwei Kinder, die Hand in Hand spazieren gingen – ihnen das Herz gleichzeitig öffnen und zerreißen. Süße Tage waren das.

Meine Noten wurden davon natürlich nicht besser. Nach einem miesen Zwischenzeugnis räumten sie mir noch ein Vierteljahr Bewährungszeit ein, aber es änderte sich nichts. Und im Mai geschah es, dass Mona ihre erste Vier nach Hause brachte. In einer Englisch-Schulaufgabe, die sie von vorn bis hinten vermurkst hatte. Ein paar Tage später war es eine Fünf in Mathe. Als sie an jenem Abend kam, heulte sie.

„Was hast du denn?"

„Ich darf dich nicht mehr besuchen. Sie haben es mir verboten. Wenn ich weiterhin deine Freundin bleibe, sagen sie, komme ich ins Internat."

Es war ein schwüler Tag, wir waren barfuß und trugen kurze Hosen, aber ich stand auf und schloss das Fenster, damit jene elektrische Kälte nicht eindrang, die nur von der Sonne kommen konnte.

„Müssen wir uns in Zukunft eben heimlich treffen", sagte ich.

Sie schluchzte noch lauter. „Das wird nicht klappen. Ich hab Hausarrest bekommen. Nach der Schule werde ich sofort abgeholt, und am Nachmittag muss ich zu einem Studienkreis für Nachhilfe, der eine Menge Geld kostet und deren Mitarbeiter sofort die Eltern verständigen, wenn jemand fehlt. Eigentlich bin ich nur gekommen, um meine Sachen zu holen."

Sie umarmte mich, und ihre Tränen tropften auf meine Schulter wie heißer Regen.

Da drehte ich mich um, Schmuddelbuddel, und du blicktest mich an.

Und mit einem Mal wurde mir klar, dass du uns die ganze lange Zeit nur zugesehen hattest. All jene Tage, Wochen, Monate ...! Ohne auch nur ahnen zu können, wann das alles je ein Ende nehmen sollte. Es musste entsetzlich für dich gewesen sein.

Vielleicht hattest du ja manchmal versucht, mit mir zu reden, und ich hatte dich nicht gehört. Nachts war ich ganz allein gewesen, Schmuddelbuddel, und hatte an Mona gedacht und von Mona geträumt, und du bist vielleicht durch die Straßen geirrt, wo die Ratten und Penner sind, und wo du mit niemandem reden konntest.

Verzeih mir, Schmuddelbuddel, aber ich hatte dich wirklich vergessen.

„Warum sagst du denn nichts?“ fragte Mona. „Ist es dir egal, dass ich nicht mehr kommen darf?“

Armer Schmuddelbuddel, wie oft musstest du geweint haben im Regen. Ich setzte mich zu dir und kraulte dir das Fell. Du lehntest den Kopf an mein Knie und flüstertest, alles vergessen, alles wieder gut. Wirklich, ich konnte nicht begreifen, was ich getan hatte.

„Was machst du da?“ fragte Mona und wich zurück, als wäre ich vom Teufel besessen.

„Das ist mein Freund Schmuddelbuddel“, sagte ich. „Gefällt er dir? Man kann wirklich toll mit ihm spielen.“

Mona rümpfte die Nase und entblößte ihre spitzen Zähne. Hätte sie jetzt noch gepiepst, hätte sie die perfekte Ratte abgegeben.

„Aber ... da ist doch gar niemand.“

Du siehst, es war bei allen immer das gleiche.

„Bist du dir da ganz sicher?“ fragte ich. „Dann musst du blind sein, Mona. Er kann dich nämlich recht gut sehen – stimmt’s, Schmuddelbuddel?“

Du nicktest.

Sie ging einfach hinaus. Sagte kein Wort mehr und machte die Tür so leise zu, als dürfe sie mich nicht erschrecken. Vor dem Haus wartete bereits ihre Mutter. Als sie am Fenster vorbeiliefen, wusste Mona viel zu erzählen.

Am nächsten Morgen wusste es die ganze Klasse. Schon als ich ins Klassenzimmer kam, spürte ich die ersten höhnischen Blicke; dann machte einer von ihnen den Mund auf, dann der nächste, und zuletzt fielen sie alle über mich her. Darf ich deinen Freund Kuddelmuddel auch mal kennen lernen? Ist Schnurzelpurzel ein Männchen oder ein Weibchen? Welche Farbe hat er? Vermehrt sich so was?

Du kannst dir vorstellen, was für eine Hölle das war. Mona selbst mischte sich nicht ein, aber ich wusste, dass sie an allem schuld war. Schließlich hatte sie dich als einzige mit eigenen Augen gesehen. Ich hasste sie.

An jenem Tag wurde ich besonders häufig aufgerufen. Doch die Lehrer waren seltsam freundlich zu mir; sie lächelten nur und nickten, wenn ich mal wieder keine Antwort wusste. Und verdammt, nicht mal die simpelsten Dinge fielen mir heute ein. Die anderen höhnten: Lass dir's doch von Hottelzottel erzählen, der ist bestimmt nicht so bescheuert wie du. Und dann wieder: Hat er vier Beine? Frisst er gern Bananen? Seid ihr gar zwei warme Brüder?

Als ich heimkam, erzählte ich dir alles, und wir konnten nicht mal darüber weinen. Die ganze Nacht taten wir kein Auge zu, sondern redeten nur und redeten, und am nächsten Tag war es genauso. Ich hatte Angst, bei so wenig Schlaf krank zu werden. In der Schule rieselte vor meinen Augen silberner Staub herab, und obwohl die anderen noch immer über mich herzogen, war ich jetzt zu müde, um mich zu wehren. Denn besser geworden war nichts. Außer vielleicht, dass die Lehrer mich plötzlich nicht mehr aufriefen. Nicht einmal mehr, wenn ich mich meldete. Vielleicht wollten sie mich ja endlich in Frieden lassen.

Einen Tag später, ein Mittwoch war's, kam ich in die Küche, und Mutti und Vati studierten mit ernstem Gesicht einen Brief. Sie hatten ihn so hingelegt, dass ich ihn sofort sah und sie gleich damit anfangen konnten. Er trug den Stempel der Schule.

„Angst könnte man bekommen vor dir", sagte Vati.

Mutti nickte. „Du siehst und hörst Dinge, die es gar nicht gibt; du bist unkonzentriert und kannst dich für nichts begeistern. Jedenfalls für nichts, was mit Schule zu tun hat. – Nun sei doch mal ehrlich mit uns: Was hat es mit jenem komischen Freund auf sich, den du dir da ständig einbildest?“

Ich wollte dich auf keinen Fall verleugnen.

„Schmuddelbuddel ist oben“, rief ich. „Ich bilde ihn mir nicht ein. Er sitzt in meinem Zimmer und wartet auf mich.“

Vati sah Mutti an.

„Na schön“, seufzte er kraftlos.

Dann stand er auf und strich mir übers Haar.

Das war seltsam.

Verzeih mir, Schmuddelbuddel, aber ich musste es tun. Sie haben mir keine andere Wahl gelassen. Du ahntest nicht, was für ein Ding ich da in der Hand hielt, als ich auf dich zielte. Im Zuckerwatteland gibt es keine Gewehre. Du gucktest nur neugierig, wie immer, wenn ich dir ein neues Spielzeug zeigte. Dann drückte ich ab, und du zucktest nicht einmal. Deine Augen schlossen sich wie Blütenkelche, dann sankst du in meine Arme, und alles war vorbei.

Du musst mich verstehen. Ich weiß, dass du ohne mich vor Einsamkeit gestorben wärst.

Wie die neue Schule sein wird, weiß ich noch nicht. Sie sagen, dass ich immerhin viermal im Jahr nach Hause darf, zu den großen Ferien sogar für sechs Wochen. Aber jetzt, wo du nicht mehr hier bist, spielt das alles keine Rolle mehr.

Heute Abend, wenn die Sonne tief steht, werde ich dich begraben, auf dem Sumpfland hinter der alten Pferdescheune. Und ein paar Dotterblumen werde ich pflücken und sie dir aufs Grab streuen. Vielleicht schnitze ich dir sogar ein Kreuz. Denn wenn ich das nächste Mal nach Hause komme, wird schon Winter sein, und wie soll ich dein Grab im Schnee sonst wiederfinden?

Ob du mich noch hören kannst, weiß ich nicht. Manchmal, wenn ich jetzt mir dir rede, ist es noch genau wie früher, als du noch lebtest und mit mir herumtolltest. Aber dann ist es auch wieder ganz anders. Vielleicht weil keiner mehr hier ist, der mir antwortet.

Sie sagen, in der neuen Schule werde ich viele Jungs und Mädchen treffen, die auch so sind wie ich. Na, da bin ich ja mal neugierig. Ob sie auch alle einen Freund hatten, den keiner mochte? Ob sie ihn auch töten mussten? Ob sie deshalb auch so traurig sind wie ich?

Ich werde sie auf jeden Fall fragen.

Meine dritte Story, stark surreal und psychedelisch. Sollte so etwas wie meine Antwort auf die damalige Bürokratisierung des Schulsystems sein, entwickelte sich aber vor allem zur Reminiszenz an eine geliebte Lehrerin.

Vergessen … wie die Rosen

Täuschte ich mich, oder winkten die Kinder im Klassenzimmer mir zu?

Auf jeden Fall hatten sie mich gesehen; es gab hier keine Sträucher oder Hecken, hinter denen man sich hätte verstecken können. So hielt ich mich dicht am Fensterrand, um wenigstens den Blicken des Lehrers verborgen zu bleiben, der irgendwelche geometrischen Figuren an die Tafel zeichnete, Kreise und sich schneidende Geraden, und dessen Stimme ich hören konnte, ohne im Wind, der um die Mauern strich, auch nur ein Wort zu verstehen.

Und natürlich, die Kinder winkten. Einen rothaarigen Jungen sah ich, der mich anstarrte und dessen Arm fast aufgebracht hin- und herfegte. War das Panik in seinen Augen?

Mir kam der Gedanke, ihnen ein Zeichen zu geben. Aber was für eins? Was wollten sie von mir? Erwachsene Männer, die durchs Fenster spähten, gab es hier sicher nicht jeden Tag, denn der Weg zum Schulhaus war überwuchert mit Brennesseln, Wurzelwerk und katzenkopfgroßen Disteln, die sich jedem in den Weg stellten, der den Schulhof zu überqueren versuchte.

Diesen Schulhof, der einst ein Park gewesen war.

Eine breite Hand griff nach dem Vorhang und zog ihn zu. Wie ein geneppter Theaterbesucher stand ich da und starrte auf das Vorhangmuster, lauter kleine Scheren in allen Farben. Warum ertönte keine Pausenglocke? Sie hätte längst läuten müssen, vor sieben, acht Minuten schon. Waren die Unterrichtsstunden hier endlos?

Der Wind war es, der mich schließlich verjagte. Meine Ohren fühlten sich an wie Frostbeulen, und der Schweiß in meinem Haar war wie Eisgel. Frierend und ohne Hoffnung ging ich weiter. Sah noch einmal auf die Uhr. Schon elf Minuten über der Zeit. Doch da war keine Glocke, die schrillte, wie damals, in den alten Tagen.

Ich hasste solche Träume. Sie ähnelten jenen, in denen tote Menschen als gefühllose Monster auftraten, die uns nicht erkannten oder verspotteten: Sie verdarben einem die Erinnerung. Und mich an meine Schulzeit zu erinnern, hieß immer, ein freundliches Gesicht zu sehen; eine große, runde Brille mit Horngestell, aus denen amüsierte Augen blitzten, und einen Mund, der fast immer lächelte; graue Haarsträhnen und violette Ohrringe: Fräulein Sonnenberg. Als ich zehn war, war sie schon weit über fünfzig, und eigentlich gab es keinen, der sie nicht mochte. Man ließ sie damals vor allem die Anfangsklassen unterrichten; das einzige Fach, das sie lehrte, war Zeichnen.

Dabei war ihr Kunstgeschmack alles andere als gewöhnlich. Ich erinnere mich an eine Stunde, in der wir, nachdem sie uns das Märchen von den Bremer Stadtmusikanten vorgelesen hatte, die vier Tiere, so wie wir sie uns vorstellten, mit Wasserfarben zeichnen sollten. Ich hatte nicht viel Sinn für Präzision; die Kreaturen, die ich aufs Papier warf, gab es auf unserem Planeten gar nicht. Trotzdem war Fräulein Sonnenberg entzückt, als sie mein Kunstwerk sah, und gab mir eine Eins. „Er hat mich zum Lachen gebracht“, erklärte sie meiner Mutter am Elternsprechtag. „Und wenn ich lachen kann, bin ich glücklich. Und für Dinge, die mich glücklich machen, kann ich doch keine schlechten Noten verteilen.“

Sie liebte uns, und wir liebten sie, und Fünfen oder Sechsen gab es bei ihr nicht. „Malt alles so, wie es aus euren Köpfen kommt“, sagte sie immer. „Ihr habt gute Köpfe, also kommen daraus auch gute Bilder.“

Natürlich handelte sie sich aus diesem Grund immer wieder Scherereien mit der Schulleitung ein. Unser Rektor Gottfried Keyserling, ein extrem widerwärtiger Zeitgenosse, war es vermutlich, der sich einmal einen Spaß daraus machte, eine Karikatur von ihr an Schwarze Brett zu heften: Als frustrierte alte Jungfer, leere Weinflaschen vor sich, ein Glas in der Hand, angedüdelt und mit ausgetretenen Schuhen. Darunter standen die Worte: „Gibt es dafür auch eine Eins?"

Keiner von uns Schülern war so gemein, darüber zu lachen ; im Lehrerkollegium jedoch erfreute der Zettel sich einer gewissen Häme. Das Opfer, in seiner ersten Verzweiflung, war sofort weinend zu Keyserling gelaufen, und sie erzählte uns oft, was der ihr geantwortet hatte: „Fräulein Sonnenberg, ich weiß nicht, wer das gezeichnet hat, aber wir alle brauchen für Sie eine Menge Humor. Seien Sie nun so fair und zeigen Sie ebenfalls ein wenig davon."

Mehr nicht. Der Mann, dessen teigige Handschrift jeder sofort erkannt hatte, wurde nie zur Rede gestellt. Er machte auch weiterhin jeden Tag Kontrollgänge auf dem Schulhof. Er bestrafte auch weiterhin jeden Schüler, der während der Pause die Grenzen des Schulgeländes auch nur um ein paar Zentimeter überschritt. Und er demütigte die Mädchen, wenn er schlecht gelaunt war, auch weiterhin mit Kopfnüssen und schlug manchmal so fest zu, dass die Zähne ihrer Haarkämmchen abbrachen und durchs Klassenzimmer sprangen.

Wenn mir jetzt, viele Jahre später, auf einmal der Gedanke kam, meine alte Schule wieder aufzusuchen, dann vor allem wegen Fräulein Sonnenberg. Ob es sie noch gab? Niemand hatte je von ihrer Pensionierung gehört, und vielleicht saß sie ja noch immer in ihrem kleinen Privatbüro im obersten Stock, wo sie in den Pausen und Freistunden ihren starken, fast schon giftigen Kaffee zu schlürfen pflegte.

Diesmal trug ich feste Stiefel und zermalmte das Unkraut und die

Brennesseln, die mir bis über die Hüften reichten, einfach mit den Füßen.

Ein windstiller Tag, dunstig beinahe, darum stand das Fenster offen, und ich hielt ein paar Schritte Abstand. Es war der gleiche Lehrer, der wieder die gleichen Figuren an die Tafel zeichnete, sich schneidende Geraden und Kreise, doch heute nahmen die Schüler keinerlei Notiz von mir. Wie gebannt blickten sie nach vorn, und obwohl ich mich mehrmals geräuschvoll räusperte und so nahe wie möglich an die Scheiben trat, zeigten sie kein Interesse.

Wieder kein Pausensignal. Nichts.

Da höre ich, wie der Lehrer in die Hände klatscht. Die Schüler stehen auf, stopfen ihre Bücher in die Taschen und drängen zur Tür. Stundenwechsel. Er wartet an der Tafel, damit keiner ausbüchsen kann. In diesem Moment entdeckt er mich.

Mein Blick verunsichert und lähmt ihn, und er hat es plötzlich eilig, den Raum zu verlassen. Er schließt die Tür hinter sich. Drei Kinder sind noch im Raum, zwei davon folgen ihm. Jetzt ist nur noch der Junge mit den roten Haaren da. Er macht keine Anstalten, sich den anderen anzuschließen.

Er bleibt auf seinem Platz sitzen, und in seinem Gesicht glitzert eine Träne. Er senkt den Kopf und faltet die Hände.

„Lieber Gott, bitte lass sie nichts merken. Sie dürfen nicht spitzkriegen, dass ich gestern nicht mitgekommen bin, als die anderen alle dran waren. Ich bin der einzige, der sich davor drücken konnte, aber lass sie das nicht merken, lieber Gott. Lass mich keine auffällige Bewegung machen – und bitte mach, dass sie mir niemals in die Augen sehen. Niemals."

„Hey, du." Ich muss wissen, wovon er redet. Ich will ihn fragen. Er sieht mich an, und sein Mund steht offen.

„Ich kann dir helfen", sage ich.

Er weicht zurück, und ich habe den Eindruck, dass er zittert. Ich kann mir auch denken, warum: Er hält mich für den lieben Gott, den er soeben angerufen hat. Er denkt, mein Erscheinen sei die Reaktion auf sein Gebet.

„Du brauchst keine Angst zu haben", sage ich so sanft wie möglich.

Er schüttelt langsam den Kopf; sein Körper rollt sich ein wie der eines Igels.

„Und wenn Sie gar nicht Gott sind?", fragt er. „Wenn Sie auch einer von denen sind, was dann?"

„Du musst mir vertrauen", sage ich. „Wen meinst du – von denen?"

Er hält sich zwei Finger vor den Mund, als könne er sich damit selbst am Reden hindern. Er nimmt seine Tasche. Ein Pausenbrot rollt heraus, und hektisch stopft er es zurück. Dann knallt die Tür. Wieder bin ich allein.

Als ich mich umdrehe, sehe ich, dass das Gestrüpp und die Disteln um Mannshöhe gewachsen sind. Durch einen Urwald aus Pflanzen muss ich flüchten. Aus einer Wolke fährt ein Schlauch, und ich weiß: Die Zeit der Windstille ist vorbei.

Die Fahrt nach M. war in gut einer Stunde zu schaffen. Ich startete im Morgengrauen, auf den Dächern glitzerte Tau, und ich hoffte, vor Unterrichtsbeginn an meinem Zielort zu sein. Was wollte ich dort? Mal eben sehen, ob meine Träume sich bestätigten? Fräulein Sonnenberg besuchen? Oder erfahren, dass sie längst tot sei, zumindest pensioniert, in eine fremde Stadt gezogen, oder todkrank in einem Heim lebte?

Ich wusste es nicht. Mehr als zehn Jahre waren vergangen, seit ich zum letzten Mal meinen Fuß über die Schwelle der großen, arkadenförmigen Eingangstür gesetzt hatte. Damals, mit meinem Übergangszeugnis fürs Gymnasium in der Hand (wie froh war ich, es mit Ach und Krach geschafft zu haben), hatten mir Tränen in den Augen gestanden.

Fräulein Sonnenberg war mit mir bis vor die Tür gegangen, wo sie, bewaffnet mit einer Gießkanne und zwei Unkrautscheren, zwischen den Rosenbeeten auf- und abtänzelte. „Weine ruhig", hatte sie gesagt und mir die Hand auf die Schulter gelegt. „Wenn wir weinen, weinen wir uns oft einer besseren Zukunft entgegen, nur ahnen wir noch nichts davon.“ Und sie hatte – zumindest in meinem Fall – ganz recht behalten.

Die Straße nach M. führt durch Wiesen und sumpfiges Walddickicht. Die bizarren Namen unscheinbarer Dörfer markieren den Weg. Ich weiß nicht mehr, wie die Ortschaft hieß, auf deren Marktplatz ich ein Schild mit der Aufschrift „Schulbus nach M.“ entdeckte. Eine Gruppe von drei Kindern stand vor einem Bushäuschen und wartete. Wenn meine Uhr richtig ging, waren es noch neun Minuten bis zur Abfahrt. Ich parkte den Wagen am Straßenrand und stieg aus.

Die beiden Mädchen warfen mir misstrauische Blicke zu – eine Maske aus Feindseligkeit. Der Junge, ein blonder Naseweis mit einer Stupsnase, schlüpfte sofort in die Rolle des Beschützers und rief mit provokativer Stimme: „Guten Tag.“

„Ihr seid Schüler aus M., oder?“, fragte ich.

„Das steht ja wohl groß genug auf dem Schild.“

Der Junge stand in breitbeiniger Haltung vor mir, und ich fragte mich, woher er den Mut nahm. Eins der Mädchen versteckte sich hinter ihm und umklammerte seine Hüften.

„Ich bin dort auch mal zur Schule gegangen“, sagte ich. „Vor zehn Jahren ungefähr. Heute ist das erste Mal seit meinem Abschlusstag, dass ich dorthin zurückkehre.“

„Sie wollen auch mit dem Schulbus fahren?“, fragte der Junge.

„Nicht nötig.“ Ich deutete auf mein Auto. „Aber ich kann euch mitnehmen, wenn ihr wollt.“

Der Junge kramte einen Apfel aus seiner Schultasche und biss hinein. Dann grinste er plötzlich. „Tut mir leid, falls ich unhöflich zu Ihnen war. Aber ich muss auf die Mädels aufpassen.“ Er zwinkerte und drehte sich zu seiner Schulkameradin um, die noch immer Halt an seinem Körper suchte. „Sie ist ziemlich mit den Nerven am Ende. Ihr Vater hat ihr eine Szene gemacht, weil sie in der Mathearbeit nur eine Drei hatte.“

„Eine Drei? Wieso ist das nicht okay? Ich hatte nur selten eine Drei in Mathe."

Der Junge seufzte. „Das waren andere Zeiten. Mit anderen Vätern. Na schön, mein Vater nimmt es auch nicht so ernst. Aber ihrer ist wirklich krass. Und manchmal habe ich das Gefühl, alle Väter würden allmählich so werden. Außer meinem. Mein Bruder sagt, das liegt daran, dass ich gefehlt habe, als der Zauberer hier war."

„Der Zauberer?"

„Ja, ein Zauberer, der voriges Jahr an unserer Schule eine Vorführung gab. Er hatte tolle Tricks auf Lager, aber bei uns geht das Gerücht, er hätte sie alle verhext. Die Lehrer. Die Kinder. Ihre Eltern. Ich weiß es nicht, ich war ja krank. Deshalb sind mein Bruder und ich auch die einzigen, die zu Hause keinen Ärger bekommen, wenn sie mal nur eine Drei haben." Er riss sich von dem Mädchen los, weil am Verkehrskreisel am unteren Ende der Straße der Bus erschien.

„Nehmen Sie das mit dem Zauberer nicht so ernst." Der Junge steckte den angebissenen Apfel zurück in seine Tasche, „Ich glaube, das ist nur Gerede. Aber irgendeinen Grund muss es ja geben, dass seit einiger Zeit alles so ... seltsam ist."

Mit einem pfeifenden Geräusch stoppte der Bus direkt vor unserer Nase. Auf den hinteren Sitzen saßen ein paar Kinder, die aber nicht heraussahen.

„Vielleicht sehen wir uns ja mal wieder", sagte der Junge. „Dann erzähl ich Ihnen mehr."

Als der Bus losfuhr, winkte er mir von hinten zu. Links und rechts von ihm saßen die beiden Mädchen. Er hatte die Arme um ihre Schultern gelegt.

Warum bin ich nicht einfach mitgefahren, fragte ich mich, als ich wieder im Auto saß und mich mutlos auf den Heimweg begab. Und vor allem: Warum hatte ich nicht nach Fräulein Sonnenberg gefragt?

„Suchen Sie jemanden?“

Ich fuhr herum. Hinter mir stand der rothaarige Junge, den ich letztes Mal hatte beten hören, und sah mich stirnrunzelnd an. Seit einer Ewigkeit stand ich nun schon am Fenster und blickte in das leere Klassenzimmer. Die Neonröhren an der Decke leuchteten für nichts. Jemand hatte sie angemacht, weil ein dunkler Tag war, und dann vergessen, sie auszuschalten. Durch die Straße hinter mir fegte, wie in einem Wildwestfilm, ein Steppenläufer.

Der Junge hatte sich verändert seit dem letzten Mal. Irgendetwas verriet mir, dass er mich nie wieder für den lieben Gott halten würde.

„Ich bin der Vater eins der Mädchen hier“, sagte ich. „Ich wollte es abholen.“

„Sie haben aber Mut.“

„Mut? Wieso?“

„Na ja. Einfach versuchen, einen der Schüler abzuholen – das kann böse enden. Aber darüber wissen Sie ja als Vater selbst Bescheid.“

Ich tat so, als verstünde ich ihn und nickte. „Hättest mich ja nicht verpetzen müssen“, sagte ich.

„Verpetzen?“ Er lachte über das Wort wie über den Scherz eines Kindes. „Was meinen Sie, weshalb man mich während der Sportstunden allein hier lässt? Damit ich aufpasse, natürlich. Ich bin gestern operiert worden, da dürfen Sie nicht hoffen, dass ich mich wegen Ihnen in Gefahr bringe.“

„Operiert? Woran?“

„Fragen Sie nicht so dumm. Wenn Sie nichts davon wüssten, hätten Sie ja kaum versucht, eine der Schülerinnen hier rauszuschmuggeln.“

In diesem Moment fiel es mir auf: Der Junge hatte Narben im Gesicht - an beiden Wangen, oberhalb der Nasenflügel. Ob das mit der Operation zu tun hatte? Oder hatte man ihn geschlagen?

„Wo leben deine Eltern?“ Ich versuchte zu lächeln, aber es schmerzte.

„Meine Mutter hat den Gashahn aufgedreht“, sagte er. „Vor ein paar Wochen. Stand auch in der Zeitung. Wir bekamen danach die Aufgabe, aus dem Artikel eine Erlebnisschilderung zu machen. So, als wären wir selbst dabei gewesen. Mein Vater? Ach, was weiß ich. Wozu erzähle ich Ihnen das eigentlich alles?“

„Dein Vater wird dich jetzt sehr brauchen“, sagte ich, obwohl ich bereits wusste, dass er wusste, dass ich wusste. Ein Grinsen trat in sein Gesicht. Es war nicht die Art und Weise, wie Kinder lächeln. Könnten Leichen lächeln, würde es vielleicht so aussehen.

„Siehst du den Schmetterling dort an der Lampe, am Fliegenfänger?“ fragte ich. „Ich weiß, er ist tot, aber es stört mich, dass er da klebt. Könntest du ihn nicht wegmachen?“

Das reglose Insekt war mir schon aufgefallen, als ich vor einer guten Stunde ans Fenster getreten war. Ich nahm an, es hatte sich zu Tode geflattert.

Der Junge schüttelte den Kopf und strich sein rotes Haar in den Nacken.

„Ich denke gar nicht daran. Er ist nicht tot. Er kann sich nur nicht bewegen. Weil von seinen Flügeln der Staub entfernt worden ist. Manchmal stehe ich auf und spiele mit ihm, in den Pausen. Lassen Sie ihn also.“

Entsetzen packte mich, fraß sich wie ein spukendes Gebiss in meine Haut und meine Gebeine. Der Junge hatte Narben im Gesicht und starrte mich an. Der Schmetterling hatte Wunden auf seinen Flügeln und starrte an die Wandtafel. Ich folgte seinem Blick.

„Um Gottes Willen, was ist das? Wer hat das gezeichnet?“

Der Junge sah müde nach vorn. „Geometrische Figuren sind das. Unser Lehrer hat sie gezeichnet.“

Aber er log. Das waren keine Kreise und sich schneidenden Geraden, ganz und gar nicht. Ein Totenschädel war es, und gekreuzte Knochen. Als der Junge mein schmerzverzerrtes Gesicht sah, begann er zu lachen.

„Du nimmst das zu ernst", sagte Fuller. „Ich träume auch eine Menge Unsinn, fast jede Nacht. Aber Träume bedeuten nichts. Sie wollen uns auch vor nichts warnen, wie du es dir einredest. Wenn du unsere Schule wiedersehen willst, steig in den Wagen und lass dich nicht wieder von irgendwelchen Kindern oder Zauberern davon abbringen. Ich würde dich sogar begleiten."

Er prostete mir mit seinem Weinglas zu, während im Hintergrund Sechziger-Jahre-Musik dudelte. Wir saßen in seinem Wohnzimmer, und ab und zu kam seine Frau, um uns Snacks zu servieren. Fuller war der einzige aus meiner Schulzeit, zu dem ich noch Kontakt hatte. Die anderen lebten verstreut in der Welt.

„Ich weiß nicht, ob ich es noch will", sagte ich. „Das Erlebnis an der Bushaltestelle hat mir nicht gerade Mut gemacht."

„Du hast Angst?" Er goss mir nach, als sollte ich mir Mut antrinken. „Ängste bekämpft man am besten, indem man sich ihnen aussetzt. Komm schon, ich hab Zeit, fahren wir. Zu zweit etwas anpacken ist das beste Mittel gegen ..."

„Ich brauche niemanden. Wenn überhaupt, dann muss ich das für mich allein lösen."

„Schade." Fuller wechselte die Sitzhaltung, wie immer, wenn ein Thema für ihn erledigt war. „Ich hätte fahren können. Du hättest dir vorher ein paar Schnäpse genehmigen können. Aber wenn du meinst."

„Das ist er", sagte der Schüler, mit dem ich beim vorigen Mal gesprochen hatte und deutete mit dem Kinn auf mich.

„So, das ist er also." Der Lehrer – ich sah ihn zum ersten Mal aus der Nähe, es war ein magerer Typ mit seltsam glanzlosen Augen – kam näher und musterte mich wie einen Einbrecher. „Können Sie mir erklären, weshalb Sie während der Sportstunden in den Klassenzimmern herumschnüffeln?"

„Ich habe nicht geschnüffelt." Mein Herz klopfte noch immer; die beiden waren erschienen, ohne dass ich zuvor Schritte oder sonst irgendwelche Geräusche im Korridor vernommen hatte. „Ich

wollte nur ...“

„Als wir hereinkamen, sah ich, wie Sie unter eine der Schülerbänke blickten. Was haben Sie gesucht?“

„Nichts. Ich ...“

„Sie haben sich strafbar gemacht, das wissen Sie?“

„Strafbar? Nur weil ich unter eine Schulbank geguckt habe?“

„Nein, weil Sie über die Grünanlagen gelaufen sind und alles niedergetrampelt haben. Das ist verboten.“

„Grünanlagen?“ Ich lachte. „Hören Sie, das ist nur Unkraut. Das sind nur Disteln und anderes unnützes Zeug. Im Übrigen: Auf dem Campus ist kein Gehweg. Wie soll man sonst hier rein- und rauskommen?“

Ich schielte auf seine Armbanduhr, um die Zeit abzulesen. Die Zeiger bewegten sich nicht; die Uhr musste stehen geblieben sein.

„Reinkommen. Rauskommen. So ein Unsinn“, sagte er. „Es braucht hier keiner herein zu kommen. Oder heraus. Und nun sagen Sie mir endlich, was Sie wollen.“

Ich zog die Jacke aus und setzte mich an eine der Schülerbänke. Über den Himmel huschte ein Sonnenstrahl, und eine Wolke schnappte danach. „Gut, ich sage Ihnen, wer ich bin. Ich bin ein ehemaliger Schüler dieser Schule. Einer, dem wie jedem von uns manchmal Erinnerungen kommen, und der, wie ebenfalls jeder, sich manchmal aufmacht, um die Stätten seiner Erinnerung wieder aufzusuchen. Ich war vier Jahre lang hier. In vier Jahren erlebt man eine Menge. Hinter jeder Tür, in jedem Winkel verbirgt sich eine Geschichte. Und das ist der Grund, weshalb ich gekommen bin. Um Geschichten aufzulesen. Und vielleicht auf Dinge zu stoßen, die ich längst vergessen habe. Ist das auch strafbar?“

Er verzog keine Miene, sondern fragte nach meinem Namen. Als ich ihn sagte, schüttelte er den Kopf.

„Nie gehört. Muss vor meiner Zeit gewesen sein. Ich habe Sie übrigens schon einmal beobachtet, letzte Woche. Sie liefen pausenlos vor den Fenstern auf und ab. Hatten die Schüler Ihnen

etwa zugewinkt?"

„Wieso?" Ich zuckte mit den Schultern.

„Ich frage nur. Wissen Sie, es war der Tag, bevor sie operiert wurden. Da sind alle Schüler unruhig, so wie Pferde, bevor man sie zum Schlachter führt. Gott sei Dank waren Sie klug genug, nicht darauf einzugehen. Mittlerweile haben es ja alle prächtig überstanden."

„Operiert? Die Schüler wurden operiert?" Mein Blick wanderte zur Lampe. Der Schmetterling war noch immer da. Jetzt konnte ich sehen, wie seine Fühler sich bewegten.

„Denken Sie an das schreckliche Ende der sechziger Jahre", sagte der Lehrer. „All jene chaotischen Zustände verlangten nach einer neuen chirurgischen Methode. Eine Art schmerzloser Gewaltbekämpfung." Er wandte sich dem Jungen zu und klatschte in die Hände. „Du kannst jetzt die nächste Gruppe holen. Die Pause ist vorbei."

„Ich habe es gar nicht läuten hören", sagte ich.

„Bei uns läutet es nicht mehr. Ich bin der Meinung, als Lehrkraft kann man sehr viel besser beurteilen, wann Schüler eine Verschnaufpause brauchen. Kommen Sie."

Er führte mich hinaus auf den düsteren, von Holzbänken gesäumten Flur. Bei meiner Ankunft war hier alles menschenleer gewesen; nun sah ich, entlang der Wand, eine Gruppe von Kindern sitzen, wie scheue Patienten im Wartezimmer eines Arztes. Etwa zwanzig Sieben- bis Achtjährige, von denen einige ängstlich miteinander flüsterten, die meisten jedoch keinen Ton von sich gaben. Der Rothaarige tänzelte zwischen ihnen hin und her, um kleine Zettel einzusammeln, und gelegentlich streifte ihn ein flehender Blick, bemühte eins der Kinder sich um stumme Komplizenschaft. Die Augen des Rotschopfs jedoch blieben starr, seine Lippen wie mit Eis verklebt.

„Was ist mit ihm los?", fragte ich. „Das ist kein normales Kind."

Der Lehrer lächelte und schien nach den richtigen Worten zu ringen. In diesem Moment jedoch sprang am hinteren Ende des Korridors eine Tür auf, und ein älterer Mann mit Nickelbrille und schlampigem Anzug erschien. An seiner Seite lief ein Mädchen, das er am Arm festhielt. Sie schien sich zu sträuben, doch der Mann war kräftig und hielt sie mit einer Hand in Schach. Als sie bei uns angekommen waren, blieben sie stehen.

„Was ist mit ihr?" fragte der Lehrer.

Der Mann mit dem schlampigen Anzug schnaufte gereizt. „Sie bockt. Sie wollte sich verstecken, genau wie vor ein paar Tagen dein Feuerschädel. Aber uns ist hier noch keiner durch die Lappen gegangen." Er riss den Kopf des Mädchens zu sich herum und blitzte sie böse an. „Willst du es endlich kapieren?" schrie er. „Es tut nicht weh. Du wirst überhaupt nichts spüren, du kleine Memme. Gott, dein Höschen stinkt. Hast du dich eingekackt? Schön, dann musst du eben mit schmutzigem Hintern in den Operationssaal."

Jetzt hatte das Mädchen mich entdeckt. Tränen quollen aus ihren Augen, die sie sich sofort mit der Hand wegwischte. Ihre Lippen spitzten sich, um ein unhörbares Wort zu formen. Bitte, konnte ich lesen, bitte.

„Es ist eine Schande, wie du dich benimmst." Die Finger des Lehrers umschlossen ihr Kinn wie die Zangen eines räuberischen Insekts. „Sieh dir doch die anderen an. Die haben es auch alle vor sich. Aber weil du so tapfer bist, darfst du den Anfang machen. Schafft sie mir aus den Augen."

Der Mann mit der Nickelbrille wollte mit ihr verschwinden, doch ich versperrte ihm den Weg.

„Was haben Sie mit ihr vor?"

„Was ich ...?" Der Mann begann zu lachen. Ich sah seine belegte Zunge und eine Reihe tabakbrauner Zähne. „Was geht Sie das an? Sind Sie ihr Vater?"

„Ist er nicht", sagte der Lehrer. „Er ist ein ehemaliger Schüler."

„Aus den Tagen vor unserer Zeit?" Der Mann wischte sich den Mund. „Aus den goldenen Tagen? Wie reizend. Bitte verlassen

Sie das Schulgelände. Und ihr", wandte er sich an die wartenden Kinder, „bleibt hier sitzen, bis ihr dran seid."

„Ich führe ihn hinaus", sagte der Lehrer. Als wir durch den langen Flur zum Ausgang liefen, kam ich mir vor wie ein Mann in Handschellen. Während unsere Schritte durch die Gänge hallten, fiel mir ein, dass die anderen Kinder jetzt allein waren. Der Mann mit der belegten Zunge war mit dem Mädchen unterwegs in den Operationssaal. Der Lehrer wollte mir soeben die Tür öffnen, als eine wütende Männerstimme ertönte, die rief „Die Kröte hat mich gebissen! Haltet sie auf! Sie läuft weg!"

Der Lehrer an meiner Seite reagierte sofort, eilte die Treppe hinauf, die anscheinend zum Operationssaal führte, und ich stand allein im großen Schulkorridor. Um den Eindruck zu erwecken, ich wäre wirklich gegangen, ließ ich die schwere Tür ins Schloss fallen. Dann wartete ich, bis das Geschrei der beiden Männer und das Quieken des Mädchens verstummt war, und kehrte um.

Die Kinder saßen noch auf ihren Plätzen. Als sie mich sahen, flackerte so etwas wie Hoffnung in ihren Blicken auf. Ich kam mir schlecht vor, weil ich nicht wusste, wie ich ihnen helfen sollte.

„Was geschieht mit euch?" fragte ich.

Sie schielten einander zu, als wollten sie sich schweigend die richtige Antwort übermitteln.

„Er wird gleich wiederkommen", sagte ein hübscher, südländisch aussehender Junge mit einem Ohrring. „Gehen Sie lieber."

„Sie wollen euch operieren, stimmt's?" fragte ich.

„Ja. Operieren."

„Woran?"

Der Junge zuckte die Schultern. „Sie nennen es Salz auf den Schwanz streuen."

„Es tut nicht weh", sagte ein Mädchen neben ihm. „Ein paar Minuten nur, dann ist alles vorbei."

„Was ist mit dem rothaarigen Jungen los?", fragte ich. „Und mit all den anderen Kindern an dieser Schule? Sie sind ... alle

irgendwie merkwürdig, oder?“

Der dunkelhaarige Junge nickte und deutete auf seine Pupillen. „Sie können nicht mehr weinen, das ist es.“

„Was? Sie können nicht mehr ...?“

„Man operiert ihnen ganz einfach die Tränendrüsen heraus. Es ist kein schwerer Eingriff. Vielleicht ist ja alles nicht so schlimm.“

Von hinten näherten sich Schritte mit dem Geräusch aufeinander schlagender Knochen. Der Mann mit der Hornbrille erschien im Treppenhaus, mit einer großen Liste in der Hand.

„Sie sind ja immer noch hier?“

Das Mädchen, das mit mir geredet hatte, schmiegte sich ängstlich an die Schulter des dunkelhaarigen Jungen. Ich sah, wie er ihre Hand nahm und an seine Lippen presste.

„Was soll das?“ Der Mann hatte es mitbekommen „Schluss mit diesen Spielchen. Komm du gleich mit, Zigeuner!“ Dann wandte er sich mir zu. „Und Sie verzichten bitte darauf, den Kindern Gesellschaft zu leisten. Sie brauchen Ruhe. Sie brauchen Schweigen. Sie brauchen ...“ Er kniff die Augen zusammen. „Ach, übrigens – kennen wir uns nicht?“

Ich sah, wie er einen Kugelschreiber aus seiner Tasche zog und den Namen des operierten Mädchens auf seine Liste schrieb. Mit einer teigigen, fast pubertären Handschrift, und lieber Gott, ich kannte ihn gut.

Der Mann vor mir war Gottfried Keyserling.

Ein seltsamer Tag an der Schule fiel mir ein. Fräulein Sonnenberg hatte uns das Märchen vom Aschenputtel vorgelesen, und wir sollten wieder einmal mit Wasserfarben ein Bild daraus machen. Aber aus den Hähnen kam kein Wasser. Bauarbeiten. Nicht mal auf den Toiletten konnte man sein Zeug runterspülen. Ratlos saßen wir vor unseren Farbkästen, und einer schlug vor, wir könnten doch auf Wachsmalkreide ausweichen.

Fräulein Sonnenberg runzelte die Stirn. „Das wäre eine

Möglichkeit“, sagte sie. „Aber ich hätte doch lieber Aquarelle. Aquarelle sind schöner, weil in jedem Tropfen Wasser eine Menge Leben steckt. Wir müssen uns was ausdenken. Und ich habe bereits eine Idee: Warum malt ihr nicht mit euren Tränen?“

Wir sahen sie an, als wäre sie verrückt geworden.

„Aber warum nicht?“, fragte sie. „Denkt an dieses Mädchen und das schreckliche Schicksal, das sie erdulden musste: immer von den anderen getreten, nie glücklich, nie verliebt auf einem Ball, immer nur allein in ihrer kleinen Kammer.“ Sie wischte sich ein Auge. „Kommen euch da nicht die Tränen?“

An jenem Tag entstanden wunderschöne Bilder, die wir tatsächlich mit unseren Tränen malten. Es funktionierte. Manche heulten regelrechte Seen. Bei anderen dauerte es etwas länger. Unsere fertigen Gemälde jedoch funkelten und blitzten in all den Farben, wie es das Meer dort zaubert, wo es am tiefsten ist. Fräulein Sonnenberg war hochzufrieden.

Und wieder einmal vergab sie eine Eins nach der anderen.

Ich irrte durch den menschenleeren Flur, das Echo meiner Schritte klang wie böses Gelächter, und dann stieg ich die Treppen hoch, immer weiter. Es war wie in einem Zeichentrickfilm, wo die Bildabläufe sich pausenlos wiederholten: Ein Stockwerk ähnelte dem anderen, bis ich schließlich das Dachgeschoss erreichte, wo die Gänge schmaler wurden und die Sonne sich milder durch gelbgetönte Scheiben stahl. Unter jedem meiner Schritte wirbelte Staub hoch. Hier oben, das konnte man sehen, war schon lange niemand mehr gewesen.

Die Türen der Zeichensäle rochen wie früher nach Harz und Moder. Es war eine andere Welt, die ich betrat. Am Ende des Korridors sah ich die Tür zu Fräulein Sonnenbergs kleinem Büro. Früher hatte es hier immer nach Kaffee geduftet, nach knusprigen Brötchen und dem eigenartigen Gewürz von Fräulein Sonnenbergs ägyptischen Kyriazi-Zigaretten. Manchmal ließ sie uns einen winzigen Zug tun, was natürlich keiner erfahren durfte, sonst hätte es Ärger gegeben.

Wie in Trance stieß ich die Tür auf, und beißende Staubwolken attackierten meine Nasenschleimhaut. Ich trat ein. Zeit und Spinnweben hatten das Mobiliar mit dicken grauen Netzen überspannt, der Putz war über die Zeit spröde geworden und aus dem Mauerwerk gebröckelt. Unter meinen Füßen knarrten die Dielen.

An der Wand gegenüber: die Bremer Stadtmusikanten, schief und schräg und proportionslos, darunter mein Name wie der eines großen Künstlers. Daneben weitere Lieblingsgemälde ihrer Schüler: Zwei Kinder auf einem Floß, die dem Spiegelbild der Sterne vertrauen; ein Porträt von Fräulein Sonnenberg, einer Bratpfanne mit Brille nicht unähnlich; zuletzt eine einsame Rose unter einer Armada von Disteln, die soeben das letzte Blütenblatt abwirft.

Spinnweben auch an den Fenstern, darin tote Fliegen aus unzähligen Sommertagen. Spinnweben hier und dort, wie Nebel; ein Raum, der trüb und blind geworden war. Und dennoch ... ich konnte mich täuschen, ich hoffte sogar, mich zu täuschen ... schien sich unter dem grauen Dickicht so etwas wie die Kontur einer menschlichen Gestalt abzuzeichnen. Eines Wesens, das hier am Tisch saß, mit aufgestützten Armen und übereinander geschlagenen Beinen.

Mit flatterndem Atem ließ ich meine Finger durch das Spinnennetz gleiten. Nicht lange danach stieß ich auf etwas Hartes, auf Widerstand. Mein Aufschrei zerfetzte die Stille wie ein Schuss: Ein Totenschädel grinste mir entgegen, und ich spürte die Berührung knöcherner Krallen in meiner Hand.

Augen zu. Augen zu und die Kälte einfach abstoßen. Ich stürzte hinaus, meine Schuhe klapperten wie Gewehrsalven die Treppe hinab. Ich brüllte etwas, ohne zu wissen, was.

„Sind Sie wahnsinnig?“ Keyserlings Umrisse erschienen im Treppenhaus, und er stellte sich mir breitbeinig in den Weg, so dass ich mit voller Wucht seinen Brustkorb rammte. „Was wollen

Sie noch immer hier, Sie Schnüffler? Scheren Sie sich endlich zum Teufel.“

Ich packte ihn am Kragen und begann ihn zu schütteln. „Wissen Sie, wer da oben sitzt?“, rief ich, und meine Stimme überschlug sich. „Fräulein Sonnenberg – ein Gerippe. Seit Jahren, ach Jahrzehnten sitzt sie da oben und zerfällt langsam, ganz langsam zu Staub.“

„Bitte, wer sitzt da oben?“ Es war die Stimme des Lehrers, dessen Gestalt sich aus der Dunkelheit des unbeleuchteten Flurs schälte, und der langsam auf uns zukam. „Fräulein ...?“

Er sah Keyserling an, mit der Miene einer Frau, der plötzlich einfällt, dass sie einen Topf auf dem Herd stehen hat.

„Meine Güte“, sagte er leise. „Die Sonnenberg.“

Keyserling versuchte, ein betretenes Gesicht zu machen.

„Das tut uns leid“, sagte er. „Wir haben sie da oben vergessen. Über die Jahre haben wir einfach nicht mehr an sie gedacht.“

„Wissen Sie, was ein Hund macht, wenn er Kummer hat?“, schrie ich; meine Stimme zitterte, und aus meinen Augen quollen Tränen. „Er geht in seine Hütte und stirbt.“

„Nun machen Sie aber bitte kein Theater.“ Keyerlings Züge verhärteten sich wieder. „Sie war schließlich schon sehr alt.“

Hinter seinem Rücken tauchten die Schüler auf. Mit gespitzten Bleistiften und schweren Linealen standen sie Spalier an den Wänden, und in ihre toten Augen mischte sich ein grausamer Glanz.

„Lassen Sie mich raus“, sagte ich. „Lassen Sie mich sofort hier raus.“

In Keyserlings Jackentasche klapperte ein Schlüsselbund. Er gab ihn dem Lehrer, der mich hinunterbegleitete und mit mir vor die Tür ging. Die ersten Sterne zuckten am Himmel, und der Schatten des Schulhauses breitete sich wie ein schwarzes Tuch auf meinen Weg.

„Passen Sie auf, wo Sie hintreten.“ Es waren die letzten

Worte, die er zu mir sprach. Dann ging er zurück ins Schulhaus, und als ich mich umdrehte, konnte ich keine Tür mehr sehen. Dicke Mauerblöcke hatten sich um sie geschlossen wie über einer Wunde. Im Gras unter mir sah ich den Fußabdruck des Lehrers. Eine Rose versuchte, sich dort aufzurichten. Eine Rose, die man wohl übersehen hatte. Doch der Himmel wurde dunkler, und meine Augen versagten ihren Dienst. Ich weiß bis heute nicht, ob es jener Rose gelungen ist, zurück ans Licht zu finden.

„Na, siehst du“, sagte Fuller, als wir vor dem mächtigen Gebäude standen. „Sieht doch alles aus wie früher.“

Er hatte Recht. Die Rosen im Beet vor dem Eingang schmollten im Rot des verblühenden Sommers. Meine Augen wanderten über die Fensterreihen, hinter denen künstliches Licht brannte, weil schon Herbst war, und die Tage fahl. Der Lehrer, der an der Tafel stand, sah anders aus als in meinem Traum. Ich sah ihn sogar lächeln, einmal und ganz kurz. Und die Schüler schienen von seinem Unterricht begeistert. Nach jeder Frage, die er stellte, sah ich hochschnellende Arme, in der Luft hin- und herschaukelnd. Jeder wollte als erster Antwort geben.

„Nun mach schon“, sagte Fuller. „Steig aus.“

„Moment noch.“ Zuckende Arme, vor, zurück, vor, zurück. Als würden sie mir zuwinken.

„Vielleicht wartet Fräulein Sonnenberg ja schon auf dich.“ Er grinste.

Ich schüttelte den Kopf. „Bestimmt ist sie längst in einer besseren Welt. Sie war ja schon damals nicht mehr die Jüngste.“

„Und wer meinst du, pflegt dann den Garten? Das sind ja wunderschöne Blumen hier. Und Farben, wie man sie nur aus Taucherfilmen kennt.“ Er bückte sich, um sich eine der Blumen als Souvenir mitzunehmen, doch sofort hörte ich ihn schreien, und er hob mir seinen blutenden Daumen entgegen.

„Eine Distel“, sagte ich. „Du bist noch so schusslig wie früher, Fuller.“

„Und du noch immer so schadenfroh.“ Er hob die Hand an die Brauen, um die vielen zuckenden Arme besser sehen zu können. „Eifrige Schüler sind das“, sagte er. „Waren wir auch so eifrig?“

„Du vielleicht, ich nicht.“ Ich zögerte, trat von einem Bein aufs andere. „Hör mal, ich glaube, es ist nicht nötig, hineinzugehen. Ich meine, was soll dabei herauskommen? Schließlich deutet alles darauf hin, dass die Welt hier noch in Ordnung ist.“

Er runzelte die Stirn. „Bist du dir sicher? Jetzt, wo wir extra den langen Weg hierher gefahren sind?“

„Ich hab dir ja gesagt, du brauchst nicht mitzukommen.“

Er warf den Zündschlüssel in die Luft, fing ihn wieder auf und schüttelte den Kopf. „Du hast dich wirklich nicht verändert. Du weißt nie, was du willst. Für deine Launen hätte ich dich damals schon immer gern nach Strich und Faden versohlt. Holen wir’s heute nach? Hier auf dem Schulhof, wie es sich ziemt?“

Wir lachten und stiegen ins Auto. Die Abendsonne wagte einen letzten Vorstoß, und wir sahen die Silhouette des Lehrers, wie er die Vorhänge zuzog.

Dann fuhren wir zurück in die Welt.

In meinen frühen Geschichten mied ich das Thema Homosexualität weitgehend – zur Frage, wie ich eigentlich „gepolt" bin, hielt ich mich gern bedeckt. Die Broadway-Geschichte ist da eine echte Ausnahme. Ich schrieb sie als ganz junger Mann in New York, und erst jetzt – Jahre später, beim Wiederlesen – fällt mir auf, wie sehr diese Stadt doch unsere Innentemperatur verändert.

Die Herzen treffen sich am Broadway

Er hätte ihn gern geknipst, den Jungen, der in diesem Augenblick hinter der Theke erschien. Ein langer Kerl vom Typus fröhlicher Handwerker, drahtig gebaut. Ob man bei ihm auch bestellen konnte? Josua hob sein Glas und prostete ihm zu.

Ja, eine Kamera hätte er gebraucht, eine von diesen unscheinbaren Geräten aus den *Candid-Camera*-Shows, mit denen man Fotos schießen konnte, ohne dass einer es merkte. Er hätte die ganze Szene in tausend Schnipsel zerfetzt und sich diese Schnipsel zu Hause in ein Album geklebt. Auf jedem Bild ein anderes Highlight. Die mattbraune Brust unter dem Navy-Hemd. Die Ponyfrisur mit den blonden Strähnchen. Der kräftige Nacken. Der Hintern.

Er trank von seiner Cola, die schon seit einer Ewigkeit vor ihm stand und so schal schmeckte, als würden Fliegen drin schwimmen. Der Junge sprang freihändig aus der Hocke, dann steckte er sich eine Zigarette an und lehnte sich, bereit für neue Anweisungen, an den Kühlschrank.

„Anstrengender Job, hab ich recht, Nat?" rief eine Frauenstimme. Josua drehte sich um. An einem der Tische lächelte ein dickes Mädchen, auf deren Oberlippe ein Streifen Ketchup prangte wie eine frische Wunde.

„Wisch dir mal den Mund, Katie", sagte Nat. „Sonst wird dich heute kein Mann mehr küssen."

Sie nahm ein Taschentuch, befeuchtete es mit Spucke und reinigte sich damit die Lippen. „Und jetzt?“ fragte sie. „Werden die Männer jetzt auf mich fliegen?“

Jeder merkte, dass ihm das Gespräch auf die Nerven ging, aber Katie ließ nicht mehr locker: „Sehe ich jetzt lecker genug aus? Habe ich jetzt Chancen bei dir?“ Dumme Gans, dachte Josua.

„War Ketchup“, sagte sie. „War nur Ketchup.“

Josua schüttelte verständnislos den Kopf. Nat sah es und nickte. Für einen Moment waren sie Verbündete. Dann drängte sich der Wirt zwischen sie.

„Hör mal, Nat. Könntest du Mandy anrufen und ihr sagen, du kommst etwas später heute Nacht? Fürchte nämlich, dass wir's nicht schaffen, den Laden bis zwei Uhr leer zu kriegen.“

Mandy? Wer zum Teufel war Mandy? Hm, vielleicht die Mutter des Jungen. Wahrscheinlich gut Freund mit dem Wirt. Eine geschiedene Mom mit Lockenwicklern und einer Küchenschürze, deren Herz nur für ihren Haushalt und ihren Sohn schlug.

Hey, Nat, deine Mom steht zu Hause am Herd und ahnt nicht, dass ihr hübscher Sohn hier nur darauf wartet, von dem fremden Mann mit der Coca Cola angequatscht zu werden. Jeden Tag, wenn du nach Hause kommst, gibst du ihr einen dicken Kuss und erinnerst dich daran, dass das so ziemlich die einzige Frau ist, die du ab und zu küsst. Ist doch so, Nat, oder?

Aber der fremde Mann kann dich nicht ansprechen. Er darf nicht. Er hat sich ja schon für Raymond entschieden. Gucken darf er, ja, aber nicht flirten. Staunen darf er auch. Über deine Schönheit. Deine flinken Hände mit den Silberringen. Aber wenn er nach Hause kommt, in einer Stunde oder zwei, wird er allein sein wie jede Nacht. Und nicht einschlafen können, weil es ein Weilchen dauern wird, bis dein hübsches Gesicht sich wieder vor seinen Augen auflöst.

Gab es Mütter, die Mandy hießen?

Er bestellte noch eine Cola, diesmal mit Rum. Katie zog einen Taschenspiegel aus ihrer Handtasche, dann bearbeitete sie wieder ihre Lippen. Als sie sah, dass Josua sie beobachtete, hob sie mit einer Grimasse die Schultern, *werd-einer-schlau-aus-dem-Jungen*.

„Nat und ich werden uns schon noch küssen", sagte sie augenzwinkernd, während sie sich zu Josua vorbeugte. „Ich hab's geträumt. Vor genau vier Wochen. Und es war die zwölfte Nacht nach Neumond, genau wie heute. Da sind unsere Träume unfehlbar, da wird alles wahr. Er hat mich geküsst, auf einem Schiff, mit dem wir nach Acapulco segelten. Nur wir beide."

„Hab ich nie davon gehört", sagte er. „Von der zwölften Nacht nach Neumond."

In ihre Augen trat ein andächtiger Blick. „Es ist immer alles eingetroffen. In den letzten zehn Jahren zumindest. Zuvor hab ich davon nichts gewusst."

Im Barfenster sah er sein Spiegelbild. Und das von Katie. Neben ihrem fülligen Gesicht wirkte seines noch magerer als sonst. Ob Nat magere Männer mochte? Raymond mochte sie nicht. Er mochte überhaupt keine Männer.

„Oh, da winkt jemand", sagte Katie. „Draußen, vor der Tür. Eine junge Dame. Sie winkt Ihnen zu." Die letzten Worte flüsterte sie in so anzüglichem Tonfall, als erwarte sie mindestens eine öffentliche Sexvorführung.

Es war Mercy. Er stand auf. Er wollte nicht, dass sie hier reinkam. Er fing sie an der Tür ab.

„Gehst du gerade?" fragte sie.

Er sah auf die Uhr. „Muss erst noch austrinken. Zufall, dass du hier auftauchst? Oder hast du mich gesucht?"

Es hätte ihn nicht gewundert. Vor zwei Wochen hatte sie ihm den ersten Brief geschrieben, nach einem hässlichen Streit mit Raymond. Einen langen, wirren Brief, mit wenig Stilgefühl, aber die Botschaft war klar gewesen: Sie hatte vor, sich von Raymond zu trennen. Sie wartete nur auf den passenden Moment.

„Was dagegen, wenn ich mir einen Drink bestelle?" fragte sie.

Er hatte was dagegen. Vor allem, weil sie neben ihm sitzen würde, während sie ihn trank. Und sobald sie neben ihm saß, würde sie diskutieren wollen. Und als Diskussionsthema kam nur eins in Frage: Der zweite Teil ihres Briefes.

Sie roch nach Haargel und *Lily of the Valley*; Düfte, die ihn an Raymond erinnerten. Früher hatten sie sich umarmt, wenn sie einander begegnet waren. Seit jenem Brief taten sie es nicht mehr; jede Umarmung wäre eine Art unsittlicher Akt gewesen.

„Alle Männer, die ich liebe, sind schon vergeben", seufzte Katie. „Nat hat Mandy. Der junge Mann mit den klugen Augen hat ... wie heißen Sie?" Die Frage war an Mercy gerichtet.

„Mercedes", sagte sie.

„Der junge Mann fährt einen Mercedes", jammerte sie weiter. „Und ich sollte dringend abspecken. Aber auf dem Schiff nach Acapulco, da war ich auch ein dickes Mädchen. Wie im richtigen Leben. Es wird auch ohne Abmagerungskur klappen."

Mercy murmelte etwas vor sich hin, dann kletterte sie neben Josua auf einen Hocker. In ihren Augen lag etwas Verschwörerisches.

„Hast du es dir überlegt?" fragte sie.

„Es gibt nichts zu überlegen. Ich meine, du kennst die Tatsachen. Es würde nie funktionieren."

Er spürte eine Erektion. Dieses verdammte Parfüm. Er sah Raymond vor sich: das blonde Haar, die arroganten Augen, die frechen Lippen. Es ging ihm wie einem von Pawlows verdammten Hunden. Sobald er *Lily of the Valley* roch, wurde er spitz. Egal, wer danach duftete: Raymond, Mercy oder ein schwarzer Kater. Vielleicht hätte es sogar bei Katie funktioniert. Es wäre die Lösung für sie gewesen. Er sah zu ihr hinüber. Sie saß mit wässrigen Augen auf ihrem Stuhl und trank. Er grinste triumphierend.

„Ich werde darüber nicht hinwegkommen", sagte Mercy. „Und du kennst das Gefühl. Du weißt, wie dir zumute ist, wenn du Raymond triffst."

„Dann können wir beide ja eine Selbsterfahrungsgruppe gründen", sagte er. „Da drüben sitzt unsere erste Anwärterin auf fünfzigjährige Mitgliedschaft." Er deutete mit dem Kinn auf Katie, dann hob er müde die Schultern. „Ich kann nicht über meinen Schatten springen, Mercy.“

Als sie aber seinen Arm berührte, zog er ihn nicht weg. Es war die Hand, die jeden Tag in Raymonds Hand lag, wenn die beiden einkaufen oder ins Restaurant gingen. Seine Augen suchten Nat, der in einer Ecke stand und zärtliche Worte in ein Telefon hauchte. „Ja, spätestens um drei Uhr bin ich zu Hause, Schatz. Versprochen. Ja, drei Uhr. Ja, versprochen. Ja, Schatz.“

„Du liest doch immer diese Frauenzeitschriften“, sagte er zu Mercy, als Nat den Hörer aufgelegt hatte. „Beim Friseur oder beim Zahnarzt. Zwölfte Nacht nach Neumond – sagt dir das irgendwas?“

„Was? Oh ja.“ Ihre Augen blitzten. „Eine Wahrsagerin aus Cincinnati behauptet, in der zwölften Nacht nach Neumond hätten die Menschen luzide Träume. Wahrträume. In der *Metropolitan* kam eine große Serie darüber. Du wirst lachen, aber ich hab’s ausprobiert – und es hat geklappt.“

Er wollte fragen, was sie denn geträumt habe, aber eine dumpfe Ahnung hielt ihn zurück.

„Heute hab ich sogar noch was Besseres in der *Metropolitan* gelesen“, sagte Mercy. „Ehepaare oder Menschen, die zusammenleben, werden einander im Laufe der Jahre immer ähnlicher. Nicht nur vom Charakter her, auch von ihrer Physis. Sie riechen ähnlich, schmecken ähnlich, ihre Zellstrukturen passen sich einander an. Ist das nicht sensationell?“

„Stammt das auch von der Dame aus Cincinnati?“

„Nein. Das haben Mediziner nachgewiesen. Es ist richtig seriös. Und vor allem, es ...“

Sie stockte und lächelte jemandem zu. Josua blickte hoch und sah Nat, der ihr Lächeln erwiderte. Dann setzte sie ihr Referat über Ehepaare und Zellstrukturen fort; doch immer wieder suchten und fanden sich ihre Blicke wie bei kleinen Kindern, die sich mit Taschenlampen anstrahlen.

„Der wär was für dich, oder?“ fragte sie.

„Hab mir darüber keine Gedanken gemacht.“

„Seit du Raymond begegnet bist, hast du mit keinem Mann mehr geschlafen, stimmt’s?“

Er tat, als müsse er erst überlegen, dann nickte er. Das Telefon klingelte, und der Wirt ging ran. Ein langes Gespräch, das von Flaschengrößen und Abnahmemengen handelte. Wieder warf sie Nat ein Lächeln zu. „Vermute, dein Chef ist für die nächsten zwei Jahre beschäftigt. Kann ich auch bei dir einen Drink bestellen?“

„Klar. Nochmal dasselbe?“ Obwohl er ihr den ersten Cocktail nicht serviert hatte, wusste er, was sie getrunken hatte. Als er sich nach vorn beugte, um das großzügig eingeschenkte Glas vor ihr auf den Tresen zu stellen, berührten sich ihre Haarspitzen.

„Ui ui ui“, sagte Katie.

„Ui ui ui“, äffte Josua sie nach.

Anstatt eingeschnappt zu sein, lachte sie. „Wenn die beiden zusammen abhauen, mit wem gehst du dann nach Hause?“

Er hob sein Glas und spielte kurz mit dem Gedanken, es ihr über den Nacken zu schütten. Dann trank er. Die Cola war süß und pappig wie Sirup.

„Keine Angst“, sagte sie und kicherte, als würde ein Tier sie im Nacken kitzeln. „Nat ist vergeben. Er hat seine Mandy schon seit – ach Gott, weiß nicht wie vielen Jahren. Der nimmt Ihnen Ihr Mädchen nicht weg. Jeder andere ja, aber nicht Nat. Der hat seine Mandy. Seit vier Jahren schon, oder länger. Wie lange seid ihr jetzt ein Pärchen, Nat?“

„Hättest du ihn angesprochen?“ fragte sie, als sie unter den Lichtreklamen des Time Square zur Subway-Station liefen. Vor einem Theater standen ein paar schwarze Kids mit einem Ghettoblaster und warteten auf die Pause, um ihre obligatorische Dance-Show abzuziehen. Sie hatte sich bei ihm eingehakt, und für die Augen der Welt waren sie ein verliebtes junges Paar.

„Ich meine, wenn er nicht vergeben wäre“, sagte sie, als er nicht antwortete. „An Mandy. Wie Katie sagte.“ Es klang, als wäre sie täglich in dieser Bar und würde sie alle kennen.

„Natürlich hätte ich." Er wusste, dass er log, wie ein Junge, der Heldengeschichten über sich erfand. Es hatte tausend Gelegenheiten gegeben, die jetzt so weit weg waren wie der Mond. Er sah hinauf und suchte den Mond, als könne er ihr Bild in seinem Licht noch trüb erkennen.

Der Junge an der Landstraße fiel ihm ein, an jenem Regentag im Juli. Er hatte gefroren. War am Morgen mit kurzen Jeans und Muscleshirt aufgebrochen, hatte Picknick mit Freunden gemacht, dann war jenes gewaltige Unwetter gekommen, jener widerliche Temperatursturz, und nun saß er in Josuas Wagen und bibberte und suchte nach Wärme. Er will, dass ich ihn in den Arm nehme, dachte Josua. Nichts geschah. An der Ecke Christopher Street / Fifth Avenue entließ er ihn hinaus ins Straßendickicht.

Der Junge auf Coney Island. In der Schiffschaukel teilten sie sich eine Gondel, und der Junge setzte sie in Bewegung, es ging hinauf über die Dächer, bis zur Milchstraße und darüber hinaus. Josua schloss die Augen wie ein träumendes Kind. *Mache ich es gut?* fragte der Junge. *Krieg ich dafür eine Lakritzbrause?* Klar, sagte Josua, doch als die Fahrt zu Ende war, beeilte er sich, in der Menge unterzutauchen und zu verschwinden. Ich *darf* nicht. Gucken ja, Schwärmen ja. Aber nichts Verbindliches.

Dann der Bursche im Kino, der ihm seinen Atem in den Nacken blies, bis Josua aufstand und den Film vorzeitig verließ. Der Junge im Schlafwagen, auf der langen Fahrt nach Idaho. Der Junge in Napoli, der am Strand Muschelketten verkaufte. Ich probieren Ihnen an, Signore. Oh, Signore haben Haare auf Brust. Ich mögen haarige Männer. Signore seien hübsch mit Kettchen. Amerikaner alle hübsch. Ich mögen Amerikaner. – Ohne zu feilschen und ohne zu lächeln hatte er ihm die Kette abgekauft, aber nie getragen.

„Natürlich hätte ich ihn angesprochen", sagte er noch einmal. Sie nickte nachdenklich, als wären sie nur knapp einer Katastrophe entgangen. Sie glaubte ihm.

„Woher wusstest du eigentlich, wo ich war?“ fragte er.

„Du hast es Raymond gesagt, und Raymond hat es mir gesagt. So einfach ist das. Er denkt, ich besuche Fiorella.“

Er hatte es Raymond gesagt, weil er es immer so einrichtete, dass Raymond wusste, wo er ihn finden konnte. Wenn man auf Wunder hoffte, tat man so etwas. Das Wunder, auf das er hoffte, bestand darin, dass Raymond irgendwann dort aufkreuzte und sagte, er habe es sich anders überlegt, er könne sich doch vorstellen, mit Männern in die Kiste zu gehen, und wenn nicht mit seinem langjährigen Freund, mit wem bitteschön dann, und sie würden aufstehen und Arm in Arm über den Broadway schlendern, in eine malerische kleine Bar, besoffen von Licht und Liebe, oder es im Auto tun oder in einer der U-Bahn-Schächte oder mitten auf der Park Avenue.

Er würde nach Mercy fragen, und Raymond würde sagen, die Fotze hat mich verlassen. Weiber, würde er sagen. Das schlimmste, was einem Mann passieren könne. Nur unter Männern gebe es Treue. Wahre Freundschaft. Von wahrer Freundschaft bis zum Sex ist nur ein kurzer Weg. Mit diesem Satz würde er schließen, denn es war ein guter Satz.

Und dann war es Mercy, die dort aufkreuzte, wo er sich den Frust von der Seele trinken wollte. Der Himmel, weiß Gott, wusste vor Ironie nicht wohin.

„In der *Metropolitan* stehen oft so seltsame Berichte“, sagte sie, während sie an einer Boutique vorbeikamen, wo zwei Stricherinnen sich wie lebendig gewordene Schaufensterpuppen im Kreis drehten und *Waltzing Matilda* sangen. „Dinge, die man sofort ausprobieren und darüber staunen kann.“

„Das mit den Träumen?“ fragte er.

Sie zuckte die Schultern. „Vielleicht war es ja nur Zufall. Als Kind träumte ich mal, ich besuche eine Freundin, die ich noch nie besucht hatte, und als ich sie dann wirklich besuchte, hatten ihre Vorhänge das gleiche Muster wie in meinem Traum. Seltsam, oder? Vielleicht war das ja ein solcher Neumondtraum. – Aber die andere Geschichte hat mich mehr fasziniert."

Er tat, als hätte er sie bereits vergessen und sah sie fragend an.

„Es ist wie mit Hundehaltern und Hunden", sagte sie und lachte so laut, dass ein Obdachloser stehenblieb und sich nach ihnen umdrehte. „Ich rieche inzwischen wie Raymond, ich spreche wie er, ich mag sogar die gleichen Gerichte wie er. Eines Tages sind wir so etwas wie Zwillinge. Wären wir zumindest. Du weißt, es ist nur noch eine Frage der Zeit, bis ich gehe."

„Und auf welche Zeit wartest du? Bis zum Winter? Bis zur Jahrtausendwende?"

„So lange, bis ich weiß, dass ich nicht einsam sein muss." Sie zog Zigaretten aus ihrer Handtasche, bot ihm eine an und rauchte selbst auch. Frauen, die auf der Straße rauchen, sind Nutten, hatte Josuas Großmutter immer gesagt. Sie erreichten die U-Bahnstation und lösten ihre Tokens. Der Wagen, in den sie einstiegen, war leer bis auf zwei Männer, die händchenhaltend und herumalbernd ganz hinten an der Wand saßen. Sie waren betrunken.

„Du bist 'ne Schwester", sagte der größere von ihnen zu Josua. „Ich mein's nicht böse, aber man sieht's dir einfach an."

Josua sah weg und sagte ein paar belanglose Dinge zu Mercy.

„Ja, er ist einer von uns", rief der andere. Er hörte sich an, als wäre er noch im Stimmbruch. „Junge Dame, Sie sind das Opfer eines bösen Täuschungsmanövers. Dieser Mann wird Sie im Bett nicht glücklich machen. Komm rüber zu uns, Junge, du hast einen coolen Arsch."

Sie lachten, und besonders ärgerlich fand er, dass Mercy mitlachte. Er wollte über Träume reden. Über geheime Botschaften und Vorahnungen. Als die Tunten sich abreagiert hatten, knutschten sie wieder, und Mercy sprach wieder von Menschen, die einander immer ähnlicher wurden, und die Räder ratterten und riefen Feigling, Feigling, und er vergrub das Gesicht in den Händen, als wolle er dösen, aber in Wirklichkeit weinte er.

Zwölfte Nacht nach Neumond. Was du heute träumst, geht in Erfüllung. Wie das nach Lichtreklamen stank, nach Katzengold, nach Broadway.

Was hatte er denn geträumt damals? Einen ganz dummen Traum: Raymond schenkt ihm ein Herz, ein kleines Herz aus grauem Porzellan. Er steckt sich's in die Brusttasche, und als er nach Hause kommt, ist das Herz verschwunden. Jede Nacht schenkt Raymond es ihm wieder, aber später kann er's nicht mehr finden, und er sucht die menschenleere Stadt ab nach dem dämlichen Herz. Doch in allen Straßen, durch die zu wandern er sich auf ewig verdammt, sieht er nur rote Glasherzen, pulsierend und glitzernd wie Rubine. Er kickt sie mit den Füßen weg. Er will nur dieses kleine graue Porzellanherz, das nicht schlägt, das noch nie geschlagen hat.

Ich brauche keinen Fetisch, zum Donnerwetter! brüllt er, wenn er nach Hause kommt; denn er weiß, dass er es nie finden wird, dieses tote, tote Herz, eingemauert zwischen den Flanken des Traums.

Als er vor dem Eingang zum Subwaytunnel ein Taxi nahm, stieg sie einfach mit ihm in den Wagen, dabei wohnten sie in entgegengesetzten Richtungen. „Ich will reden", sagte sie. Er hasste Frauen, die immerzu reden wollten. Wurde ein Scheißhaufen besser, wenn man ihn breit trat?

In seiner Wohnung schenkte er ihr Whisky ein und beschränkte sich selbst auf Mineralwasser. Sie kleckerte sich die Hosen voll. „Macht das Flecken? Ich meine, typische Whiskyflecken? Fiorella hat nie Alkohol im Haus. Sie ist seit vier Jahren trocken. Du musst wissen, es sind Raymonds Hosen."

Er saß ihr gegenüber auf dem Sofa, und nun stand er auf und starrte ihre Hosen an. „Wieso trägst du Raymonds Hosen?"

„Weil ich es sexy finde." Sie grinste. „Und weil wir zufällig die gleiche Beinlänge haben."

„Wenn du ihn sexy findest, warum wollt ihr euch dann

trennen?“ Er schabte mit dem Daumennagel am Hosenstoff, als sei dies die gängigste Methode, einen Fleck zu beseitigen.

„Weil es nicht nur um Sex geht.“ Sie blies den Zigarettenrauch rücksichtsvoll an seinem Kopf vorbei. „Nicht bei ihm. Sex kann man überall haben, wo aufreizende Männer sind. Für ein Zusammenleben bedarf es mehr.“

Er trank von ihrem Whisky, und da er nichts gegessen hatte, stieg der Alkohol ihm sofort zu Kopf. „Und was ist es, das du bei mir suchst?“

Ihm war, als hätte er eine sehr mutige, sehr gewichtige Frage gestellt, doch ihr Gesicht blieb reglos.

„Sex“, sagte sie und betrachtete dabei seine üppig beladenen Bücherregale und den Schreibtisch mit den vielen Manuskripten. „Ich mag Männer mit hübschen Händen. Mit Künstlerhänden. Es ist ein Traum, wenn sie deine Haut berühren, während du fast verrückt wirst vor Lust. Außerdem mag ich schwule Männer. Sie riechen nicht so streng.“ Sie räusperte sich, dann kam *ihre* gewichtige Frage. „Du hättest ihn nicht angesprochen, stimmt’s? Nat, meine ich?“

Wieder klang es so vertraut. Nat. Sie ging in Bars, die sie nie zuvor besucht hatte, und alle hießen sie gleich Nat und Mandy und Katie. Was ihr fehlte, war eine gesunde Distanz. Zur ganzen Welt. Und vor allem zu ihm.

„Du hättest ihn nicht angesprochen, weil du nie einen Mann angesprochen hast, seit du dich in Raymond verliebt hast, stimmt’s? Du bist ihm treu, obwohl ihr nichts miteinander habt. Das ist ein bisschen krank, findest du nicht auch?“

Es war ein bisschen krank. Aber er wollte nicht wissen, warum er das tat, und hoffte, sie würde ihn nicht fragen.

„Dafür muss es doch Gründe geben“, sagte sie.

Er goss Whisky nach. Für sich und für sie. Dann trank er beide Gläser selbst leer.

„Okay“, sagte er. „Manchmal rede ich mir ein, ich wäre sein Geliebter, und er hat mich nur verstoßen. Vorübergehend, meine ich. Und dann sage ich mir, auch in dieser Zeit der Verbannung muss ich als treuer Geliebter mein Gesicht wahren. Nur dann nimmt er mich irgendwann wieder auf. Eines Tages. Ich weiß nicht, wann. Vielleicht, wenn ich in einer zwölften Nacht nach Neumond von ihm träume. Von seinen Armen. Und dass er mich küsst. Vielleicht wird dann ja alles gut."

„Und was machst du in jenen lichten Stunden, in denen dir bewusst wird, dass das alles nur Schwachsinn ist?" fragte sie, höflich wie eine Psychologin.

Er suchte nach einer guten Antwort. „Solche Stunden werden immer seltener." Er strich ihr übers Bein, dann schoben seine Finger sich in ihre Hosentasche. Er brachte Münzen und eine Schnupftabaksdose zum Vorschein.

„Sind das Raymonds Sachen?"

Sie griff ihm ebenfalls in die Hosentasche. Ein Schlüsselbund. Und ein Feuerzeug mit eingebauter Taschenlampe.

„Sind das Josuas Sachen?"

Er grinste, als hätte all das einen tieferen Sinn. Sie legten ihre Fundstücke auf den Tisch und brachten sie mit den Händen durcheinander.

„So vermischen sich die Schicksale zweier Hosentaschen", sagte Mercy. „Die Welt ist klein."

„Sie ist winzig."

„Wenn du mit anderen Männern schlafen würdest, wäre das also eine Art Fremdgehen?" Es war wie eine Sitzung beim Psychiater. *Sie sind also der liebe Gott und haben die Welt erschaffen?* Er nickte.

„Und bei Frauen? Wäre es das gleiche?"

„Ich kann nicht mit Frauen schlafen. Wenn ich könnte, dann wäre es vielleicht nicht das gleiche. Aber Frauen sind Frauen, und Raymond ist Raymond. Es ist eine andere Form von Schönheit. Keine Konkurrenz, verstehst du? Ich erkenne die Schönheit von Frauen nicht. Ich hab's versucht, als ich ein Teenager war. Bin mit einer Frau ins Bett gegangen. Es hat nicht funktioniert. Ich musste die Augen schließen und an einen Jungen denken, um überhaupt zu kommen. Und als ich kam, war es eine lustlose Angelegenheit. Als wäre ich an einen Katheter angepfropft oder so. Ich wollte nur nach Hause.“

Ihr Duft wehte wieder an seine Nase, und seine linke Hand lag auf Raymonds Hose, und mit den Fingern seiner rechten rührte er noch immer im Schicksalsbrei herum, der auf dem Tisch vor ihnen lag.

„Du erigierst gerade“, sagte sie.

Verdammt, warum sagte sie nicht einfach *Du hast einen Ständer* oder so? Erigieren – das klang, als entstamme es einem sehr intimen Wortschatz, den sie nur mit Raymond teilte. Andere Männer bekamen einen Ständer, aber Raymond erigierte. Und nun erigierte auch Josua. Er atmete schwer, er war erregt. Sie umarmten sich, und abwechselnd war er Raymond, war er Josua, aber vor allem war er Mercy.

Als sie etwas sagte, war es, als ahme sie Raymonds Tonfall nach. Dann stand sie auf und legte eine CD ein – Supertramp, *Now I’m always meant to be living in a fantasy.* Raymonds Lieblingsmusik. Sie tanzten. Im Licht der Stehlampe wurden ihre Schatten lang, breiteten sich über den gesamten Erdball. Gespenstisch, dachte er. Und verdammt, wie stark sie war. Sie brachte ihn zu Fall, mitten im Wohnzimmer, fiel auf dem Fußboden über ihm her. *Raymond*, flüsterte er. *Ich fresse dich leer, leer, leer,* keuchte sie, während sie an seinem Hals saugte und er genau wusste, dass sie die Wahrheit sprach.

„Ach, du bist es, Fiorella? – Woher zum Teufel hast du Josuas Nummer? – Nein, das ist unmöglich. – Was? Was sagst du da? - Aber das ist unmöglich ... – Nein, er hat nicht hier angerufen. – Kannst du mich abholen, Fiorella? – Nein, davor habe ich keine Angst. Du weißt, wie die letzten Wochen waren. – Aber beeil dich. – Mach’s gut, Fiorella.“

Sie legte auf. Er sah sie an. Worte waren nicht nötig. Sie griff nach der Whiskyflasche, die auf dem Nachttisch stand, studierte das Etikett und stellte sie wieder zurück. Dann hauchte sie Josua ins Gesicht.

„Mein Atem. Wie riecht er?“

Er wollte sagen *Nach meinem Schwanz*, verkniff es sich aber. „Spielt es eine Rolle, ob du getrunken hast? Hoffst du auf mildernde Umstände?“

Sie stieß ein gemeines Lachen aus, das er an ihr nicht kannte. „Selbst wenn er bereits die Koffer gepackt hat, ist es mir egal. An *meinem* Leben hat dieser Abend nichts verändert.“

Dann erzählte sie, wie es passiert war. Nannte Fiorella eine dumme Ziege, unfähig zum Lügen, ein artiges Mädchen eben, eine stotternde und redliche Heilige, wenn’s darauf ankam. Raymond habe keinerlei Verdacht geschöpft. Er habe nur angerufen, um ihr zu sagen, er sei möglicherweise nicht da, wenn sie heimkommen würde. Ein harmloser Kneipenbesuch. Mehr nicht, zum Donnerwetter.

„Sie hätte sagen können, ich bin auf dem Klo oder Zigaretten holen, und sie würde mir’s ausrichten. Aber nein, sie fängt an zu stottern und bricht regelrecht am Telefon zusammen. So eine Kuh.“

Josua öffnete das Fenster. Es regnete. Er war noch immer nackt. Eine Turmuhr schlug, und er stellte sich ein großes, bronzenes Herz vor, das hinter den Schalllöchern schwang. Hinter sich hörte er Kleidung rascheln. Mercy zog sich an.

„Wenn es an deinem Leben ohnehin nichts ändert, wieso regst du dich dann so auf?“ fragte er.

„Wenn es an deinem Leben so viel ändert, wieso bist du dann so ruhig?“ konterte sie.

Bevor er antworten konnte, läutete das Telefon zum zweiten Mal. Diesmal war es Raymond. Keine große Überraschung. Auch nicht das, was er sagte. Aus, vorbei, vergessen. Eine Betrachtung zum Thema falsche Freunde, laut und ungeschliffen, vermischt mit frischer Wut. Wenn er sich beruhigt hatte, wurde vielleicht ein

Standpunkt daraus, und viele Wochen später eine Philosophie.

Während Raymond auf ihn einredete, genoss er den Gedanken, nackt zu sein. Wie ein Mörder, dem noch das Blut an Händen klebte. Oder ein Leichenschänder, an dessen Schuhen noch Friedhofserde haftete. Der Vergleich mit dem Leichenschänder war besser.

Vor dem Haus hupte ein Wagen. „Bis irgendwann, Liebling“, sagte Mercy und umarmte ihn. Als sie wegfuhren, stand er auf dem Bürgersteig und winkte. Er sah, wie sie lachten und mit den Köpfen wackelten. Das Auto bog um eine Ecke, doch er winkte weiter. Abschied, einfach Abschied. Das war alles, was er denken konnte.

Es roch nach Regen, als er die Allee hinauflief und die kalten Tropfen, die aus den Bäumen auf ihn runterfielen, einfach ignorierte. Was er jetzt brauchte, war die Stadt. Er wollte nicht schlafen. Auch nicht zu Hause sein, wo die Gefahr groß war, dass man beim Lesen oder vor dem Fernseher einnickte. Er wollte nicht träumen, weder von Schiffen, die nach Acapulco fuhren, noch von rubinroten Herzen. Es war die zwölfte Nacht nach Neumond, und die Zukunft sollte eine Überraschung für ihn sein.

Es zog ihn zu Nat.

Er nahm ein Taxi zum Time Square. Der Fahrer war ein junger Puertoricaner mit weichen Lippen und kräftigen Nackenmuskeln. Er schwitzte unter den Armen, und Josua stellte sich vor, wie es wäre, die Lippen auf diesen Schweißfleck zu pressen. Nach einiger Zeit bemerkte der Fahrer, dass er angestarrt wurde.

„Du hast Depris, oder?“

Er las es wohl aus seinem Gesicht. Ungeweinte Tränen. Er hätte gern geweint und danach vielleicht jünger und besser ausgesehen. Aber im Moment war es, als würde sich alle Tränenflüssigkeit in seinem Kiefer sammeln und seine Mundwinkel nach unten ziehen. *Unglaublich. Weinen macht sexy.* Vielleicht sollte er etwas darüber schreiben und es an den

Metropolitan schicken.

„Ich habe auch Depris", sagte der Taxifahrer. Vielleicht eine Lüge, denn seine Mundwinkel wiesen nach oben, und sein Kopf hüpfte im Takt der Musik, die aus dem Autoradio kam. *If I'm not near the girl I love, I love the girl that I'm near ...*

Der Fahrer sah auf die Uhr. „Du bist mein letzter Gast", sagte er. „Was suchst du um diese Zeit in der City? Liebe?"

„Vielleicht", sagte Josua, ohne ihn anzusehen.

Der Hispano lachte und ließ im Leerlauf den Motor aufheulen. „Vielleicht hast du sie schon gefunden. Wer weiß? Vielleicht musst du es nur noch spitzkriegen."

Der Scheinwerfer des Wagens fiel auf ein Paar, das unter einer Laterne stand, sich mechanisch küsste und dabei heftig diskutierte. „Sieh dir die beiden an", sagte der Junge. „Man könnte Wetten abschließen. Happy End, ja oder nein? Was meinst du?"

„Kein Happy End. Sie quasseln zu viel." Josua drehte sich um und sah ihnen nach, und tatsächlich, der Mann hob drohend die Hand.

„Und für dich? Und für mich?" fragte der Fahrer.

„Kein Happy-End", sagte Josua und tat, als würde er vor Erschöpfung einschlafen.

Die meisten Bars hatten schon geschlossen, und ihre verdunkelten Fensterscheiben erinnerten an riesige Glassärge. Er sah Nat, wie er im grellen Schein einer nackten Glühbirne hinter der Theke stand und den Tresen wischte. Die Stühle standen bereits auf den Tischen. Vom Wirt war nichts zu sehen.

Er klopfte an die Scheiben. Nat sah nicht einmal hoch. Beim zweiten Mal klopfte er nicht lauter, sondern leiser. Es sollte schüchtern wirken. Sicher klopften hier manchmal auch aggressive Saufbrüder.

Nat versuchte unauffällig zum Schaufenster zu schielen. Dann erkannte er Josua, der mit den Armen ruderte und hilflos lächelte. Nat lächelte nicht zurück. Aber er griff nach einem dicken

Schlüsselbund und schloss die Tür auf.

„Es tut mir leid“, sagte Josua. „Habe ich meine Schlüssel hier liegen lassen?“

Nat führte ihn zur Theke, wo er gesessen hatte, ließ wortlos den Blick über den Fußboden gleiten, dann zuckte er die Schultern.

„Weiß nicht.“

Er sei schon zu Hause gewesen, erklärte Josua. Und habe vor verschlossener Tür gestanden. Er habe nicht mal genug Geld bei sich, um in einer Pension zu schlafen. Er müsse die Nacht auf der Straße verbringen. Über den Broadway wandern. Und am Morgen gleich den Schlüsseldienst kommen lassen.

„Schlüsseldienst ist teuer“, sagte Nat, hob ein Fünf-Cent-Stück vom Boden auf und steckte es ein. „Ich kann dir 'ne Buddel Schnaps leihen, damit du was zum Aufwärmen hast da draußen. Zahl sie einfach nächstes Mal, wenn du kommst. Ich glaube, du bist einer, dem man trauen kann.“

Es klang wie eine Liebeserklärung. Ein Antrag. Josua setzte sich auf einen Barhocker. „Muss nicht sein. Aber vielleicht kann ich hier was trinken? Ich werde mich auch beeilen.“

Nat schüttelte den Kopf. „Ich bin schon fast weg.“ Er sah Josua an, als käme nun eine Stelle, die nur Männer verstanden. „Mein Mädchen wartet zu Hause auf mich. Sie ist unglaublich in mich verliebt.“

„Schön, wenn man nach Hause kommt, und da ist jemand, der einen liebt“, sagte Josua, als zitiere er eine der Weisheiten aus dem *Reader's Digest*.

Nat sah auf seine Armbanduhr. „Na, okay. Ein Gläschen geht. Ich trinke eins mit dir. Ich erzähle dir aus meinem Leben.“

Er setzte sich. Und dann erzählte er nur von Mandy. Wo er sie kennen gelernt hatte, wie sie aussah, wie sie war, was für lustige Dinge sie manchmal sagte. Als nächstes kamen ihre Krisen an die Reihe, samt Happy Ends. Wahre Liebe siegte immer. Es war so ein Schleim, was er daherredete.

Doch die Uhrzeiger drehten sich, fast so schnell wie der Ventilator an der Wand, weil der Anblick von Schönheit den Lauf der Zeit beschleunigt. Josua trank und trank. Nat redete. „Willst du sie kennen lernen?“ fragte er später, und ohne Josuas Antwort abzuwarten, sagte er: „Ihr werdet euch mögen. Sie mag schwule Männer. Ich meine, im Kopf. Sie mag sie im Kopf. Nicht in der Muschi. Sonst müsste ich ja schwul sein.“ Er lachte, während er sich nachschenkte und die Hälfte vergoss. „Ich war noch nie schwul. Nicht mal als Teenager. Bin ja immer noch 'n Teenager. Na ja, fast. Komm einfach mit. Mein Auto steht im Hinterhof. Wir trinken was zusammen. Mandy, du und ich. Morgen früh rufst du den Schlüsseldienst.“

Als sie hinaustraten, hingen Sterne wie an Girlanden über den Straßen. Der Regen hatte sein Werk getan und sich verzogen.

„Stell dir vor, was sie mir zum Geburtstag geschenkt hat“, sagte Nat, als sie im Wagen saßen. Josua versuchte, es sich vorzustellen, doch dann schlief er ein, und auch sein Traum spielte in diesem Auto, mit Nat am Steuer und ihm auf dem Beifahrersitz. Ich schenk dir was, sagte Nat und zog ein großes rubinrotes Herz aus seiner Tasche. Fass es mal an. Der pure Wahnsinn. Und tatsächlich, das Herz lebte. Wie ein atmendes Tier pulsierte es zwischen Josuas Fingern, und er wollte es nicht mehr aus der Hand geben. Doch wo er es berührt, färbt es sich grau wie Zement. Es ist noch frisch, sagt Nat, es muss erst trocknen; und als er mit dem Taxi zurückfährt, hält Josua es fest in seiner Brusttasche. Am Broadway aber gerät der Wagen ins Schleudern und rast gegen eine Häuserwand. Beide, Josua und der Fahrer, kommen mit schweren Verletzungen ins Krankenhaus, und dort sagt man Josua, das künstliche Herz in seiner Tasche habe sich tief in sein eigenes Herz gegraben, und man könne es nie mehr herausoperieren. Ein ganzes Leben lang müsse er sich jetzt damit abfinden, mit diesen zwei Herzen in seiner Brust.

„Glaubst du, dass Träume eine Bedeutung haben?“ fragte er Nat beim Erwachen.

Nat lachte, schüttelte den Kopf und stellte das Radio leiser. „Mandy hat mir da kürzlich was aus einem ihrer Weibermagazine vorgelesen. Irgendwas mit dem Neumond und lauter solchen Astro-Scheiß.“ Er stellte das Radio wieder lauter, denn die Everly Brothers sangen, und Verliebte konnten sich an solcher Musik nicht satt hören. „Aber mal ehrlich: Willst du jetzt auch noch damit anfangen?“

Meine Kindheit war glücklich, aber es gab auch Familien, in denen das anders war. In die Rolle des Jungen aus einer solchen Familie schlüpfe ich hier für ein paar Seiten. Temporeiche Geschichte mit reichlich Action.

Wo die Engel sind

Ich weiß noch, wie er an jenem Abend auf mein Zimmer kam und Rotz zu Wasser heulte. Und ich war inzwischen vertraut genug mit den Dingen, um zu wissen, was wieder einmal vorgefallen war.

„Diesmal hat er sie in den Bauch geboxt, nur weil ihr kalt war und sie heizen wollte. Wir müssen sparen, sagte er. Und sie hat gekotzt, und beim Kotzen geweint, und irgendwann lag sie da und hat sich nicht mehr gerührt. Ich dachte wirklich, sie wäre tot. Aber dann ist sie irgendwann wieder aufgestanden und hat mich zu sich auf ihren Schoß gesetzt. Sag mal, Dennis, ist es schlimm, dass ich nicht dazwischen gegangen bin? Bin ich jetzt 'ne Niete?"

Ich streichelte ihm den Kopf. Sein kleiner Kopf brauchte das, in jeder Minute.

„Dejan, du bist elf. Was denkst du, was ich von dir erwarte? Und du weißt, was beim letzten Mal passiert ist."

Beim letzten Mal hatte sich mein kleiner Bruder mutig für seine Mutter stark gemacht und war dafür von unserem Stiefvater in die Ecke geschleudert worden. Ein Hämatom hinter dem linken Ohr. Und zwei blutunterlaufene Augen. Und der Alte wollte nicht mal den Arzt rufen. Ich tat es dann, von der Zelle aus, die zwei Blocks entfernt liegt. Und bezog dafür ebenfalls Prügel. Weil der Doktor natürlich wissen wollte, wie es passiert war. Und Dejan erzählte die Geschichte, die ihm der Alte eingetrichtert hatte, aber jeder merkte sofort, dass er log. Lügen ist nicht so unsere Stärke.

„Wo ist der Vollidiot jetzt?" fragte ich.

„Abgerauscht, wie immer. Wahrscheinlich in die Kneipe."

„Wie geht es Mom?“

„Sie hat sich hingelegt. Du kannst gerne rauf zu ihr, aber ich glaube, sie will jetzt lieber schlafen. Sie hat gesagt: 'Es muss etwas geschehen. Ich mach das nicht mehr länger mit.' Hast du 'ne Ahnung, wie sie das meinen könnte?“

Ich zuckte die Schultern. Ich hoffte nur, sie würde uns mitnehmen, falls sie weglaufen wollte.

„Ich glaube, irgendwann bringe ich ihn um“, sagte ich.

„Aber wie willst du das machen?“

Das fragte ich mich auch.

Ich weiß nicht mehr, wann Stucker an jenem Abend nach Hause kam, aber es ging ziemlich lautlos vor sich. Der Gedanke, dass unsere Mutter neben ihm schlafen musste, war mir unerträglich. Mehrmals schlich ich die Treppe hinunter und spähte unbemerkt in ihr Schlafzimmer, um nachzusehen, ob alles in Ordnung war.

Beim dritten Mal war ihr Bett leer, während Stucker in seiner Hälfte grimmig schnarchte. Zwei Gedanken in meinem Kopf überlagerten sich wie einander störende Radiosender: Der erste – und wichtigere – lautete: Wo war sie? Der zweite: Wäre jetzt nicht ein guter Moment gewesen, ihm ein Messer in den Bauch zu stoßen?

Dann hörte ich die Stimme meiner Mutter aus dem Wohnzimmer. Sie unterhielt sich mit jemandem. War Dejan bei ihr? Nein, es war nicht ihre Dejan-Stimme, es war ihr Erwachsenen-Tonfall, und da ich niemanden antworten hörte, sondern immer nur sie, dann wieder Pause, dann wieder sie, wurde mir klar, dass sie telefonierte.

„Es muss schnell wirken“, sagte sie. „Er darf keine Zeit haben, etwas dagegen zu unternehmen.“

Wenn ich mein Ohr fest gegen die Wohnzimmertür drückte, konnte ich hören, dass am anderen Ende ein Mann sprach. Natürlich verstand ich kein Wort. Aber ich glaubte, die Stimme zu erkennen. Doktor Wilkins, unser Hausarzt.

„Und du sagst, eine winzige Messerspitze auf ein Weinglas genügt?“ fragte Mom. „Und man schmeckt es kaum heraus?“

Bla bla bla, am anderen Ende.

„Man darf aber auch nichts sehen. Wenn der Wein sich irgendwie verfärbt oder trüb wird, fällt ihm das bestimmt auf. – Nein, Peter, versuch jetzt nicht, es mir auszureden. Es ist die einzige Möglichkeit, Frieden zu finden.“

Ich hörte ein Rascheln hinter mir und fuhr herum. Dejan stand auf dem Flur

„Sei jetzt leise“, zischte ich ihm ins Ohr. „Ich erklär dir alles, wenn wir in unserem Zimmer sind.“

Er sah zu mir hoch und schüttelte verzweifelt den Kopf, als würde die Welt für ihn immer schrecklicher werden. Ich legte den Arm um seine Schulter und küsste ihn aufs Haar.

„Darf ich mit zu dir ins Bett?“ fragte er.

„Ausnahmsweise. Und wenn du mir versprichst, dass du ein tapferer kleiner Bruder ist, der Geheimnisse für sich behalten kann, verrate ich dir sogar was.“

Ich schlüpfte unter die Decke, und ein paar Sekunden später hing Dejan an mir und umklammerte mich mit seinen kleinen, dünnen Beinchen. Er fühlte sich total ausgekühlt an. Das einzig Warme an ihm waren die Tränen, die den Stoff meines Schlafanzugs tränkten.

„Nun sag schon, Dennis.“

Ich nahm einen tiefen Atemzug, dann löschte ich das Nachttischlämpchen und nahm einen letzten Schluck von meiner Cola.

„Der Spuk ist vorbei“, sagte ich. „Ein paar Tage vielleicht noch, Deejay, dann wird alles besser werden.“

Ein einziges Mal hatte ich versucht, mich gegen Stucker zu wehren. Ich bin für einen 14jährigen ganz schön stark, aber es war eine schlechte Idee gewesen. Damals hat er mich krankenhausreif geschlagen. Nur, dass ich nicht ins Krankenhaus kam. Ich wurde zu Hause auskuriert, und wenn ich krepiert wäre, hätte ihm das wahrscheinlich auch keine schlaflose Nacht bereitet. Seit jenem Tag fehlte mir ein Schneidezahn, was mich nicht gerade hübscher machte. Und mein linker Fuß fühlte sich ständig wie eingeschlafen an. Aber die Sache lag ein halbes Jahr zurück, jetzt konnte ich damit nicht mehr zum Arzt oder zu den Bullen gehen.

Ich freute mich auf seinen Tod.

Am nächsten Tag, beim Mittagessen, stritten Mom und Stucker schon wieder. Weil er behauptete, das Essen sei versalzen. Unsere Mutter gab sich so viel Mühe beim Kochen, und jetzt musste ich zusehen, wie dieser Dreckskerl seinen Teller mit dem Fleisch und den Kartoffeln nahm und gegen die Wand knallte. Dejan zitterte. Mom heulte. Und ich biss mir auf die Backen und sagte mir: Nur noch ein paar Tage. Dann ist alles vorbei.

Ich sah, wie Bratensoße an der Wand herabfloss, musste an schwarze Tränen denken. Ich ging hinaus, ich konnte nichts mehr essen, ich schloss mich aufs Klo ein. Nach etwa zwei Minuten klopfte es von draußen an die Tür.

„Dennis?“

„Oh Mann, was ist denn, Deejay?“

„Ich hab Angst.“

„Okay, dann komm rein.“

Ich drehte den Schlüssel, zog meinen Bruder zu mir ins Klo, dann sperrte ich wieder ab.

„Bist du dir sicher, dass der Spuk bald vorbei ist?“ fragte er. Eigentlich wäre ich jetzt gern allein gewesen, aber seine feuchten Knopfaugen brachen meinen Widerstand sofort. Lieber Himmel, wozu waren große Brüder da?

„Ziemlich sicher. Gott ist auf unserer Seite.“ Das hatte ich mal in einem Film gehört.

„Du meinst, Gott kriegt das alles mit?“

„Na klar. Von da oben, wo die Engel sind, kann man alles sehen.“

Er zog eine nachdenkliche Schnute. Dann sagte er: „Was wir

bräuchten, wäre ein Engel hier unten."

„Die kommen manchmal, wenn man sie am wenigsten erwartet."

Er rollte mit den Augen, dann grinste er, weil er sich die Engel vermutlich bei der Arbeit vorstellte. „Was hat sie vor, Dennis? Du kannst mit mir über alles reden. Ich bin kein kleiner Junge mehr, das weißt du."

Er hob den Klodeckel, öffnete den Hosenschlitz und fing wie selbstverständlich an zu pinkeln. Ich konnte mir ein Lachen nicht verkneifen.

„Hey, du bist hier nicht allein, Alter."

Er musste auch lachen, pinkelte aber unverdrossen weiter. „Große Jungs machen so was schon mal", sagte er, ohne mich anzusehen. Als er fertig war, strahlten seine Augen. „Und jetzt schieß los, Bruderherz."

Ich setzte mich an den Rand der Badewanne.

„Würde es dir viel ausmachen, wenn Stucker tot wäre?" fragte ich.

Sein Atem ging schneller, einen Moment lang schweiften seine Blicke ratlos umher, dann rieb er sich vergnügt die Hände. „Hey, Dennis, willst du ihn umbringen?"

„Ich nicht. Aber Mom. Und da verstehe ich sie voll und ganz."

Seine Kiefer mahlten, als müsse er meine Antwort erst kauen und vorverdauen, um zu sehen, was da zum Vorschein kam.

„Und wie will sie das anstellen?" fragte er.

Drüben in der Küche war es merkwürdig still geworden. Aber das war nur so etwas wie die Schwüle vor dem nächsten Tornado. Wir kannten das.

„Sie hat morgen Geburtstag. Du weißt, zum Geburtstag gibt es immer einen Toast."

Seine Augen blitzten. „Jetzt kapiere ich. Sie will ihm vergifteten Toast geben, und …"

Ich bekam einen Lachkrampf, auch wenn er, wie alle meine Lachkrämpfe in den letzten Monaten, von dunklen Gedanken getrübt war. „Pass mal auf, du Kackbürste. Toast nennt man es, wenn man mit den Gläsern anstößt und auf irgendwas trinkt. In diesem Fall also auf Moms Geburtstag. Sie will ihm was in den Wein tun. Etwas, das schnell wirkt. Aber halt bloß die Klappe, sonst tu *ich* dir was in deinen Birnentee."

Er schmunzelte. Birnentee war sein Lieblingsgetränk.

„Echt cool, wenn Stucker die Grätsche macht", sagte er.

Dejans Hobby war die Lektüre von blutrünstigen, wenn auch nicht immer sehr perfekt gearbeiteten Romanen, und ich hatte den Eindruck, der Gedanke an ein Verbrechen konnte ihn weniger schocken als mich.

„Du hast schon richtig vermutet, Deejay – wenn sie's nicht tun würde, hätte ich's irgendwann getan. Oder wir zwei zusammen."

Es gefiel Dejan, dass ich ihn in meine virtuellen Mordpläne als gleichwertigen Täter mit einbezog. Er strahlte übers ganze Gesicht.

„Stucker muss sterben", sagte er.

„Stucker muss sterben", sagte ich. Wir schlugen die Handflächen gegeneinander.

Dann sperrte ich die Klotür auf, und beide stolperten wir vor Schrecken erst mal wieder ein paar Schritte zurück. Ein mächtiger Schatten stand da, ein spöttisches Grinsen im Gesicht, die zuckenden Fäuste nur mühsam in Zaum haltend.

„Schön, dass ihr alles ausgequatscht habt, ihr kleinen Idioten", sagte Stucker. „Wahre Freunde muss man haben."

Er schlug uns nicht und bespuckte uns nicht, was auch schon passiert war. Er schickte uns nur auf unser Zimmer und sperrte von außen ab. Wir hätten an die Tür hämmern und uns beschweren können, aber das hätte uns nur müde gemacht und nichts geändert. Das Schlimme war ja nicht, dass wir eingesperrt waren, sondern dass wir Mom nicht warnen konnten. Sie wusste nicht mal, dass ich ihr Telefongespräch mit dem Doc belauscht hatte und somit von ihren Plänen wusste. Natürlich würde sie Stucker fragen, warum er uns eingesperrt hatte, aber im Lügen war er gut, und wenn ihm mal keine Lüge einfiel, fing er eben an zu streiten. Im Moment schien Mom auch gar nicht zu Hause zu sein. Wahrscheinlich kaufte sie noch ein paar Sachen für den Geburtstag ein.

„Jetzt ist alles im Eimer", fiepte mein Bruder. „Wer weiß, was er mit ihr anstellt, wenn sie nach Hause kommt."

„Nein, Deejay, ich glaube, diesmal versucht er's auf die raffinierte Tour. Alles andere würde ihn nur in den Knast bringen."

„Dennis, ich muss mal."

„Oh Gott, du mit deiner Babyblase. Dann mach zum Fenster raus."

Er war sich nicht sicher, ob ich das ernst meinte, aber es ging ja nicht anders. Also öffnete er erst das Fenster, dann seinen Hosenschlitz. Er war noch nicht beim letzten Tropfen angelangt, als ich von unten eine vertraute Stimme hörte.

„Was soll das, Dejan? Wieso pinkelst du aus dem Fenster?"

Ich packte ihn an der Wade. „Sag nichts davon, dass wir hier oben eingesperrt sind, Deejay. Uns fällt schon was ein."

„Ach, nur so zur Belustigung, Mom."

„So? Und wen genau willst du damit belustigen? Wo ist Dennis?"

„Unterwegs", soufflierte ich.

„Unterwegs."

„Ihr wisst, dass ihr heute bis zwölf Uhr aufbleiben dürft. Weil morgen mein Geburtstag ist."

„Klar wissen wir das, Mom. Das ist super."

Wir hatten noch Geschenke für sie kaufen wollen, das ging jetzt alles nicht mehr. Ich persönlich hätte es ja riskiert, mich mit Hilfe verknoteter Bettücher abzuseilen, aber Dejan wollte ich das nicht zumuten. Er konnte zwar gut klettern, aber wenn doch was passiert wäre und er sich das Genick gebrochen hätte, hätte ich mich für den Rest meines Lebens hassen müssen.

Auf einmal, ganz unvermutet, hörte ich sie weinen. Und sie weinte bestimmt nicht, weil Dejan aus dem Fenster gepinkelt hatte.

„Glaubst du an ein Leben nach dem Tod?“ fragte sie meinen Bruder, als wäre das ein Thema, das sich zwischen Fenster und Gehsteig erörtern ließ.

„Sag, da weiß man nichts Genaues. Wahrscheinlich nicht.“

„Klar, Mom. Aber nur die lieben Menschen kommen ins Paradies, die anderen nicht. Die anderen würden nur stören, wo die Engel sind.“

Daraufhin schien sie sich etwas zu beruhigen. Ein langes Schweigen entstand, und Deejay hob die Hand, winkte und warf ihr einen Kuss zu. Dann hörte ich, wie sie die Tür aufschloss und hineinging.

„Warum hast du dich nicht ans Drehbuch gehalten?“

„War doch viel besser, was ich gesagt habe. Und ich glaube, sie hat genau gecheckt, wovon ich rede.“

Ich zog ihn an mich und gab ihm einen fetten Knutscher auf die Backe. „Und wieso hast du ihr gewinkt?“

„Hm … weiß nicht. Sie hat damit angefangen.“

„Sie machen ihre Hausaufgaben“, hörten wir Stucker sagen. „Stör sie jetzt nicht. Du weißt, wie schlecht ihre Noten sind.“

„Aber um Mitternacht müssen sie mit uns anstoßen.“ Mom gab uns normalerweise keinen Wein, aber zu ihrem Geburtstag waren wir es gewohnt, dass sie eine Ausnahme machte.

„Ich hab ihnen gesagt, sie sollen ein wenig vorschlafen. Sicher liegen sie schon in ihren Betten.“

Ich machte den Hosenschlitz zu und starrte auf die beängstigend große Pfütze, die sich inzwischen vor unserer Haustür gebildet hatte. Hunger hatten wir auch. Vor allem aber Durst. Es war fünf Uhr nachmittags.

„Ich bin müde“, sagte Dejan. „Aber ich glaube nicht, dass ich schlafen kann.“

„Bleib lieber wach." Ich brauchte jemanden, mit dem ich reden konnte. „Es dauert ja nicht mehr lang."

„Nicht mehr lang? Es dauert noch sieben Stunden." Jetzt wurde mir das auch klar. Wo ich die Dinge gern über den Daumen peilte, pflegte mein kleiner Bruder alles genau nachzurechnen.

„… verstehst du, Tammy? Ich hab Fehler gemacht, und irgendwann kommt der Tag, da wird einem das klar."

Das war Stuckers Stimme. Aber nicht der Tonfall, den wir von ihm gewohnt waren. Was zum Teufel führte er im Schilde?

„Schon gut, Will. Ich war auch nicht immer unfehlbar."

Worauf sollte das hinauslaufen? Dass er ihren Plan, ihn aus dem Weg zu schaffen, jetzt mit Einsicht quittierte, ja vielleicht tatsächlich nach einem Weg suchte, alles wieder gutzumachen? Nein, das sah ihm nicht ähnlich. Dass sie ihm jetzt nur noch Recht gab, war natürlich logisch. Weil sie ja nicht wusste, dass er wusste. Er dagegen wusste, dass sie nicht wusste, dass er wusste. Sah also so aus, als spielten sie beide Theater. Aber wenn nicht? Wenn sie seine Entschuldigungen für bare Münze nahm und ihm das Gift in letzter Sekunde vielleicht doch nicht gab? Eine dumme Sache, bei der alles auf der Kippe stand.

Die ganze Zeit ging es jetzt so weiter. Man hörte ihn nur noch nettes Zeug sagen. Er bot Mom sogar an, für sie die Spüle zu putzen. War zwar lächerlich, weil er gar nicht wusste, wie so etwas ging, aber es passte zu allem anderen, was wir in den nächsten Stunden zu hören bekamen: Tammy hier und Tammy dort, er konnte sogar Danke und Bitte sagen, ohne dass ihm dabei die Zunge abfaulte. Dejan und ich schüttelten nur immer wieder den Kopf.

„Aber keine Sorge, das kriegen wir gebacken", sagte er plötzlich.

„Wie bitte?"

„Verlass dich jetzt einfach mal auf mich, Dennis. Vertrau mir und unternimm nichts. Versprochen? Bitte." Er schmeichelte mich mit seinen Augen an wie das perfekte Reh. „Und jetzt machen wir ein Spiel, okay? Damit die Zeit schneller vergeht.“

Er zog eins seiner konfusen Videospiele unter dem Bett hervor, bei denen er sich wirklich meisterhaft schlug, während ich regelmäßig abkackte. Heute war es besonders schlimm. Ich konnte keine klaren Gedanken fassen, während seine kleinen Hände über das Joyboard flutschten und er mir irgendwie zu verstehen gab, er habe inzwischen das Ruder übernommen, nicht nur bei dem Spiel, sondern an jenem Tag überhaupt. Manchmal fragte ich mich echt, ob ich noch der Coolere war.

Etwas Gutes hatte das Spiel auf jeden Fall: Es bewirkte, dass es früher Nacht wurde, als wir meinten. Durch unser Fenster drang das Licht der Straßenlaternen, und schon wenig später hörten wir Stucker die Treppe hochkommen. Ein Schlüssel drehte sich im Schloss, dann sah er zu uns herein.

„Ihr könnt kommen.“ Er gab den Weg nicht gleich frei, sondern starrte uns erst noch eine Weile an. „Übrigens: Eure Mutter und ich haben uns versöhnt. Sie hat mir alles gestanden und sich dafür geschämt. Und ihr werdet es nicht glauben, ich hab ihr verziehen.“

In Deejays Gesicht spiegelte sich nichts als Gleichgültigkeit, aber ich kannte ihn gut genug, um zu wissen, dass sich dahinter auch Wut verbergen konnte. Wenn er groß und stark genug gewesen wäre, hätte er Stucker wahrscheinlich die Treppe hinuntergeworfen. Er ließ sich selten etwas gefallen, auch von mir nicht, und in diesem Sommer hatte er mir bei einer Rempelei auch zum ersten Mal richtig weh getan.

Wir schlichen hinter Stucker her, und ich fragte mich, ob er die Wahrheit sagte. Wahrscheinlich nicht. Ich sah Deejay an, und er winkte ab und drückte mir kurz die Hand wie ein großer Junge einem Mädchen. Im Moment kam ich mir echt bescheuert vor.

Als wir das Wohnzimmer betraten, stand der Wein schon auf dem Tisch, die Gläser waren gefüllt, und Mom sah uns mit hilflosen Augen über den Tisch hinweg an, als hätte sie sich für etwas zu entschuldigen. Aber für Stuckers Leben brauchte sie sich nicht zu entschuldigen, für das am allerwenigsten. Nur, dass die Sache jetzt zum Scheitern verurteilt war. Wahrscheinlich. So genau wie Deejay schien ich es nicht zu wissen.

„Setzt euch."

Bis Mitternacht war noch ein paar Minuten Zeit. Wir überbrückten sie, indem wir belangloses Zeug redeten, dann schlug die Uhr, und wir fielen Mom um den Hals und gratulierten. Unsere Augen waren dabei – wenn auch so unauffällig wie möglich – auf das Glas gerichtet, das vor Stucker auf dem Tisch stand. Er wirkte noch immer recht entspannt.

„Zum Wein gehört ein wenig Gebäck, findest du nicht auch, Tammy?" fragte Stucker. „Kleine Brezeln und Salzstangen und so. Ich glaube, draußen ist was im Schrank."

Sie sah ihn an und lächelte. „Bist du so lieb?"

Er lächelte zurück. „Ich hab dir doch heute schon so viel aus der Hand genommen. Jetzt bin ich dafür, dass du mal wieder dran bist."

Sie stöhnte zum Scherz, stand auf und ging hinaus. Keiner von uns bewegte sich, auch Stucker nicht. Wir hörten Mom im Küchenschrank herumkramen und etwas vor sich hinmurmeln, von dem wir nur das Fragezeichen am Ende verstanden, dann sagte Stucker: „Sie findet es nicht. Dejan, geh raus und hilf ihr, und du, Dennis, hol die Gebäckschale aus dem Schrank, damit es keine Krümel gibt."

Deejay stand bereits an der Tür, als ich die Schranktür öffnete. Ich warf einen flüchtigen Blick über meine Schulter, weil ich so etwas wie eine Befürchtung hatte. Und da sah ich es. Ganz deutlich. Ich sah, wie Stucker die beiden Weingläser vertauschte, seines und das von Mom.

Das war es also. Er wollte, dass sie an seiner Stelle starb. Das war sein Plan, um mit dem Leben davonzukommen und sich gleichzeitig bitter an ihr zu rächen.

Was sollte ich jetzt tun? Ich war allein mit dem, was ich wusste, und hatte keine Möglichkeit, Deejay einzuweihen, dem vermutlich eine ungewöhnliche, aber zumindest überhaupt eine Lösung eingefallen wäre. Mom und er kamen soeben zurück, natürlich ohne Gebäck, das Ganze war nur ein Vorwand gewesen, um sie wegzuschicken, und eine nutz- und fruchtlose Diskussion entbrannte, über Kekse, die gar nicht existierten.

„Also gut“, sagte Mom und hob ihr Glas. „Erst wir beide, dann die Kinder.“ Ich wollte schon aufspringen, um sie zu warnen, aber Deejay puffte mich an und gab mir ein Zeichen, still zu halten.

Ich sah, wie beide einen tiefen Schluck nahmen. Moms Todesurteil. Tränen kitzelten in meinem Hals und irgendwo ein Stück weiter unten, wo das Herz war; nur Deejay beobachtete das Schauspiel mit eiskaltem detektivischem Blick. Nun waren wir beide an der Reihe. Er schielte zu mir herüber und schüttelte den Kopf: Nicht trinken. Und auch er täuschte, wie ich sah, seinen Schluck nur vor. Sogar eine Idee unauffälliger als ich. Seine Krimihefte waren lehrreicher als man meinte.

Ein seltsames Schweigen entstand. Dann räusperte sich Mom, trank ein weiteres Mal von ihrem Glas und sagte:

„Ich muss dir etwas gestehen, Will.“ Oh Gott, hatte sie jetzt vor, ihm alles zu sagen, was er ohnehin schon wusste? „Es ist kein Zufall, dass ich auf diesem Toast zu meinem Geburtstag so hartnäckig bestanden habe.“

Stucker nickte, cool, gelassen, ungerührt.

„Die letzten Jahre“, sagte Mom, „waren mir einfach zu viel. Kein Tag verging ohne Tränen. Wann immer du konntest, hast du mich gedemütigt und mir weh getan. Ich war nur noch ein wandelnder Gedanke, unfähig zur Gegenwehr, in mir drin längst erloschen. Und vor ein paar Tagen kam ich zu dem Schluss, dass es so nicht weitergehen kann.“

Stucker zog seine Zigaretten hervor, zündete sich eine an und gähnte, als befinde er sich auf einem langweiligen Vortrag.

„Also beschloss ich, der Sache ein Ende zu bereiten.“

Er grinste, lockerte aber gleichzeitig den Kragen seines Hemdes, als wäre ihm warm. Auf seiner Stirn hatten sich

Schweißperlen gebildet, obwohl es wie gewohnt ziemlich kühl im Raum war.

„Einen Moment“, sagte er. „Könnten wir mal ein wenig lüften? Mir ist irgendwie flau. Ich hätte einen Bissen essen sollen, bevor ich den Wein trinke.“ Er gab Deejay ein Zeichen, und mein kleiner Bruder stand auf und kippte das Fenster.

„Um es frei heraus zu sagen, Stucker“, fuhr Mom fort. „Ich habe beschlossen, zu gehen. Freiwillig aus dem Leben zu scheiden. Der Wein, der hier vor mir steht, enthält eine tödliche Dosis Gift.“

Stucker riss die Augen auf, und seine Lider flackerten, als würden seine Nerven Purzelbäume schlagen. Er begann, Luft zu kauen, seine Kiefer arbeiteten. „Was hast du da eben gesagt?“

„Tut mir Leid, Will.“ Mom nickte. „Danke für alles, was du vielleicht manchmal sogar gut gemeint hast.“

Wir sahen ihn zur Tür rennen, wo er zuerst den Knauf nicht fand. „Ich muss rüber zur Toilette“, stotterte er. „Ich muss das Zeug auskotzen.“

Endlich sprang das Schloss auf. Seine Finger krallten sich um den Türrahmen. „Bringt mir Salzwasser!“ brüllte er. „Dennis, Dejan, bringt mir starkes Salzwasser!“

Mein Bruder und ich bewegten uns nicht. Stuckers Hände glitten am Türstock entlang, seine Beine knickten ein wie Streichhölzer. „Was hat er denn?“ fragte Mom wie abwesend.

„Der Spuk ist vorbei“, sagte Deejay cool und puffte mich an, damit ich auch merkte, dass er mich zitierte.

„Warum wirkt es nicht?“ murmelte Mom verwirrt.

„Du siehst doch, dass es wirkt.“ Ich deutete auf Stucker, der am Boden lag und zuckte wie ein Karpfen, der schon in der Schüssel liegt, dessen Nerven aber noch nicht mitgestorben sind. Er konnte nicht mal mehr röcheln, aber ich hoffte, dass er noch möglichst viel von seinen Bauchkrämpfen mitbekam. Deejay stand auf und goss alles, was an Wein noch da war, in die Spüle, bis auf den, der Mom gehörte.

„Könnt ihr mir erklären, was hier abgeht?“ fragte sie. Das übernahm Deejay. Ich war selbst noch damit beschäftigt, in meinem Kopf die einzelnen Bruchstücke zu ordnen.

„Das heißt … er ist tot?“ fragte Mom. „Und wir … leben weiter?“

„Sieht ganz so aus“, sagte Deejay. „Lieb von dir, dass du uns nicht mit diesem Monster allein lassen wolltest.“

„Aber wie konntest du wissen, dass Mom das Gift für sich selbst verwenden wollte und nicht für Stucker?“ fragte ich.

„Hm, das war, als ich aus dem Fenster gepinkelt habe und sie mich fragte, ob ich an ein Leben nach dem Tod glaube.“ Er öffnete den Kühlschrank und kam mit einem Rest Birnentee zurück, den er dort gehamstert hatte. „Du weißt ja, was ich ihr geantwortet habe, und plötzlich weinte sie, dann hob sie die Hand, wie man es zum Abschied tut, und warf mir einen Kuss zu. Da wusste ich Bescheid. Und Stuckers Plan war doch nur logisch. Das mit den vertauschten Gläsern ist ein Trick, der in tausend Krimis vorkommt.“ Er gab mir einen zärtlichen Kopfstoß gegen die Schulter. „Und du Blödmann hättest beinahe alles vermasselt.“

Ich grinste schuldbewusst, hob meinen kleinen Bruder vom Boden, und hätten meine Arme bis zum Himmel gereicht, er hätte die Wolken küssen können. Dort, so fand ich, gebührte ihm eigentlich ein Preis. Irgendwo da oben. Wo die Sterne ganz hell strahlen und wo Mom um ein Haar gelandet wäre, und wo es keine Leute wie Stucker gibt, weil sie dort nicht hinkommen, und wo die Engel sind.

„Lass mich jetzt runter, Dennis.“ Er begann ungeduldig zu zappeln. „Wir müssen die Polizei rufen. Eigentlich schade, ich hätte viel lieber gefeiert.“

Wie später in der „Klavierbrücke" griff ich hier auf Kulissen und Landschaften aus meiner Kindheit zurück, um einen ganz bestimmten Erzählkern weiterzuspinnen. Auch wenn es eine durchaus ernst gemeinte Story ist: Die etwas überspannten Schilderungen des Wettergeschehens waren auch als eine Art Selbstparodie auf meinen speziellen Erzählstil gedacht ... ich glaube aber, das haben nur die wenigsten verstanden.

Hitzemond

Ab heute werde ich nicht mehr von der Kuckuckshütte träumen. So geht es mir immer, wenn ich an Orte zurückkehre, die mir einst vertraut waren und meine Fantasie noch jahrelang beschäftigten. Als würde ich Dämonen zurück in ihre Flasche verbannen. Und so mancher Dämon, ohne dass ich übertreiben will, kann dich Jahrzehnte lang quälen.

Es war ein seltsamer Sommer, als die Koskos nach H. zogen. Ein Sommer, der lang nicht kommen wollte und dann plötzlich da war, wie ein Dieb in der Nacht, und keiner konnte es so richtig fassen. Von einem Augenblick zum anderen veränderte sich die ganze Welt. Teenager trafen sich zu Mitternachtspartys im Park, Katzen trieben es ungeniert auf den Gehsteigen, und wilde Tauben ahmten verwirrt das Flöten von Amseln nach. Mehr noch: Es war der Sommer, in dem sie in H. alle ein wenig den Verstand verloren.

Ob die Koskos etwas damit zu tun hatten, darüber waren die Meinungen geteilt. Manche raunten, die Hitze sei wie ein Blitz aus dem Himmel gefahren, als der blaue Wagen mit ihren Möbeln vor der Kuckuckshütte parkte, einer baubrüchigen Ziegelhütte, aus deren geöffneten Fenstern es an warmen Tagen nach vergorenem Wein und Moder roch. Frau Kosko, die mich an die Kleopatra aus unserem Geschichtsbuch erinnerte, nahm sich die leichteren Gegenstände vor: einen Plattenständer, einen Karton mit

Weingläsern, einen Nachttisch. Ihr Sohn, etwa so alt wie ich, packte erst mit an, als zwei kräftige Arbeiter im Overall auftauchten und ein seltsam aussehendes Klavier die Eingangstreppe hochhievten. Als er nach einer Weile zurück auf die Straße kam, hob er einen Stein vom Boden und warf ihn gegen die Wand des Hauses, das der Kuckuckshütte schräg gegenüber lag. Dort stand meine Großmutter hinter dem Fenster; von dort aus hatte sie die Szene bis jetzt beobachtet und flüchtete nun schleunigst in ihr Wohnzimmer, wo ich auf dem Sofa lag und in einem Lucky-Luke-Heft schmökerte.

„Einen Stein hat er nach mir geworfen!“, rief sie. „Das sind ja schöne neue Nachbarn.“

„Bestimmt Asoziale“, sagte mein Vetter Saul. Er war ein pummeliger Junge mit öligem Haar, der gern mit anderen Kindern darum wettete, dass er Regenwürmer nicht nur verspeisen, sondern vor dem Runterschlucken auch wirklich kauen würde. Zu jener Zeit kam er täglich auf etwa vier Würmer und fünf Mark Verdienst. Da er wusste, dass auch ich ständig darum bemüht war, mein Taschengeld aufzubessern, versuchte er mich in jenem Sommer, als ich wie jedes Jahr in den Ferien ein paar Tage bei unserer gemeinsamen Großmutter verbrachte, in die Geheimnisse des Regenwurm-Verspeisens einzuweihen; ich aber zog es vor, Zeitungen auszutragen. Ich konnte Saul nicht ausstehen, und zum Glück waren wir nichts blutverwandt; er war nur angeheiratet, wie es hieß.

„Na klar. Asozial.“ Er stand jetzt neben meiner Großmutter am Fenster, wo ihre Hände einen kleinen Kampf um den Feldstecher austrugen. „Schau dir bloß den Jungen an. Strotzt vor Dreck, dem sein Hemd. Vorsicht, er bückt sich schon wieder.“

Der zweite Stein traf besser, er landete an der Fensterscheibe, und beide flatterten sie hoch wie verschreckte Hühner.

„Das Mädchen sieht allerdings flott aus, muss ich sagen“, sagte Saul, dann winkte er mich zu sich heran. „Komm mal her, Leseratte. Die würde zu dir passen.“

Mir war es egal, was für Leute in die Kuckuckshütte einzogen. In zwei Wochen war ich schließlich wieder zu Hause bei meiner Tante Lissi, Hunderte von Kilometern entfernt, und jeden zweiten Tag bei meiner Mutter, die in der Stadt lebte. Trotzdem interessierte mich, wie nach Sauls Meinung ein Mädchen aussah, das zu mir passen würde. Aber ich sah nur noch einen wehenden Rock, tiefschwarz und wie Seide glänzend, dann fiel die Tür ins Schloss, der Möbelwagen fuhr wieder los, und die Straße war leer. „Gib's zu", sagte Saul. „Wäre direkt was zum Vernaschen, wenn sie nicht asozial wäre."

Zwei Tage später machte meine Großmutter, die meinen Ferienjob sozusagen vom Schreibtisch aus verwaltete, mir eine Mitteilung, die in jenem Sommer mein ganzes Leben verändern sollte:

„Sie haben eine Zeitschrift abonniert. Du musst zu ihnen rüber. Wenn sie dir was zu essen anbieten, sag Nein. Wenn sie freundlich sind, sei du es auch. Wenn sie unfreundlich sind, mach deinen Job und lass dir nichts anmerken. Und bring ihnen diesen Kuchen mit."

„Einen Kuchen?" Er sah lecker aus, mit schwarzer Schokocreme und Kirschen, aber ich fragte mich trotzdem, was meine Großmutter dazu bewegte, eine Familie, deren Integrität sie noch vor einer Stunde energisch in Frage gestellt hatte, mit einem Begrüßungsgeschenk zu würdigen.

„Na ja, vielleicht trägt es ja dazu bei, dass sie ein wenig umgänglicher werden."

Und so stand ich eine halbe Stunde später vor der Kuckuckshütte, unter dem linken Arm eine druckfrische Ausgabe des *Metronom*, einer Musikzeitschrift, in der rechten die Schachtel mit jenem Kuchen, der mir lästig war wie eine Bombe, die jederzeit hochgehen konnte, und ich weiß nicht mehr, auf wie viele Stoßgebete ich es brachte, bis ich es endlich wagte, den Arm zu heben und zu läuten.

„Ah, der Zeitungsjunge."

Es war das erste Mal, dass jemand mich so nannte. Als hätte der Himmel beschlossen, mir eine neue, aufregendere Identität zu verleihen. Frau Kosko war groß, ein ganzes Stück größer als ich, und da sie Lippenstift und Kajal aufgetragen hatte, vermutete ich, sie sei im Begriff, das Haus zu verlassen; in der Küche aber brutzelte Fett in der Pfanne. Sie schien zu den Frauen zu gehören, die sich auch zu Hause schminken.

Aus einem anderen Winkel der Wohnung drangen Orgeltöne. Jemand übte. Und es klang gut. Bis auf eine fast belanglose Note, die nun schon zum dritten Mal um Haaresbreite aus der Tonfolge sprang.

„Das *Ave Verum*“, sagte ich. „Von Mozart.“

Frau Kosko riss erstaunt die Augen auf. „Du weißt ja richtig Bescheid.“

„Ich nehme selbst Musikunterricht. Und Gitarre spielen kann ich auch. Und Klavier. Und gut singen.“ Ich merkte, dass ich mal wieder Gefahr lief, viel zu dick aufzutragen.

„Ist die alte Dame von gegenüber deine Mutter?“ fragte sie, als wären Altersgeburten in entlegenen Ortschaften ein ganz alltägliches Vorkommnis.

„Sie ist meine Großmutter. Und der Junge ist mein Vetter, er heißt Saul. Ist aber nur angeheiratet. Ich soll Sie herzlich grüßen. Den Kuchen dürfen Sie sich schmecken lassen.“

Sie nahm mir das Paket aus der Hand und musterte mich wie den Abgesandten eines Eingeborenenstammes, der ihr als Gastgebergeschenk eine Schüssel mit liebevoll zubereiteten menschlichen Kuddeln überreicht hatte. Dann stellte sie die Schachtel auf den Boden.

„Es ist meine Tochter, die da spielt. Sie hätte sich gefreut, dass du das Stück erkannt hast. Willst du sie begrüßen?“

Ich zuckte die Schultern. Die Melodie erklang nunmehr zum siebten oder achten Mal, doch der Fehler war bereinigt, die Töne ähnelten jetzt – wie mein Klavierlehrer es auszudrücken pflegte – vollendet runden Seifenblasen. Frau Kosko führte mich ein paar

Stufen hinauf in ihr Wohnzimmer – und da sah ich *sie*, ernst und schwarz und schön. Sie saß an einem Gerät, das einer Kirchenorgel im Miniaturformat glich, und ihre Finger strichen zärtlich über die Tasten. Mich bemerkte sie nicht; es war, als lebe sie unter einer Kuppel aus schalldichtem Glas.

Sie hatte ruhelose Augen, als wäre ihr fortwährend schwindlig. Dunkle Haare, in die das Julilicht vereinzelte Kupfersprossen streute, hell und heiter wie frisch geprägte Pfennigmünzen.

„Als Sie es hier reintransportierten, dachte ich, das wäre ein Klavier", sagte ich.

„Es ist ein Portativ", antwortete Frau Kosko. „Chantal spielt bei Gottesdiensten auf der großen Kirchenorgel, und zum Üben haben wir ihr dieses Gerät gekauft. Portative haben keine Pedale wie richtige Orgeln, aber ein Manual. Hört sich ziemlich echt an, oder?"

Chantal, die uns mittlerweile bemerkt hatte, stand auf, lächelte, begrüßte mich und setzte sich wieder. Ihre Hand war kalt, und vielleicht fühlte sich meine ja warm und beschützend an. Ihre Mutter nahm eine geöffnete Bibel mit Eselsohren vom Tisch und drückte sie mir in die Hand. „Chantal übt bereits für eine moderne Weihnachtspassion, die sie in der Stadtkirche aufführen wollen. Bis dahin sind noch vier Monate, aber das Stück ist sehr knifflig." Sie gab ihrer Tochter ein Zeichen, dann deutete sie mit einem ihrer rotlackierten Nägel auf eine Textstelle – es war die Weihnachtsgeschichte bei Lukas – und sagte: „Was hältst du davon? Du liest vor, und sie spielt dazu. Aber lies langsam. Und hör genau auf die Musik."

Es war mir ein wenig peinlich, aus der Bibel vorzulesen. Erstens war ich nicht christlich, und zweitens fand ich es vor Chantal irgendwie uncool. Aber ich gab mir Mühe. Und die ganze Zeit über blickte sie beim Spielen nicht auf ihre Hände, sondern auf meine Lippen, und ich rätselte, ob sie mich hübsch fand oder zumindest nett. Als ich an die Stelle kam, wo es hieß, Maria habe die Worte „in ihrem Herzen bewegt", wurde mir kalt. Frau Kosko nickte zufrieden.

„Prima", sagte sie. „Du kannst gut betonen." Sie schielte hinüber zu ihrer Tochter, die ihren Blicken auswich. „Ihr beide wärt das perfekte Gespann. Ich meine … sie käme dann vielleicht etwas mehr an die frische Luft."

Da ich nicht wusste, was ich sagen sollte, begann ich in meiner großen Zeitungstasche zu wühlen und zog das Portemonnaie hervor. „Darf ich jetzt kassieren? Meine Großmutter hat gekocht." In Wirklichkeit wollte ich nur allein sein.

Frau Kosko sah fast enttäuscht aus. „Übrigens: Falls dir Shaky über den Weg läuft – ich nehme an, du kennst ihn inzwischen – sag ihm, er soll sich nach Hause scheren. Weiß der Geier, wo der kleine Halunke sich herumtreibt. Sag ihm, es gibt gebratene Leber mit Äpfeln und Speck. Sein Leibgericht. Ihr könntet übrigens Freunde werden."

Da ich gebratene Leber hasste, fiel mir diese Erwägung vorerst schwer. Frau Kosko drückte mir einen Geldschein in die Hand. „Stimmt so."

„Abbestellungen, nichts als Abbestellungen." Seufzend beugte sich meine Großmutter über die Zettelwirtschaft, die sie ihre Kundenkartei nannte und fächerte mit dem Daumen einen Stapel von Quittungen auf wie ein Blatt Spielkarten. „Ich geb's nicht gerne zu, aber die Koskos sind die einzigen, die neu dazu bestellt haben. Wenn's so weitergeht, lohnt sich das bald nicht mehr für deine Brieftasche." Obwohl ihre Worte an mich gerichtet waren, schien es mir, als wolle sie damit vor allem Saul trösten, dessen Regenwurm-Nummer in den letzten Wochen eher unpopulär geworden war und der mich inzwischen um das Geld beneidete, das ich mit Zeitungsaustragen verdiente. Für den seltsamen Glanz in meinen Augen waren natürlich beide unempfänglich.

„Du kannst die Stornierungen später in den Briefkasten werfen. Hast du dir die Wohnung der neuen Nachbarn mal etwas genauer angesehen?“

„Sie haben ein Portativ.“

„Was haben sie?“ Sie blickte Saul an, der mit einem meiner Comics auf der Eckbank lag und nur mit den Schultern zuckte. Ich erklärte, dass ein Portativ eine kleine Orgel sei.

„Eine Orgel?“ Sie lachte, als hätte ich ihr einen Witz aus der Zeitung vorgelesen. „Heiliger Strohsack, was wollen solche Leute mit einer Orgel? Die Frau sieht nicht aus, als würde sie an Jesus Christus glauben.“ „Vor allem: Wer sagt dir, dass die Orgel nicht geklaut ist?“ meldete sich Saul zu Wort.

„Sie war sehr nett zu mir. Netter als du es gewöhnlich zu fremden Kindern bist.“

Saul stand auf, und in seinem Gesicht baute sich jenes Pfannkuchenlächeln auf, von dem ich wusste, dass es wie ein Magnet seine schmutzigsten Gedanken an die Oberfläche zog. Voller Geringschätzung sah er mich an, als wäre ich es, der zu dumm war, eigene Aufsätze zu schreiben oder sich beim Anblick von Polizisten regelmäßig einkackte. Er sagte:

„Wenn die Koskos eine Tochter haben, dann kann es sich nur um eine Schlampe handeln.“

Reflexartig knallte mein rechter Fuß an sein Schienbein, und es war wohl in erster Linie sein Entsetzen, das ihn lähmte. Ich hatte mich erst ein einziges Mal mit ihm geprügelt, voriges Jahr, in einem Schnellrestaurant, wo er seine schmutzige, abgegriffene Plastiktarantel in meinem Colaglas hatte schwimmen lassen, und mich sofort bei ihm entschuldigt. Aber jetzt war mir echt danach, ihm die Scheiße aus den Rippen zu dreschen.

„Du bist ja nur verknallt“, plärrte er hinter seinem menschlichen Schutzschild in Gestalt meiner Großmutter hervor. „Schäm dich. Verknallt in eine Schlampe.“

Ich fragte mich, ob es sich lohnte, den Streit eskalieren zu lassen, dann schnappte ich mir den Stapel Briefe mit den Stornierungen und schlug die Tür hinter mir zu. Als ich am Haus der Koskos vorbeikam, spielte die Orgel ein schwereloses Lied, das sich, während ich weiterlief, verflüchtigte wie Winteratem.

Da der Briefkasten um sechs Uhr geleert wurde, musste ich mich beeilen. Ich spurtete am Fluss entlang, wo ein herrenloser Hund gerade der Wildentenjagd frönte, und sah bereits von weitem, dass sich irgendein Unbekannter am Briefkasten zu schaffen machte. Ein Landstreicher, dachte ich zuerst, dann sah ich, dass es ein Junge in meinem Alter war, und nach ein paar weiteren Schritten erkannte ich Shaky.

Er stand mit dem Rücken zu mir und sah mich nicht kommen. Außer einem kreidegrünen Holzfällerhemd, das er lässig über der Hose trug, und einer bis zu den Knien hochgekrempelten Jeans hatte er nichts an, nicht einmal Schuhe. An seinen Füßen klebten Gras, und seine nackten Beine glänzten feucht, als sei er geschwommen. Wenn der Briefkasten bis zum Rand gefüllt war, konnte man mit einigem Geschick die zuoberst liegenden Briefe mit den Fingern herausfischen – und genau das tat er im Moment.

„Geht mich ja nichts an, was du da machst“, sagte ich. „Aber versprich wenigstens, die Briefe, die *ich* jetzt einwerfe, nicht wieder herauszuangeln. Sind nur Abo-Stornierungen, völlig langweilig also – für jemand, der gern in fremden Köpfen schnüffelt.“

Er drehte sich um. Unser erster Blickkontakt fiel ein wenig feindselig aus, zumindest von seiner Seite, aber das dauerte nur ein paar Sekunden lang.

„In fremden Köpfen?“ fragte er dann

„Oder fremden Herzen.“ Ich hob die Schultern. „Jedenfalls kannst du mir nicht erzählen, dass du auf diese Weise nicht schon an hundert Liebesbriefe gelangt bist, auf die ein anderer vielleicht sehnsüchtig gewartet hat.“

Einen Moment lang wirkte er verblüfft. „Gut kombiniert“, sagte er. „Wenn du übrigens mal 'nen total verrückten Liebesbrief lesen willst – in meiner Hintertasche steckt einer. Nimm ihn dir raus, wenn du Lust hast.“ Er beugte sich nach vorn und reckte mir den Hosenboden entgegen.

„Muss nicht sein. Wer in fremden Herzen herumschnüffelt, bekommt auch eine Menge Dreck zu sehen. Von den Tränen, die da drin stecken, ganz zu schweigen.“

In seinen Augen flackerte eine Art Enttäuschung auf. „Vielleicht hast du ja Recht. Vielleicht gibt es wirklich rücksichtsvollere Hobbys. Aber wenn du fremd in 'nem fremden Ort bist und kein Mensch mit dir quatschen will, kommst du früher oder später auf die sonderbarsten Gedanken. Und irgendwie finde ich es verlockend: Du sabotierst das ganze Kaff, du bist eine Art Virus, von dem keiner was weiß. Wenn du genügend Briefe veruntreut hast, schaffst du es vielleicht sogar, die ganze Welt in Unordnung zu bringen. Ein aufregender Gedanke.“ Nichts in seinem Gesicht ließ auf einen Scherz schließen. Seine Lippen zitterten vor Begeisterung, und ich fragte mich, ob es Menschen wie Shaky waren, die später zu Triebtätern oder Ritualmördern wurden.

„Wer bist eigentlich du?“ fragte er.

„Der, dessen Großmutter du fast die Fensterscheibe demoliert hättest. Und falls du dich einsam fühlst in dieser Geisterstadt: Mir geht es genauso, und ich bin noch eine ganze Weile hier.“

Er kratzte sich mit den breiten, von winzigen Schrammen übersäten Fingern am Kopf. „Vielleicht bist du ja ein schlauer Bursche, aber ein wenig versponnen kommst du einem schon vor. Kannst du Karate?“ Er betonte die letzte Silbe, um den Fachmann herauszukehren.

„Nö.“

Er grinste. „Ich hab mir von einem Kumpel ein paar wirklich lähmende, vielleicht sogar tödliche Kicks zeigen lassen. Wenn du willst, bringe ich es dir auch bei.“ Seine Augen verirrten sich zum Fluss, wo ein Fasan durchs Ufergras flatterte, und Shaky tat, als ziele er mit einem unsichtbaren Gewehr auf ihn und machte *Whooeyyy.*

„Ich überleg's mir mal. Und falls du Lust hast, mich irgendwann zu besuchen, werde ich meine Großmutter bitten, gebackene Leber mit Äpfeln und Speck zuzubereiten. Dein Leibgericht."

Ich ließ ihn mit offenem Mund stehen, war mir sicher, dass er meine Briefe nicht lesen würde und ging nach Hause.

„Sie ist taubstumm. Von Geburt an."

Ich hätte nicht fassungsloser sein können. Eine Woche war seit unserer ersten Begegnung vergangen, und diesmal traf ich Frau Kosko allein in dem gepflasterten Hof hinter der Kuckuckshütte, wo sie sich – mit offenen Haaren und durchschimmernder Bluse – in einem Liegestuhl entspannte. Die Hitze war inzwischen so schlimm geworden, dass Thermometer im Schatten platzten und alte Frauen grundlos weinten. Schon in der Frühe schoben Familienväter, nackt bis auf eine Badehose, ihre Einkaufswagen durch den Supermarkt, und zwölfjährige Mädchen opferten nachts – besoffen vom roten Mond und dem Sommerduft der Jungs – ihre Unschuld im Freibad. Die Sprechzimmer der Ärzte waren voll mit alten Junggesellen, die an Drüsenschwellungen litten. Und die Äste der Pflaumenbäume leuchteten auf wie Glühfäden und verbrieten im Licht.

„Taubstumm? Aber das kann nicht sein. Sie spielt doch Orgel. Sogar ganz wundervoll."

Frau Kosko stellte eine Schale mit gezuckerten Erdbeeren vor mich auf den Tisch. „Es ist nichts Außergewöhnliches", sagte sie. „Jedenfalls nicht, wenn der Himmel dir ein paar göttliche Gene mit in die Wiege schmuggelt."

Die Vorstellung, in ein Mädchen verliebt zu sein, das ebenfalls überdurchschnittlich begabt und dazu auch noch taubstumm war, musste sich bei mir erst setzen. In den letzten Tagen war ich einfach happy gewesen, vernarrt in Sommerdinge wie Wasserbälle, kurze Hosen und Vanilleeis; Dinge, die wenig mit Chantal zu tun hatten und doch von ihr flüsterten und raunten. Nun waren ein paar

Sorgen dazu gekommen: Denn falls sie mich ebenso mochte wie ich sie, was zum Teufel sollte ich mit ihr anfangen? Nur von früh bis spät ihrem Orgelspiel zuhören? Ihr auf ein Blatt Papier schreiben, dass sie das genialste Mädchen sei, mit dem ich je gegangen sei? (Was zwangsläufig stimmte, denn ich war noch nie mit einem Mädchen gegangen.) Es war, als solle der erste Nahrungshappen, den ein Säugling zu sich nahm, gleich eine Dose fetter Ölsardinen sein.

„Wenn du mir versprichst, Stillschweigen zu bewahren, erzähle ich dir eine Geschichte“, sagte Frau Kosko, der ein Faden aus Erdbeersaft über die geschminkten Lippen sickerte. „Eine eigenartige Geschichte. Chantal und Shaky sind Zwillinge. Die zur selben Zeit im selben Bauch auf ihre Geburt warteten. Eine verteufelt schwierige Geburt übrigens. Die Ärzte sagten, beide Kinder hätten sich in der Gebärmutter merkwürdig ineinander verschlungen. Als hätte Shaky befürchtet, zu wenig Platz zu bekommen. Sein Ellbogen hat Chantals Hinterkopf eine ganze Weile gegen die Wand des Uterus gequetscht – und dabei irgendwelche Gehirnzellen beschädigt. Deshalb kam sie taub zur Welt.“

Ich stellte mir gerade vor, selbst taub zu sein. Nie das Gurgeln von Bächen, das Schlagen von Uhren, keine Gitarrenmusik, kein brüllendes Meer im Sommer, nie das beruhigende Geräusch des eigenen Atems bei Nacht. Vielleicht lernte man Farben zu hören mit der Zeit: fauchendes Rot, murmelndes Grau, klingelndes Rosa, wie Schlittenglöckchen.

„Dann hat sie mir also von den Lippen abgelesen“, sagte ich. „Um zu wissen, wann und wie schnell sie spielen musste.“

„Vielleicht auch aus deinen Augen. In der Stille reden alle Dinge mit dir. Du siehst es dem Himmel an, wenn es donnert; spürst es in deinen Zehen, wenn jemand sich nähert, den du liebst. Das ist ganz natürlich. Willst du noch Erdbeeren? Sie sind im Kühlschrank. Du kannst sie alle aufessen, wenn du willst.“

In der Küche sah es ziemlich chaotisch aus. Der Boden war

ungeschrubbt, und überall lagen Stöße geöffneter Post herum, zerknitterte Zeitungen und Werbeprospekte. Eine Zeichnung fiel mir auf, bunt und wirr, mit Wachskreide auf Büttenpapier: das Porträt eines Jungen, auf Grund der kräftigen Farben etwas retuschiert wirkend, und dennoch unverkennbar:

Ich.

Das Bild zeigte mich. Ich bekam eine Gänsehaut. Vor allem, als ich las, was in hellblauer, mit Schnörkeln und Schleifen verzierter Mädchenschrift daneben stand:

Der Zeitungsjunge
(35. Gedicht von Chantal)
Sein T-Shirt hatte Schwitzflecken,
aber ich fand das nur ehrlich:
Die heißen Tage, die langen Wege, die weite Welt ...
Er kennt Mozart.
Als ich spielte, hat er gelächelt.
Ob sein Haar sich wie Seide anfühlt?
Ich kann mich nicht entscheiden,
ob er hübsch ist.
Engel fänden ihn hübsch.
Vielleicht entführt er mich in seinem
Sternenwagen.

Chantal Cosco

Ihr voller Name klang exotisch und sah gut aus, zumal sie das biedere k durch ein exotisches c ersetzt hatte. Ich legte das Blatt zurück. Da es ihr fünfunddreißigstes Gedicht war, hoffte ich, die anderen würden nicht von vierunddreißig weiteren Jungs handeln. Zurück im Garten, fragte ich Frau Cosco, wo eigentlich Chantal stecke.

„Wahrscheinlich sitzt sie am Fluss und denkt nach“, antwortete Frau Kosko. „Das macht sie seit ein paar Tagen ständig. Kein Wunder, bei dieser Hitze.“ Sie blickte in die Sonne und kniff die Augen zusammen, um sie für eine ganze Weile nicht mehr zu öffnen. „Irgendwie kommt sie mehr sehr einsam vor."

Warum hatte ich Chantals Zeichnung nicht einfach mitgehen lassen? Liebte sie mich oder liebte sie mich nicht? Und was meinte sie mit meinem Sternenwagen? Lauter solche Fragen gingen mir an jenem Abend durch den Kopf, als ich im Bett lag. Und während ich mit Larry kuschelte, meinem ältesten Teddy, den ich eigens zu diesem Zweck aus seiner langjährigen Gruft in der Bodenkammer befreit hatte, tropfte Schlaflosigkeit wie Gift in meine lange Nacht. Zum Glück waren Ferien, und so konnte ich meinen Schlaf wenigstens am Morgen nachholen, wenn im Dorf bereits die Fabriksirene heulte und Früharbeiter auf dem Weg zu ihrer Schicht lachten, als hätten sie lauter irre Sachen geträumt.

Eines Morgens, als ich im Wohnzimmer saß und frühstückte, läutete es. Saul lag noch im Bett, und meine Großmutter werkelte in der Küche herum, also musste ich selbst aufmachen. Vor der Tür stand Shaky.

Wieder trug er das Holzfällerhemd, das ihm bis zu den Knien reichte, doch anstatt barfuß zu gehen trug er rote Turnschuhe, die sicher einmal todschick gewesen waren, und an seiner Schulter baumelte ein bunter Schülerrucksack, auf dem sich eine Menge Mädchen – vermutlich Mitschülerinnen – per Unterschrift verewigt hatten.

„Hast du Lust, mit zum See zu kommen?"

Ich versuchte, die Namen auf seinem Rucksack zu zählen. Etwa fünfzehn, schätzte ich.

„Hast du wenigstens von jeder, die dir ihr Autogramm gegeben hat, auch einen Kuss bekommen?"

„Kuss? Die wollten alle meinen nackten Hintern sehen", sagte er. „Ein paar von ihnen sind jetzt im Kloster, der Rest hat sich die Pulsadern aufgeschlitzt. Und jetzt geh und hol deine Badehose."

Auf dem Weg zum See führte Shaky mir ein paar Tricks mit einem Jojo vor und wartete vermutlich darauf, dass ich mir sein

Spielzeug ausleihen wolle, doch der Wind wehte heiß wie Drachenatem, und ich schwitzte und hatte keine Lust. Nachdem wir eine Weile schweigend nebeneinander hergelaufen waren, sagte ich:

„Ich hab deiner Schwester beim Orgelspielen zugehört. Sie ist wirklich erstklassig."

Er trat nach einem Stein, lief ihm hinterher und trat ihn noch einmal. „So ein Quatsch. Sie kann gar nicht spielen. Schließlich ist sie taub. Sie prägt sich nur die Tastenkombinationen ein. Und das finde ich ziemlich witzlos."

Er ahnte nicht, dass er im Begriff war, in meinem Kopf ein Märchen zu zerstören. „Zumindest hört es sich gut an", sagte ich.

„Nicht, wenn man es täglich ertragen muss." Er krempelte sich die Hemdsärmel hoch und rollte sein Jojo auf. „Wie sieht's aus?" fragte er. „Willst du jetzt, dass ich dir Karate beibringe?"

„Nicht bei dieser Hitze. Eine Runde Schwimmen genügt. Du hättest Chantal mitbringen können."

Er steckte das Jojo in seine Hemdtasche und bückte sich nach einer Kleeblüte, um sie leer zu saugen. „Sie kann nicht schwimmen. Sie kann nur nutzloses Zeug: Noten lesen, Gedichte schreiben, lauter so Käse. Futterhäuschen entwerfen, die ich ihr nachher zusammenbauen soll. Zum Geburtstag schnitze ich ihr ein chinesisches Vogelteehaus aus Balsa. Ganz schön doof, aber kostet mich wenigstens nichts. Übrigens, der Klee schmeckt süß wie 'ne Banane. Willst du mal?"

Ich nickte und nuckelte kurz. „Hat sie keine Freunde?"

„Nicht dass ich wüsste. Wir sind doch erst seit ein paar Wochen hier. Und falls du Jungs meinst – damit hat sie eh nichts am Hut. Ich kann mir jedenfalls nicht vorstellen, dass sie sich für Schwänze interessiert."

Ich dachte an das Gedicht und ließ meine Blicke über den See schweifen. Kleine Segelboote trieben in der Ferne, und Möwen stießen herab, um sich Brot und Obst aus den Fluten zu fischen. Shaky warf sein Handtuch ins Gras und begann, sich das Hemd aufzuknöpfen. Seine Brust war muskulös und übersät von tausend Leberflecken.

„Als Chantal noch klein war, wäre sie einmal fast abgenibbelt.“ Er spuckte knapp an meiner Schulter vorbei. „Erstickt. Oder verschmort. Wie auch immer. Damals war unser Vater noch bei uns. Wenn er zum Kaufmann um die Ecke ging oder Nachbarn besuchte, schnappten wir uns immer seinen Wagenschlüssel und spielten Fahrschule. Chantal war die Prüferin; sie saß auf dem Rücksitz und machte sich Notizen, während ich im Cockpit mit den Knöpfen und Hebeln herumhantierte. Tja, und an dem Tag, als es passierte, hatten wir eine ähnliche Hitzewelle wie dieses Jahr, vielleicht sogar noch schlimmer, und der Mond hatte so ‘ne komische Farbe, wie Spaghettisoße. Und wieder einmal reckte Chantal den Daumen nach unten: Das bedeutete, ich war durchgefallen und musste aussteigen. Sie ließ mich immer durchfallen, jedes verdammte Mal, und diesmal war ich echt wütend. Aus Spaß drängte ich sie in den Kofferraum, schloss ihn ab und tat, als wolle ich ohne sie weiterspielen. Natürlich hatte ich vor, sie gleich wieder zu befreien, aber eine Weile sollte sie schon schwitzen. Ich drehte das Radio auf Höchstlautstärke und sprang auf dem Rücksitz herum wie auf einem Trampolin; die Bässe kamen so kernig, dass ich ihr Klopfen nicht hörte. Irgendwann denke ich mir: Okay, das reicht, und ich steige aus“ – er schluckte und prüfte, ob das Jojo noch da war und fand es neben seinem Hemd im Gras – „und der Teufel muss mich dazu verleitet haben, die Tür zuzuschlagen, ohne den Schlüssel vom Zündschloss zu ziehen. Es war entsetzlich. Die Hitze, das Radio dudelte, und ich redete Chantal gut zu, obwohl ich wusste, dass sie kein Wort hören konnte. Sie hämmerte von innen mit den Fäusten gegen die Kofferraumtür, hämmerte und hämmerte, und ich hatte keine Ahnung, wo unser Vater steckte. Ich rief sämtliche Nummern an, die ich in unserem Telefonregister fand, aber nirgendwo konnte ich ihn auftreiben, und – hm, als ich wieder raus zum Wagen ging, hörte ihr Hämmern sich bereits ziemlich kraftlos an. Ich hatte panische Angst vor dem Moment, in dem es ganz aufhören würde. Und es hörte auf."

„Oh Scheiße", entfuhr es mir, obwohl ich ja wusste, dass sie noch lebte. Auch ich lag jetzt, nackt bis auf die Badehose, im Gras, und während er erzählte, rückte Shaky mir immer näher. Ich spürte die Haut seines Rückens an meiner Brust; sie war heiß und glatt.

„Wenn du Lust hast, darfst du mich eincremen." Er kicherte. „Die Mädels im Schwimmbad haben immer darum geknobelt, wer mich eincremen darf."

„Erzähl weiter." Ich griff nach der Flasche mit dem Sonnenöl und spürte, wie seine Rückenmuskeln unter meinen Händen weich und locker wurden.

„Zum Glück war mein Vater nur beim Schuster gewesen, und ein paar Minuten später stand er vor mir im Hof. Er hatte das Radio schon aus der Ferne gehört und sich gedacht, dass etwas nicht stimmte. Es war das erste Mal in meinem Leben, dass er mich richtig versohlte. Das erste und einzige Mal. Chantal brachten sie mit dem Rettungswagen weg. Ich sehe sie noch immer auf der Bahr liegen, mit blutenden Händen, die sie sich am Kofferraumdeckel kaputt geschlagen hatte."

Er rieb die Fingernägel aneinander; es war wie eine alte Schuld, die ihn nicht losließ: ein dunkler Schatten auf seinem Gewissen, der wie Lord Cantervilles Blutfleck sich jeden Tag erneuerte.

„Jetzt bist du dran", sagte er, als ich mit Eincremen fertig war.

Ich rollte mich auf den Bauch. „Sieht so aus, als wäre deine Schwester ziemlich zäh. Ich meine, stell dir das vor: Die Hitze, die Enge, die Lautlosigkeit, und nicht die geringste Ahnung, was eigentlich los ist. Ich wäre wahnsinnig geworden."

„Vielleicht ist ja genau das passiert", erwiderte er nachdenklich. Seine Massage war hart und schmerzhaft, aber nicht brutal. Mehr so, als hätte er Angst, ich könnte ihm weglaufen, oder es würde plötzlich zu regnen beginnen. „Es tat mir furchtbar leid, wirklich. Und ich hab ihr seitdem tausendmal geschworen, sie als

Wiedergutmachung zu 'ner echten Spritztour einzuladen. Mit 'nem Wagen, den ich mir weiß woher leihe oder stehle, auf Feldwegen quer durch die Botanik, bis zum Meer. Denn das Autofahren beherrsche ich, darauf kannst du einen lassen. Du darfst übrigens gern als Dritter dabei sein, wenn du willst."

„War sie böse auf dich?"

„Sie hat seitdem kein Wort mehr mit mir geredet." Als ich seinen Scherz nicht sofort kapierte, begann er zu lachen, dann lachten wir beide. „Schmeißen wir uns ins Wasser." Er beendete seine Eincreme-Aktion, indem er mir mit der flachen Hand auf den Rücken klatschte, und als kurz darauf kühles Wasser meine Haut umspülte, schmerzte mein Sonnenbrand. Ich sah, wie Shaky seine Badehose an einem Finger in der Luft rotieren ließ und dann ans Ufer katapultierte. „Du musst nicht rot werden, hier im Wasser bin ich doch unsichtbar." Er tauchte mich ein paar Mal unter, dann schwammen wir um die Wette, spielten Wasserball mit einer vergammelten Bananenschale, und als wir erschöpft ans Ufer krochen, las er die Badehose zwar hoch, machte aber keine Anstalten, sie anzuziehen.

„Mach keine Stielaugen", sagte er. „Ich weiß, er ist üppig geraten. Wie Chantals Gehirn. Wer mit unserer Familie zu tun hat, muss früher oder später Minderwertigkeitskomplexe bekommen."

„Na hör mal. Ich schreibe. Ich bin auch eine Art Wunderkind."

„Was ist das schon – gegen diesen Strullermann?" Er schubste mich, und wir rangelten uns kurz. „Du schwimmst nicht schlecht", sagte er. „Aber du atmest falsch, das macht dich langsam. Vorhin, als du Wasser schlucktest, dachte ich schon, ich müsste dich wiederbeleben."

„Hättest du's getan?"

Ein Schatten trat auf seine Lider, dünn wie ein Grashalm. „Wem die eigene Schwester fast mal weggestorben ist, der wiederbelebt alles, was ihm in die Quere kommt." Er schien sich zu wundern, dass ich nicht lachte.

„Wenn du versprichst, dass du dichthältst, zeig ich dir was

ganz Scharfes“, sagte er plötzlich. Wir lagen nebeneinander auf dem durchnässten Handtuch, nicht mehr so eng wie zuvor, und die Nachmittagshitze ließ unsere Gedanken taumeln wie brennendes Laub.

Er wühlte in seiner Hose zog eine Art Brieftasche aus Kunstleder aus seinem Rucksack und entnahm ihr ein Foto.

„Was sagst du dazu? Ich habe es durchs Schlüsselloch geknipst.“

Obwohl es eine ziemlich verschwommene Aufnahme war, erkannte ich doch Chantal, splitternackt vor einem Waschbecken, ihre langen, mit Seifenschaum eingeriebenen Haare mit den Fingern massierend. Durch ein Fenster schien die Sonne und streute weiße Flecken auf das Bild wie Masern.

Er grinste und starrte mir zwischen die Beine. „Hast du jetzt einen Ständer?“

Von wegen. Gut, ich wusste: Mädchen waren dazu da, dass man sie hübsch fand und sich als Junge in sie verknallte. Dieses Foto jedoch enthüllte auf erschreckende Weise einen anderen Aspekt: dass unter Chantals dunkler Tracht fleischfarbene Brüste baumelten und dass – wie bei allen Frauen – zwischen ihren Beinen ein in Versuchung führendes Dreieck aus schwarzen Haaren spross. Es war ein seltsames Gefühl: vergleichbar jener Fassungslosigkeit, die ein Kind überkommt, wenn es seine Eltern beim Geschlechtsverkehr ertappt. Ich gab Shaky das Bild zurück.

„Du würdest es gern haben, stimmt’s?“ fragte er, obwohl sein neugieriger Blick in meinen Schritt ihn eigentlich vom Gegenteil hätte überzeugen müssen.

„Nein. Es ist dein Foto. Nimm es ruhig wieder mit.“

Ich starrte verlegen auf Shakys braungebranntem Rücken. Er schwieg, beinahe beleidigt, und betrachtete das Foto, als suche er darauf nach irgendeinem Makel.

„Das ist es nicht, was mich an ihr interessiert“, erklärte ich nach einer Weile. „Sie ist ... sagen wir ... einfach jemand, mit dem ich gern ans Meer fahren würde. Ein Klavier am Strand, und deine

Schwester spielt. Verstehst du, wie ich das meine?“

Er rollte genervt mit den Augen. „Klar. Wovon du redest, das heißt platonische Liebe. Haben wir in der Schule durchgenommen. Platonische Liebe ist Kinderpipi. Aber wer weiß, vielleicht würdest du bei Chantal damit sogar gut ankommen. Warum sagst du es ihr nicht einfach?“

„Einer Taubstummen?“

„Na, du kannst ihr doch einen Brief schreiben. Oder noch besser, ich schreibe ihn für dich. Ich weiß ziemlich gut, was bei ihr ankommt und was nicht. Wenn du Glück hast, antwortet sie dir – andernfalls musst du eben weitersuchen. Die Welt ist voll mit Leuten, die sich einsam fühlen.“

Er kramte Papier und Bleistift aus seinem Rucksack. Als Schreibunterlage musste mein Rücken herhalten. Ich spürte, wie seine Hand sich übers Papier quälte, er war keiner, dem die Worte zuflogen, und manchmal blieb sein Stift eine Unendlichkeit lang stehen, und ich spürte, dass er nachdachte. Als er fertig war, hatte er eine halbe Seite vollgeschrieben und gut zwanzig Minuten dazu gebraucht.

„Der Brief schlägt ein wie eine Bombe“, sagte er, ohne mich anzusehen.

Liebe Chantal,

ich mag Mozart, ich mag den Sommer – und ich mag dich.
Kürzlich träumte ich, dein Bruder hätte mir ein Bild gezeigt, auf dem du nackt warst. Aber das war nur ein Traum.
Dass du taubstumm bist, das macht mir nichts aus. Im Gegenteil: Dein Bruder Shaky sagt, ich rede manchmal komisches Zeug, was keiner kapiert, und da ist es vielleicht ganz gut, wenn man nicht immer jedes Wort versteht.

Wenn du Lust hast, gib mir das nächste Mal ein Zeichen, wenn ich euch den „Metronom“ bringe. Aber vergiss auch deinen Bruder nicht, der manchmal ganz beschissen einsam zu Hause sitzt und sich den Kopf zerbricht, warum der liebe Gott ihm zwar einen langen Schniedel, aber sonst immer nur Pech beschert hat.

Alles Gute

Dein ...

„Gefällt er dir?“ fragte Shaky. „Ich kann den Liebesboten spielen und Chantal den Brief überbringen.“

Ich war gerührt, ich hätte ihn am liebsten umarmt. „Er gefällt mir wirklich“, sagte ich. „Du schreibst nicht schlecht. Aber sie würde merken, dass er von dir stammt. Gib mir den Stift, Liebesbote. Ich schreibe selbst was.“

In den nächsten Tagen machte ich um die Kuckuckshütte einen großen Bogen. Auch Shaky ließ sich kein einziges Mal blicken, und je näher der Tag kam, an dem ich den Koskos die neueste Ausgabe des Metronom bringen musste, umso aufgewühlter war ich. Würde Chantal mir tatsächlich ein Zeichen geben? Wenn ja, welches? Eine Melodie am Klavier? Mozart? Und wenn ich den Wink nicht verstand? Nein, sie würde einfach mit den Augen blinzeln. Oder mir Erdbeeren aus dem Kühlschrank bringen, mit Sahne und einer Kugel Eis. Ob Shaky auch dabei sein würde? Was war passiert, dass er sich nicht bei mir blicken ließ? Hatte ich ihn gekränkt? Oder saß er einfach nur beschissen einsam zu Hause? Immer wieder strich ich um den See oder suchte am Fluss nach ihm, doch es war, als hätte er sich in Luft aufgelöst. Die kleine Ortschaft war zwar immer wie ausgestorben, aber heute erschienen mir die leeren Straßen wie die Kulisse zu einem Albtraum.

Jeden Morgen weckte mich das Klappern des Briefschlitzes; und ich stand auf und sah nach, ob Chantal mir vielleicht schriftlich geantwortet hatte. Zeitweilig verdächtigte ich sogar meine Großmutter, mir den schicksalhaften Brief vorzuenthalten, denn was sie über die Koskos sagte, wurde nicht schmeichelhafter. Am Vorabend des Tages, vor dem mir so graute, saß sie über ihrer Kundenkartei und murmelte wütende Flüche vor sich hin. An Sauls gewohntem Platz sah ich nur ein angebissenes Schokohörnchen.

„Was ist?“ fragte ich.

„Kein Verlass mehr auf die Leute.“ Meine Großmutter schob die Unterlippe vor wie ein hochkonzentrierter Kampfsportler und schneuzte all ihren Unmut in ein Taschentuch. „Die Frau von der Kuckuckshütte hat angerufen. Sie wollen die Zeitschrift nicht mehr. Aber gut, du wirst es verwinden.“

Was meinte sie damit? Sie hatte doch hoffentlich nichts spitzbekommen?

„Was werde ich verwinden?“

Sie sah mich an, als hätte ich den Verstand verloren. „Na, die finanzielle Einbuße. Du reist ja sowieso bald ab.“

„Hat sie was gesagt, weshalb sie die Zeitschrift nicht mehr wollen?“

Sie schüttelte den Kopf. „Nein, aber sie klang sehr reserviert. Ich wollte mich mit ihr über dich unterhalten, aber sie hat geblockt. Ich glaube, sie mag dich nicht besonders.“

Das konnte nicht sein. Mein Verhältnis zur Frau Kosko war bislang eher von einem stummen Einverständnis geprägt gewesen: Zwei Menschen, die von anderen nicht immer leicht verstanden wurden. Und mein Gott, Liebe, das war doch wirklich nichts Ungewöhnliches zwischen Teenagern. War es also wirklich mein Brief, der nun ein solches Chaos verursachte – oder gab es da noch etwas anderes?

Als ich am nächsten Tag erwachte, sah ich die ersten Starenschwärme am Himmel, und ein kühler Wind wehte. Der Herbst war da. Zum ersten Mal in dieser Saison trug ich wieder lange Hosen, und die Menschen wurden geschäftiger, die Zeit eilte schneller, und man hatte das Gefühl, es würden wieder mehr Züge auf dem kleinen Bahnhof stoppen, vor vollen Bahnsteigen. Noch immer jedoch weit und breit kein Shaky. Ob sie auch verreist waren? Nein, meine Großmutter hatte ja erst mit Frau Kosko gesprochen. Gegen Abend, als der Mond zurückkam, silbern jetzt und frostig, hielt ich es nicht mehr aus und läutete an der Tür zur Kuckuckshütte.

„Shaky ist nicht da", sagte Frau Kosko. „Und Chantal liegt im Bett. Sie fühlt sich nicht gut."

„Hm, kein Wunder. Die Kälte kam auch …"

„Es hat nichts mit der Kälte zu tun." Sie musterte mich in meiner Herbsttracht wie einen Schauspieler, der hinter den Kulissen völlig anders aussieht als auf der Bühne. „Es war nicht höflich von dir, was du getan hast. Ich hätte dich für klüger gehalten."

„Aber ich hab doch nur …"

„Lass uns darüber nicht reden. Denk für dich allein nach. Ach ja, und noch etwas." Sie hielt mich am am Arm zurück. „Shaky wird dir bald einen Besuch abstatten. Ich glaube, er hat dir etwas Wichtiges mitzuteilen."

Er kam noch am selben Abend, seine Kleider rochen nach Staub und Herbstregen, und zum ersten Mal, seit wir uns kannten, nahm er mich zur Begrüßung in den Arm. „Es ist nicht leicht, ich weiß", sagte er. „Aber sie will nun mal nichts von dir." Er starrte zu Boden, als könnte ich beleidigt sein. „Denk bitte nicht, dass es an dir liegt. Vermutlich hätte sie bei jedem Jungen so reagiert."

Ich empfand es fast als schmerzhaft, als er mich wieder losließ. „Ich verstehe es trotzdem nicht, Shaky. Das Gedicht, das sie über mich geschrieben hat … ich meine, sie hat mich darin regelrecht vergöttert. Und das auch noch völlig zu Unrecht. Ich bin nicht so wie in diesem Gedicht. Das weißt du ja auch."

Er lachte. „Wäre ja auch unerträglich. Sag mal, wie lange bleibst du noch hier?"

Ich sah hinaus in den schiefergrauen Himmel. Blätter wirbelten vorbei, und auf den Gehsteigen sprangen Regenschirme auf wie platzende Knospen. „Ich glaube, ich reise heute Abend ab.“

„Was? Aber wieso?“

„Keine Ahnung. Wahrscheinlich, weil ich euch kein Glück gebracht habe. Meine Ferien sind ohnehin bald vorbei. Wie geht es Chantal eigentlich?“

„Sie kriegt sich schon wieder ein. Aber … du musst doch nicht … ich meine, es gibt überhaupt keinen Grund für dich, jetzt von hier zu verschwinden. Du hast doch nichts verbrochen.“

„Jetzt mach du nicht auch noch so ein Theater deswegen. Es wird mich genügend Mühe kosten, meine Großmutter zu überzeugen. Und vor allem …“ Ich drückte seine Hand und konnte mir vorstellen, was gerade in ihm vorging. „Vor allem bin ich doch nächstes Jahr im Sommer wieder hier.“

Doch ich hatte zuviel versprochen. In den nächsten Monaten geschah in meinem Leben eine Menge, und eines Morgens wachte ich mit der Erkenntnis auf, dass für mich die Zeit, in der man seine Ferien bei Großmüttern auf dem Land verbringt, endgültig vorbei war. Da ich nicht vergessen hatte, Chantal in meinem Brief auch meine reguläre Adresse mitzuteilen, gab ich natürlich nie die Hoffnung auf, sie würde mir eines Tages doch noch schreiben. Aber es kam nichts, und auch Shaky meldete sich nie wieder, und erst als meine Großmutter drei Jahre später starb, nahm ich mir vor, meine Fahrt zur Trauerfeier mit einem Besuch bei ihm zu verbinden. Doch ich stand vor einem leeren Haus, und alles deutete darauf hin, dass hier schon seit geraumer Zeit niemand mehr wohnte. Ich hätte natürlich Saul fragen können, der ebenfalls angereist war, doch aus zwei sich häufig streitenden Kindern waren zwei Jugendliche geworden, die nichts mehr voneinander wissen wollten. Wir wechselten kein Wort, wir gaben uns nicht einmal die Hand. Das Leben, das da draußen auf mich wartete, bot genügend Stoff, um auf andere Gedanken zu kommen. Doch jedes Jahr, wenn der Sommer sich neigte und nachts der Regen an mein

Fenster klopfte, war mir, als stünden draußen die Toten der vergangenen Jahre, um mich nie mehr in Ruhe zu lassen.

Wir schreiben das Jahr 1994. Wieder ist Sommer, die Tage lang und trocken, nur die Erdbeeren schmecken nicht mehr wie früher, so wie alles ein wenig schaler geworden ist seit jenen Tagen. Längst sind sie alle gegangen, Großmutter, Lissi, all die anderen. Ich wohne in einem von wildem Wein umrankten Haus, mit Sommertagen voll tanzender Farben, wie in Monets Garten in Argenteuil. Die letzten Jahre bin ich viel unterwegs gewesen, in tausend Städten, die in meinen Träumen noch immer lichterloh brennen; verrückte Klamotten trug ich und teure Turnschuhe, und aus mir wurde ein smarter, oft etwas waghalsiger Großstadtjunge, der die Attitüden und den Dialekt seiner Kindheit längst hinter sich gelassen hatte. In jenen Jahren gingen viele Fremde mit meinem Duft nach Hause, und ich mit ihrem, und noch immer habe ich das Gefühl, all das steckt noch tief in meinen Poren. Aber seit einiger Zeit lebe ich wieder allein, lese und arbeite viel, und manchmal kommen Anrufe von alten Freunden, und ich versuche, mich zu erinnern.

Vor ein paar Tagen war es Frau Kosko.

Ihre Stimme klang brüchig; und um mir zu schmeicheln, behauptete sie, ich würde mich noch immer anhören wie der Jugendliche von damals, der ihr die Zeitungen brachte.

„Was ist aus Chantal geworden?“, fragte ich.

Ich hörte sie schlucken. „Hast du nie davon erfahren?“

Dann erzählte sie es mir: Von jener Herbstnacht, ein knappes Jahr nach ihrem Wegzug, als Shaky den Golf seines Vaters aus der Garage klaute und seine Schwester zu einer Spritztour einlud. Eine lustige Fahrt soll es gewesen sein, bis an einer scharfen Biegung der Wagen ins Schlingern geriet, von der Straße abkam und fast ungebremst in die Böschung raste, zwei Tannen niedermähte und zu Sägeholz zermalmte.

„Sie war sofort tot“, sagte Frau Kosko, und in ihrer Stimme

war keine Wut mehr, keine Verzweiflung. „Shaky kam zu Fuß nach Hause; er hatte nur ein paar Kratzer abbekommen. Ein richtiges Wunder. Chantal wurde hier beerdigt. Uns fehlte das Geld für einen Grabstein. Falls du sie mal besuchen willst – sie liegt im Nordfriedhof, ganz am Ende, in der Nähe eines Platanenwäldchens. Ein Hügel aus Erde. Und ein Holzkreuz. Bring ihr Rosen mit. Sie liebte Rosen."

Von Shaky sagte sie kein Wort. Wo er wohnte, und was er trieb, und ob er sich noch immer beschissen einsam fühlte – ich erfuhr es nicht, und ich fragte auch nicht. Es wäre töricht gewesen, ihn noch einmal treffen zu wollen. Er war kein Junge mehr. Und ich tröstete mich mit dem Gedanken, dass wir wie Schiffe waren, die sich nachts begegnet sind, sich einen Gruß zublinkten und dann weiterfuhren. Ohnehin schon ein kleines Wunder, denn das Meer ist riesig.

„Ich wollte Chantal damals nicht weh tun", sagte ich. „Ich hoffe, sie hat mir verziehen."

„Wie sollte sie das tun?"

Ihre Antwort ähnelte allen Antworten, die ich zu diesen Ereignissen gesammelt hatte: Sie fügte sich nicht, sie drehte sich nicht im Schloss, und wieder sagte mir etwas, dass es da noch ein Geheimnis geben musste. Etwas, von dem ich nie erfahren hatte.

Seit unserer kurzen Bekanntschaft ist nie wieder jemand ins Rabenhaus eingezogen – als hätten die Koskos es mit einem Fluch belegt. In meinen Träumen war ich oft dort, doch im hellen Tagesbewusstsein scheute ich den Weg dorthin. So betrete ich nun zum ersten Mal seit zwanzig Jahren wieder jenen Vorgarten, in dem jetzt Brennesseln und Löwenzahn wuchern.

Ich stoße die Tür auf, atme den Geruch von Moder und Wespennestern, und mit leisen Schritten, als ginge ich durch ein Totenhaus, steige ich die Treppe hoch, betrete das Wohnzimmer. Wo damals die Orgel stand, finde ich nur einen Teppich aus vertrockneten Insekten, die den Weg nach draußen nicht mehr gefunden haben. Einen bauchigen Ofen, aus dessen Abzug es nach

Fisch stinkt. Ein Waschbecken, das in letzter Eile nicht gereinigt wurde.

Und im Flur, fast einsam: Shakys Rucksack.

Völlig verblichen steht er in einer Ecke unterhalb des zerbrochenen Spiegels, und fühlt sich steif und trocken an. Ob er ihn hier vergessen oder absichtlich zurückgelassen hat? Meine Finger kämpfen mit dicken Spindeln aus Staub, während ich die Riemen löse.

Und eigentlich ist gar nichts drin. Nur bittere Luft und Schimmel; und eine Murmel; und ein Stein; und zwei Briefe, eingeworfen vor mehr als zwanzig Jahren: ein Brief, den ich schrieb, und der Chantal nie erreichte, und gleich daneben ein weiterer Brief, den sie mir wohl schrieb und der wiederum mich nie erreichte. Aber beide ungeöffnet.

Man soll nicht in fremden Herzen schnüffeln, es ist eine Art Verbrechen. Als ich es sagte, an jenem heißen Tag am Fluss, habe ich es vielleicht nicht ganz so ernst gemeint. Aber er hat es beherzigt.

Auf seine spezielle Weise.

Wenn der Mond über der Bourbon Street leuchtet, müssen es nicht – wie bei Sting – unbedingt immer Werwölfe sein, die sich in den Straßen herumtreiben.

Teen Angel

Nein, Azraela, der Krieg ist keine Macht, die uns das eigene Schicksal vergessen lässt. Auch Krankheiten sind es nicht, denn viele haben gekämpft und gewonnen. Es gibt nur *eine* Gewalt, der wir hilflos gegenüberstehen und von der ich dir bisher nichts erzählen konnte, weil du sie nicht verstanden hättest, nicht in all ihren Facetten und Farben. Verwechsle sie nicht mit Liebe, denn auch Liebe kann versagen. Aber du hattest vor ein paar Tagen deine große Premiere, und ich vermute, du kannst die Liebe nun von ihrer brutalen Zwillingsschwester unterscheiden.

Wie war es eigentlich? Deine Premiere, meine ich. Wie sah er aus? Welche Augenfarbe? Was für Lippen? Ich weiß, das sind keine Fragen, wie Väter sie ihren Töchtern stellen, aber es interessiert mich nun mal.

Du warst ein wenig bestürzt, als ich dir die Wahrheit sagte. Es kam dir vor wie einer jener reißerischen Zeitungsartikel oder ein Beitrag aus einem Kitschmagazin. Aber es ist eine Sache, die jeden Tag vorkommt: Dass ein Mädchen oder ein Junge erst im Teenageralter erfahren, dass der Mann, den sie bisher für ihren Vater hielten, gar nicht ihr Vater ist. Ich hoffe trotzdem, ich hab in all den Jahren meine Sache gut gemacht. Wer weiß, ob cin leiblicher Vater dir das gleiche Verständnis entgegengebracht hätte.

Im Übrigen sind wir uns ja nicht ganz blutfremd, Azraela. Aber als mein Bruder starb, als er langsam dahinsiechte, weil sich der Krebs in seinen Körper verbissen hatte und sein Fleisch nicht mehr losließ – wer um Himmels willen wäre sonst dagewesen, der sich um sein Mädchen kümmerte? Du warst drei oder vier, Azraela, du hast von alledem nichts mitbekommen. Wärst du schon älter gewesen, hätte die Sache komplizierter ausgesehen.

Alle sagten immer, du hättest deine Schönheit von mir, aber die Wahrheit ist, du kannst sie nur von deiner Mutter haben. Leider starb sie bei deiner Geburt, und diese Geschichte stimmt. Nun, vielleicht hast du deine Schönheit ja doch von mir, über ein paar Ecken. Mein Bruder jedenfalls hatte nichts Bezauberndes an sich, er war mild und hatte ein gutes Herz, aber man konnte ihn leicht übersehen. Was mich betrifft: Hast du dir die alten Fotos von mir angesehen? Dann muss ich weiter nichts dazu sagen. Schon, bevor ich eingeschult wurde, saßen mein Stiefvater und meine Mutter oft mit mir zusammen, verloren sich im Blick meiner Augen oder im Glanz meiner Haare und schüttelten den Kopf. Sie konnten sich beim besten Willen nicht vorstellen, dass ich ihr Werk war. Und wenn ich ganz ehrlich sein soll … aber lass mich von vorne erzählen.

Tatsächlich ist es so – aber das erfuhr ich erst später – dass ich in einer Lammas-Nacht gezeugt wurde, nach einem Festgelage mit vielen Teilnehmern auf einem Friedhof. Lammas ist das Fest der Heiden, das den Zenit des Sommers markiert, in den ersten Tagen im August. Sie priesen die Natur in ihrer Wildheit und lobten den Fürsten der Welt. Meine künftigen Eltern blieben am längsten. Sie hatten Absinth getrunken. Und geflucht, inmitten all der Kreuze und goldenen Grabinschriften. Und sich höllisch ineinander verliebt. Es war nur wenig Platz, und schon beim Vorspiel stießen sie eine der großen Engelsfiguren um, der dabei ein Flügel abbrach, und sie lachten und brachen ihr den anderen auch noch ab, mit der Begründung, Ordnung müsse sein. Die Nacht war heiß, wie sie es nur in riesigen Städten ist, und der Friedhof *ist* eine riesige Stadt. Die Grabplatten glühten vor Hitze und luden zum Beischlaf geradezu ein. Als sie fertig waren, sagte meine Mutter: „Den Engel gibt's zum Dessert!“, dann hob sie die Figur vom Boden auf und steckte sie sich in ihr Loch.

Sie wussten nicht, Azraela, dass man in solchen Nächten nur die Schönheit zeugen kann. Denn die Schönheit ist nicht von Gott. Der Himmel ist nicht schön. Schönheit ist Finsternis, Azraela, ist das Flackern von schwarzen Kerzen in einer Nacht, die süß wie Honig ist. Die Welt hatte keine Chance gegen mich. Ich wusste, wie man sie verzaubert, sie alle: Die Eltern, die Lehrerin, die Mitschüler. Notfalls zeigte ich ihnen für fünfzig Cent auf einer dunklen Ecke im Klo, was sie zu sehen begehrten.

Als es begann, war ich zwölf. Einer jener Nachmittage, an denen es regnet und regnet, und in allen Zimmern brennt Licht, und man langweilt sich, holt Bücher oder Spiele aus ihrer Verbannung und kaut an den Nägeln. Wir müssen zum Schneider, ein Paket abholen, sagte meine Großmutter, und sie wollte, dass ich mitkam, denn es blinkten schon die ersten Sterne am Himmel, und sie fürchtete sich im Dunkeln.

Der Schneider wohnte im zweiten Stock eines Mietshauses, und sie bat mich, unten im Flur auf sie zu warten. Es war kalt, und ich wurde wütend, weil sie so lange auf sich warten ließ, und plötzlich brach der Abend herein, es wurde dunkel wie vor einem Unwetter, und da stand jenes kleine Mädchen, so alt wie ich vielleicht, es trug eine dicke Brille und hatte eine Zahnspange, es war nicht schön. Sie zeigte auf ein Schild an der Wand, das mir zuvor schon aufgefallen war: „Unbefugten ist der Aufenthalt in diesem Korridor verboten.“

„Du darfst hier nicht bleiben“, sagte sie. „Du wohnst nicht hier.“

Ich gab ihr keine Antwort. Ich packte sie an ihren schmalen Gelenken und presste sie gegen die Wand. Ich war nicht brutal, es war fast eine zärtliche Geste. Aber ich genoss ihre Gefangenschaft. Sie zappelte und versuchte, sich zu befreien, aber es gelang ihr nicht. Ich spürte, dass sie sich nur eins wünschte: Ein Wort von mir. Sie wollte, dass ich redete, denn Menschen reden. Aber ich schwieg, den Blick auf ihren zerbrechlichen Körper gerichtet, und das einzige, woran ich mich erinnere, ist mein Atem, mein

Schweigen, mein schwerer Atem, mein Schweigen.

Und auf einmal weinte sie. Ihre Brillengläser beschlugen wie in einer Wäscherei, ihr Kinn zitterte. Ich hätte sie jetzt loslassen sollen, aber ich beschloss, ihre Panik noch ein wenig auszukosten. Ich sah den Mond durch die Fensterluke schielen, und ich wusste, was der Mond sich wünschte: Dass unsere Körper sich fanden. Und sie sah mich an, ihr rundes Gesicht war wie der Mond, und so rückte ich näher, sanft, bis unsere Schenkel gegeneinander drückten, und sie spüren musste, was sie spüren musste. Ihr Weinen wurde lauter. Die Welt war Hexerei geworden, war Blendwerk, und ich glaube, ihr Leben lang spürte sie die pulsierende Vene jener Nacht, das Blut, wie es pumpte und sich mit der Milch des Mondes vermählte. Ich sah sie nie wieder.

Das ist die andere große Kraft in diesem Leben, Azraela: der Zorn. Der Zorn aller Schönheit. Die Schönheit ist zornig auf das Niedrige, Abscheuliche, und versucht, es zu vernichten. Das Niedrige darf sich nicht fortpflanzen; man benutzt es nur, um kurz seinen Ekel zu genießen, dann lässt man es stehen, verzweifelt und durstig nach Licht in einer Nacht, deren Puls nie zum Stillstand kommt.

Und so war es immer, wenn die Dinge sich verwandelten, wenn aus schön auf einmal hässlich wurde. Ich spürte sofort den Wunsch, es zu töten. Als Kind hatte ich eine weiße Maus, die ich liebte und immer unter meinem Hemd mit mir herumtrug, aber einmal nahm ich sie mit zu einem Freund, der eine graue Feldmaus in einem Käfig hielt, und wir brachten die beiden zusammen. Sie kämpften erst heftig, dann aber wurde aus dem Kampf ein Liebesspiel, sie quiekten und röchelten, und ein paar Wochen später sah ich meine Maus gebären. Es war ein unwürdiges Schauspiel, so viel rohes Fleisch und Körpersäfte und Gestank. Da erschlug ich sie mit der Faust. Auch Tiere liebte ich nur, wenn sie meiner Schönheit gleichkamen.

Ihr alle seid so wenig dagegen gefeit wie ich, Azraela. Wenn zwei Personen auf der Straße streiten, die ihr beide nicht kennt –

für welche entscheidet sich euer Herz dann? Doch immer für die Schönere. Das Abscheuliche dulden wir nur, solange es keine Gefahr für unsere Rasse darstellt. Und folgen auf diese Weise dem Ruf der Natur.

Doch das eigentliche Geheimnis umfasst viel mehr. Es umfasst die Essenz. Ich will es dir genauer schildern. Du wirst es jetzt begreifen, weil du mit einem Jungen zusammen warst, vorher hätte ich darüber nie mit dir reden können.

Es gibt einen Moment im Leben, in dem *alle* Schönheit schwindet und sich für kurze Zeit in ihr Gegenteil verkehrt. Du weißt, wovon ich rede. Es ist der Augenblick, in dem die Leiber sich entladen haben und erschlaffen und ins Kissen sinken. Wir sind nicht mehr erregt beim Anblick des anderen. Keine Stromstöße durchzucken uns mehr, wenn wir seinen Duft riechen oder das Spiel seiner Muskeln sehen. Wir sind leer. Und das war der Moment, vor dem ich ein Leben lang Angst hatte. Mit gutem Grund. Es ist mir einige Male passiert, als Teenager, als ich noch in Montana lebte. Ich war in dem Alter, in dem jeder Junge seine ersten Erfahrungen sammelt, und es waren insgesamt drei Mädchen. Die Zeitungen berichteten, man hätte sie draußen in den Wäldern gefunden, die Kehlen sauber durchgebissen, mit Zähnen, die wie ein Skalpell sein mussten, hieß es, doch ich wurde nie entlarvt. Auch in diesem Fall war es wohl mein Aussehen, das mich rettete. Einem Geächteten hätte man so etwas zugetraut und ihn sofort festgenommen, aber mir geschah nichts. Mir konnte nicht einmal die Nacht etwas anhaben. Ich begann in der Finsternis zu strahlen wie der hellste Morgenstern. Die Nacht ist grausam, Azraela, aber sie ist auch ehrlich.

Beim zweiten Mal war ich bei einem Straßenfest in New Orleans, mit dreiundzwanzig oder so. Ich erinnere mich an die Klänge eines Orchestrions und schwitzende Körper, die Rock'n'Roll im Mondlicht tanzten. Ich ließ mich treiben, während die Händler an ihren Ständen ihre Ware feilboten, erschöpft von der Hitze, die in New Orleans an Sommerabenden noch stundenlang wie eine Dunstglocke in der Dunkelheit hängt. Viele junge Mädchen blickten mir nach, und der Gedanke, sie einfach stehen lassen zu müssen, erfüllte mich mit Zorn.

Den ersten Aussetzer hatte ich im Riesenrad. Ich fand es langweilig, einfach nur dazusitzen und über die Dächer zu blicken. Das sagte ich auch zu dem älteren Ehepaar, das mit mir die Gondel teilte, und sie pflichteten mir bei. So dachte ich doch, ich würde ihnen einen Gefallen tun, als ich aufstand und das Ding ein wenig zum Schaukeln brachte. Der Mann regte sich auf und drohte damit, den Fahrgeschäftbesitzer zu holen. „Jetzt während der Fahrt? Das will ich sehen.“ Ich lachte, und da wurde auch seine Frau nervös und sagte zu ihrem Mann, er solle sich beruhigen, es sei doch alles nur ein Scherz, man komme hier schon wieder lebend raus. Sie wollte verhindern, dass ich die Fassung verlor, und beschloss, sich aus Angst bei mir einzuschleimen. Typisch Mensch. Ich schaukelte heftiger, wir hingen fast waagerecht in der Luft, es war fantastisch.

„Sie müssen hier raus!“ Die Stimme des Mannes zitterte vor Schiss, und ich schmeckte Hass auf meiner Zunge, süß wie Walderdbeeren.

„Wie Sie wollen.“ Ich schwang mich hoch und kletterte über den Rand der Begrenzungsstange. Die Frau kreischte, der Mann versuchte, mich anzufassen, ich schlug ihm auf die Hand, so fest, dass eine Schwellung auf seinem Knöchel hervortrat, wie eine Haselnuss unter der Haut. „Ich tue nur, was Sie mir gesagt haben.“

Schon lange war der Himmel über New Orleans nicht mehr so bunt gewesen wie in jener Nacht.

„Es war dumm, was du da gemacht hast“, sagte das Mädchen zu mir. „Leichtsinnig. Du hättest dir das Genick brechen können.“

Sie stand verlegen da, hatte alles mit angesehen und lächelte jetzt, als hielte sie einen Blumenstrauß hinter dem Rücken versteckt. „Um Typen wie dich wäre es schade.“

Ich kratzte mir Blut aus den Nägeln, von dem ich nicht genau wusste, wo es herkam. „Soll ich dir ein Cotton Candy spendieren?“

Sie sagte nichts, und ich drängelte mich in der Schlange einfach vor. Frauen lässt man nicht warten, indem man sich brav anstellt. Und natürlich fand sich wieder jemand, dem das nicht passte. „Vorsicht Leute, das ist der Verrückte aus dem Riesenrad“, hörte ich eine Stimme. Keine Frau. Kein Mann. Kein Kind. Ein Männchen, mit einem wichtigen Bärtchen und wichtigen kleinen Augen.

„Sorry“, sagte ich grinsend. „Es ist für das großartigste Mädchen der Welt.“

„Das interessiert uns nicht“, sagte der Mann, seine Stimme war wie das Kratzen von Nägeln auf Blech. Uns? Oh, jetzt sah ich sie erst, die Frau an seiner Seite, vor der er sich beweisen musste. Schon lustig. Mir warfen sie vor, mich vorgedrängelt zu haben, merkten aber nicht, dass sie es im Moment waren, die den Verkehr aufhielten.

Es ging nicht mehr vorwärts, die Warteschlange stagnierte, und der Verkäufer ließ seine Blicke schweifen. „Das ist der Verrückte aus dem Riesenrad“, sagte die Blechstimme noch einmal, und diesmal reichte es mir. Ich beging eine der schlimmsten Grausamkeiten, die es gibt, Azraela: Ich schnitt ihnen eine Fratze. Etwas Ensetzlicheres kann man jemandem nicht antun. Doch, es ist so. Denn sie werden meine 23jährige Fratze ein ganzes Leben lang vor Augen haben, vor allem nachts, auch wenn ich längst 50 oder 60 geworden bin. Ich habe ein Ornament geschaffen, Azraela. Ornamente sind unauslöschlich, weil das, was sie zeigen, in der Realität nicht existiert, zumindest nicht mehr. Ornamente sind die Bilder in den Museen Satans.

Ich hatte Zeit verloren. Das Mädchen konnte ich nicht mehr entdecken. Ich quetschte mich nach hinten, der Typ stellte sich mir in den Weg, und ich griff ihm in den Schritt, seine Hoden machten ein Geräusch wie platzende Knallerbsen. Er begann zu schreien, als würde er gehäutet werden, aber ich musste los, ich musste sie finden. Weißt du, wie einsam das ist? Ein bunter Jahrmarkt in der Nacht, nur das Gesicht, das du suchst, ist nirgendwo zu sehen. Alles wird eins: Die Musik, die Menschen, das Gelächter. Nur du gehörst nicht mehr dazu.

Manche Buden machten schon dicht, die elektrischen Birnen auf den Dächern erloschen, und auf die Gesichter der Paare, die gemeinsam hier waren, fielen Schatten. Ich wollte noch etwas trinken, irgendwas in meinen Venen spüren, mich durchfließen lassen, weil ich mich auf einmal so tot fühlte. Dann sah ich jene Visage.

Und dachte mir: Ein wenig Adrenalin tut's auch …

Er sah aus wie ein Fisch, hatte ein Riesenmaul und irgendwie keine Ohren. Er stand im Ring und verkloppte Leute, die dafür auch noch Geld hinlegten. Ein sogenannter Kirmesboxer. *Lear-o the Hero*. Gerade zerlegte er wieder einen – einen, der es seiner Begleiterin mal hatte zeigen wollen, dass der Fisch ihm nichts anhaben konnte, und es soeben bereute. Auf der Werbetafel stand zu lesen, Lear-o sei ein später Nachkomme einer der altgriechischen Heroen, einer Zwischenform zwischen Gott und Mensch. Falls alle Heroen so ausgesehen hatten, wunderte mich nicht, dass sie irgendwann keine Lust mehr hatten, sich fortzupflanzen. Scheiße, dachte ich, während ich ihn musterte, warum baut der Himmel manchmal so einen Pfusch?

Einmal gegen den Typen antreten kostete fünfzehn Dollar, und ich sah mir in Ruhe ein paar Fights an. Meist dauerte es nicht länger als anderthalb Minuten. Dann riss der Fisch die Flossen hoch und tanzte auf einem Bein wie Rumpelstilzchen. Er war groß, sehr groß. Und massig. Auf die meisten Leute musste er spätestens dann einschüchternd wirken, wenn sie ihm gegenüberstanden. Ich trat nach vorn.

Der Mann, der die Show leitete, musterte mich.

„Ich würde es mir überlegen", sagte er. „Die Mädels werden sehr traurig sein, wenn dein hübsches Gesicht aus der Form gerät.

Und guck mal, besonders groß gewachsen bist du auch nicht. Denk dran, wir können hier für nichts garantieren. Also, lass dir von dem guten Sam einen guten Rat geben."

Das gleiche stand, etwas anders formuliert, auch auf einem Aushang gleich unterhalb der Treppe, die zum Ring führte. Damit rechtlich nichts in die Hose ging: Jeder auf eigene Gefahr, achten Sie auf Ihre Gesundheit, und so weiter.

Ich drückte Sam einen Zwanzigdollarschein in die Hand. „Stimmt so", sagte ich. „Der Rest ist mein Beitrag zu den Arztkosten."

Wieder konnte ich aus dem Gemurmel der Menge das Wort „Riesenrad" herausfiltern, diesmal ergänzt um ein gelegentliches „Cotton Candy". Sams Gesicht sagte „Wer nicht hören will, muss fühlen", während zwei Typen mir die Boxhandschuhe schnürten. Ohne wäre mir lieber gewesen als mit diesen Luftballons. Aber das war ihnen wohl zu gefährlich.

Der Heroenfisch rümpfte die Nase, als er mich sah. Er versuchte, mich vor dem Publikum lächerlich zu machen, aber heimlich flüsterte er mir zu: „Ich muss zudreschen, Junge. Das ist kein Spaß. Überleg es dir noch mal."

In diesem Moment ertönte schon der Gong. Das Fischgesicht versuchte, mich mit einem Schlag zu treffen, um die Sache gar nicht erst ausufern zu lassen. Ich wich ihm aus.

Und ich schwöre dir, Azraela, ich kann zudreschen wie ein Irrer. Kein Mensch sieht mir das an, aber ich bin durch eine gute Schule gegangen. Erst als Jugendlicher in einem spießigen Dorf in Montana, wo man ständig auf der Hut vor Saufbrüdern sein musste, und später habe ich ein paar Jahre in Oaktown gewohnt, einem der gefährlichsten Viertel von New Orleans, da musst du zulangen können, wenn du nachts mit vollständigem Gebiss nach Hause kommen willst. Ich habe verdammt noch Mal gelernt, wie man andere ausknockt. Auch heroische Flossentiere von fast zwei Metern Körperlänge, Schwanzflosse inklusive. Mein erster Schlag traf ihn voll in die Fresse, so dass er taumelte, dann stieß ich ihm die andere in den Magen, und Speichel rann über seine Lippen. Er hielt sich die Rippen. Als ich noch ein paar Punches folgen ließ, begann er zu kotzen. In dem Blut, das er auf den Ringboden spuckte, schwamm etwas Festes, wie ein Zahn. Er heulte, ob vor Wut oder vor Schmerzen, weiß ich nicht.

Der Ringrichter brach den Kampf unverzüglich ab. Das Riesenbaby bekam keine Luft mehr. Es blutete aus den Ohren und konnte sein Gleichgewicht nicht mehr halten. Unten im Publikum war es seltsam still geworden, als ich mein Geld in Empfang nahm und die Ringtreppe nach unten ging, federnd und lässig, als wäre ich gerade aus dem Bett gesprungen.

Für den Rest des Abends wurden alle weiteren Kämpfe abgesagt. Ein Rettungswagen fuhr vor, es war ein Ausnahmezustand, wie Krieg. Aber ich habe dir ja vorhin schon gesagt, Azraela: Der Krieg ist nicht die große Macht auf dieser Welt, die Sterne aus ihrer Bahn schleudert und Meere zu Wüsten macht. Was uns wirklich in die Knie zwingt, ist jener andere Bastard. Ich verließ das Festplatzviertel und ging in Richtung City Park, es waren nur ein paar Meilen. Hier und da traf man auf junge Paare, die eng umschlungen vom Fest nach Hause kehrten, und aus manchem Gebüsch drangen unverwechselbare Laute. Ich stellte mich an den See, um über die Schatten und Ringe zu rätseln, die man im Dunkeln auf stehendem Wasser sieht; und es wurde immer stiller, der Mond immer praller. Da sah ich sie, wie eine flüchtende Fee aus einem Märchen; ihr weißes Kleid flatterte im Nachtwind; sie sah sich um, als hätte sie Angst, verfolgt zu werden. Als sie an mir vorbeikam, erkannte sie mich nicht, und erschrak, als ich sie ansprach.

„Wo warst du? Warum bist du weggelaufen?“

Sie blieb stehen, ihr Mund zuckte scheu, dann schaffte sie es, ein Lächeln daraus zu machen. „Ich war die ganze Zeit in deiner Nähe“, sagte sie. „Ich wollte nur nicht, dass du mich siehst.“

„Und warum nicht?“ Ich versuchte, ebenfalls zu lächeln.

„Weil ich mich noch nicht entschlossen hatte. Es ist besser,

Männern erst dann ein Zeichen zu geben, wenn man sich seiner Sache sicher ist. War der Kampf mit dem Riesen abgesprochen? Damit das Publikum glaubt, dass es durchaus Chancen hat?“

Und wieder hatte ich Lust auf eine der größten Grausamkeiten, die es gibt. Ich wollte ein Lächeln killen. Das macht nicht immer Spaß, aber ziemlich oft. Du musst warten, bis jemand dich unschuldig anlächelt, mit großen Augen, nichtsahnend, arglos, und dann etwas tun, das ihn erschrickt. Am besten, du schreist ihn an. Und wichtig ist, dass du hinsiehst, während das Lächeln stirbt. Was hast du sonst davon?

„Hab ich verdammt noch Mal gesagt, dass ich dich ficken will?“ brüllte ich und packte sie an den Handgelenken.

„Hey, du tust mir weh.“ Sie kniff die Augen zu und begann sich zu winden. Dann konnte ich spüren, wie ihr Puls sich wieder entspannte. Sie genoss es, in meiner Gewalt zu sein. Ihre Blicke kreisten um den Mond, rhythmisch, melodisch, als wäre Gesang in ihren Augen.

„Er fühlt sich hübsch an“, sagte sie. „Ziemlich mächtig.“

Sie zog meinen Reißverschluss hoch, beugte sich herab, so dass ich den Duft ihres Haars riechen konnte, und begann an mir zu lutschen. Dann machte sie eine Pause, warf den Kopf in den Nacken und sog erregt die kühle Luft ein, die der See schickte. „Wenn es mir kommt, läufst du weg“, sagte ich. „Am besten, du trittst mir vorher in die Eier, denn ich bin schnell. Frag nicht nach irgendwelchen Gründen. Tu es einfach.“

Für einen Moment befürchtete ich, den Ballon zum Platzen gebracht zu haben. Ihre Augen wurden groß und rund und ängstlich. „Stimmt etwas nicht?“

„Es stimmt alles. Tu einfach nur, was ich gesagt habe. Ich erkläre es dir später.“

Sie zog mir die Hosen aus. Sie wollte es nicht beim Hors d’Oeuvre belassen. Ihr Körper wirkte zart und hungrig, als ich mich an sie presste. Sie biss mich in die Ohren und in die Lippen, keuchte und stieß Flüche aus, so wie man es manchmal im Rausch tut, ohne Anlass, aber mit gutem Grund.

Es war Zeit für die dritte Grausamkeit. Bevor sie mich ein weiteres Mal küsste, biss ich mir selbst auf die Backe, riss mir mit den Zähnen ein ganzes Stück Gewebe ab. Mein Mund füllte sich mit Blut, der Geschmack von rohem Fleisch breitete sich aus, dann näherten sich ihre Lippen wieder, ich spürte, wie sie mit der Zunge in meiner Wunde rührte, dann darin versank, weich und süß und gierig. Von nun an würde sie mir verfallen sein. Es ist wie bei Hunden, die du nur einmal mit frischer Nahrung fütterst. Irgendwann ist ihre Gier so groß, dass sie sich auf alles Leben stürzen.

„Du bist so schön", keuchte sie, ihr Atem zitterte. „Ich kann nicht weglaufen, wenn es soweit ist. Ich will es in deinen Armen ausklingen lassen. Ich kann dir nicht in die Eier treten."

Und so tanzte unser Ballon weiter durch die Nacht, groß und hell und quittengelb, und stellte sogar den Mond in den Schatten.

Die Welt explodierte, dann explodierten wir beide. An die nächsten Minuten kann ich mich nicht mehr erinnern, nur noch an eins: Dass das Puder auf ihrer Haut mich zum Niesen brachte, als ich die Zähne in das Fleisch ihres Halses stieß. Wenn sie mir noch einmal Gesundheit gewünscht hätte, wäre das dann ein Happy End gewesen?

Ich fragte mich, ob ich sie mit zu mir nach Hause nehmen sollte. Aber dazu hätte ich sie irgendwie aus dem Park schmuggeln müssen, und das war unmöglich. Also ließ ich sie liegen und ging. Ich weiß, der nächste Spaziergänger, der sie hier fand, würde sich furchtbar erschrecken, und große Nachtinsekten würden kommen und sich über ihr Fleisch hermachen. Es war nicht charmant, Azraela, aber was sollte ich tun?

Ich versuchte, zu Hause noch ein wenig fernzusehen, aber das Programm war öd und ich schlief gelangweilt ein. Als ich wieder aufwachte, war ich mir sicher, dass sie jetzt in guten Händen war.

Begreifst du, was ich dir damit sagen will? Zu viel Schönheit verwandelt sich in Grausamkeit, es ist ihr natürlicher Entwicklungsweg, so wie Wein gären muss, wenn er im Licht steht, und selbst die Götter blendet sie bald so schmerzhaft wie jemanden, der mit ungeschützten Augen in die Sonne blickt. Hab keine Angst vor den Kreaturen der Nacht, denn der Schein der Morgensonne ist stärker als sie.

Nur vor den Engeln, Azraela, vor den Engeln sei auf der Hut.

Die einzige Geschichte in diesem Buch, die auch in meinem San-Francisco-Band enthalten ist. Ich wollte sie nicht weglassen, da sie mit ihrem Poeschen Doppelgänger-Motiv gut in vorliegende Sammlung passt.

Es brennt kein Licht auf Manderley

„Ich werde ein neuer Mensch werden. Ich werde mich selbst nicht mehr erkennen. Glauben Sie mir."

Das hatte er zu Rick Schubert gesagt, seinem Vorgesetzten, kurz nach dem peinlichen Vorfall. Er hatte Schubert gemustert, wie er hinter seinem Schreibtisch saß und Luft in die Lungen pumpte, und sich gefragt: Wie kann ein Mensch, der Kreisel, Handpuppen und all das lustige Zeug verkauft, so gefühllos sein? Nicht mal sein Name stand ihm zu Gesicht: Rick war ein schlanker, ein flatternder Name; und wer Schubert hieß, hatte musikalisch zu sein, flink wie eine Forelle. Doch Schubert war das Gegenteil: Ein sturer, träger Fleischberg, der nur am Telefon manchmal versuchte, heiter und schwerelos zu klingen, nach Rick Schubert eben. Während Claude mit ihm sprach, trommelten seine Finger auf die Tischkante, als könne er so den Gesprächsrhythmus beschleunigen.

„Das haben schon viele gesagt." Es klang nicht vorwurfsvoll, eher nach tiefer Verzweiflung über die Spezies Mensch. „Ein neues Leben. Ein neuer Anfang. Prügelnde Ehemänner sagen es zu ihren Frauen, und nichtsnutzige Jungs zu ihren Lehrern. Wenn immer Taten folgen würden, ja dann ..."

Er schob Claude seine Papiere über den Tisch. Der Rest war Formsache. Er sah, wie Schuberts dicker Daumen einen schmalzigen Fingerabdruck auf dem Papier zurückließ. Gleich wird er mir die Hand hinstrecken, dachte er, und ich könnte mir seine Finger schnappen und sie ihm auf den Handrücken klappen. Was hatte er noch zu verlieren?

Aber es wäre zu peinlich gewesen. Schmerzhafte Rache stand nur Helden zu. Und er ging nicht als Held, sondern als Ferkel. Ferkel, die ehrenhaften Firmenchefs die Finger brachen, stießen auf wenig Bewunderung.

Nicht mal die Tür knallte er zu, als er ging. Nicht mal ein schlechtes Geschäftsjahr wünschte er ihm, nicht mal ein rätselhaftes Handzeichen machte er, das Schubert auf paranoide Gedanken brachte. „Alles Gute“, war alles, was ihm über die Lippen kam. Schubert wünschte ihm nichts dergleichen.

„Uns kannst du wirklich alles anvertrauen“, sagte Elvira, während sie mit den Füßen unauffällig seine Hausschuhe aus dem Weg räumte. „Menschen, die dir für die nächsten vierzehn Tage ihre Wohnungsschlüssel anvertrauen, vermuten wohl kaum, dass es in deiner Seele ein dunkles Geheimnis gibt. Du warst immer offen mit Frank und mir.“

„Es war so, wie ich es euch erzählt habe“, sagte er. „Nicht anders.“ Mit dem Feuerzeug öffnete er noch ein Bier. War es das vierte? Das fünfte? Egal. Sobald er wieder flüssig war, würde er alles zurückzahlen, auf Heller und Pfennig.

Wenn die beiden erst in Florida waren, würde er Zeit zum Nachdenken haben. Ohne ständig Erklärungen abgeben zu müssen. Er würde sich die Geschichte von seiner Verfehlung so oft erzählen, bis sie rund und glatt war wie ein Kieselstein, ohne belastende Ecken und Kanten. Und an Frank und Elvira würde er nur denken, wenn er ihnen ab und zu einen dankbaren Gruß schickte, wie Leute ihn einfach verdienten, die einem Unterschlupf gewähren, bis man eine billigere Wohnung gefunden hat, die sich von der Stütze bezahlen lässt.

Frank saß im Empire-Sessel und döste. Der Fernseher lief. Elvira stellte die leeren Flaschen zurück in den Kasten und zählte die übrig gebliebenen Biere. Sie trug einen kurzen, verwaschenen Jeansrock, und ihre Beine waren nackt. Es stimmt immer, dachte Claude. Pralle, weiße Waden. Es war bei allen Rothaarigen so.

Und bei dieser verdammten Puppe war es auch so gewesen.

Spielwarenhersteller waren cleverer als Leute wie Schubert dachten. Sie kannten die menschliche Physis und das Mysterium ihrer Reize sehr gut. Puppenhersteller waren Götter, die Menschen erschufen, daher mussten sie das kleine Einmaleins der Menschenmacherei gut beherrschen. Rote Puppen mit dicken Waden, dunkle Puppen mit schlanken Waden. Und so weiter.

Er hatte nur wissen wollen, ob bei der Puppe alles stimmte. In einer ereignislosen Stunde im Lager des Spielwarengeschäfts war ihm dieser Gedanke gekommen, wie einem ein süßer Geruch in die Nase steigt. Die Puppe war groß, wie ein Menschenbaby fast. „Zier dich nicht so“, hatte er zu ihr gesagt. „Gleich weiß ich, ob du wie alle Rotfüchse bist. Oder ob die ganze Spielzeugindustrie nur Bluff ist.“

Sie trug einen Hosenanzug, und er zog ihn ihr aus, mit zärtlichen Fingern. Dann streichelte er sie. Mit Kennerlächeln. Volltreffer. Es stimmte alles. Sie war wie Rothaarige nun mal sind. Wie seine geschiedene Frau Cindy oder das Mädchen, das er als Sechzehnjähriger auf dem Schulhof vernascht hatte. Wenn er Rot sah, läuteten in seinem Kopf kleine Alarmsignale, süß wie Schlittenglöckchen. Dann war die Tür aufgegangen und Schubert war hereingekommen. Claude sah ihn durch das luftige Haar der Puppe hindurch, die er an sein Gesicht gepresst hielt. Ihr Nacken war feucht von seinem Atem.

Als dann im Laden die Türglocke schellte, ging er hinaus, sein Gehirn wie von einem Brand verwüstet. Eine alte Dame, die ein Mensch-ärgere-dich-nicht-Spiel umtauschen wollte, weil die Figuren zu wacklig waren. Er nickte nur und verstand kein Wort. Dann kam Schubert und drängte ihn weg. Wickelte alles ab.

„Sie sind krank, Claude“, sagte er, als die Dame weg war. „Und in unser Geschäft kommen Kinder.“

Es dauerte eine Weile, bis er begriff, was beides miteinander zu tun hatte.

Elviras und Franks Grundstück war Teil einer Villenkolonie am Stadtrand, doch der Park mit seinen tausend Spalierbögen und Blumenterrassen war so ausgedehnt, dass die beiden von der Nachbarschaft nichts mitbekamen. Öfter schon war in eins der Häuser eingebrochen worden, ohne dass es nachher verwertbare Zeugenaussagen gab.

Ein Stück Verlassenheit, dachte Claude, während er vorbei an Staudenbeeten und schmollenden Puttenfiguren zur Pergola lief. Genau das, was ich jetzt brauche. Unsichtbar sein. Und ab morgen noch unsichtbarer. Elvira saß in einem Liegestuhl und wartete auf ihn. Sie wollte ihm letzte Anweisungen geben, bevor sie und Frank abreisten.

Er setzte sich auf die Bank neben dem Stuhl, damit sie einander nicht ansehen mussten. Sie war nicht attraktiv; sie hatte unreine Haut und Glotzaugen. Wäre sie nicht rothaarig gewesen, hätte er sie als Frau gar nicht wahrgenommen. Er wusste nicht, ob sie ihn als Mann wahrnahm. Eigentlich deutete nichts darauf hin.

Nach einem windigen September war es noch einmal sommerlich geworden. Claude trug nur Boxershorts, sein Oberkörper war nackt. Er wartete auf einen Blick von Elvira, der vielleicht eine Spur kecker war als sonst. Sie sah nur auf ihre Checkliste mit den Dingen, die sie nicht vergessen durfte, ihm zu sagen.

Blumengießen. Ein afrikanisches Veilchen, das sofort sterben würde, wenn man es vernachlässigte. Das Badezimmerfenster gekippt lassen, wegen Schimmelgefahr. Und bei Trockenheit einmal täglich den Rasen trinken lassen. Sie sagte es tatsächlich so. Dann zog sie die Nase kraus und schnüffelte in seine Richtung.

„Ich hoffe, dein Geruch zieht nicht in die Wände ein, bis wir zurückkommen."

Er schnüffelte auch, roch aber nichts. Ach ja, sein Eukalyptusöl. Nach einiger Zeit nahm man den eigenen Geruch einfach nicht mehr wahr.

„Du magst es nicht?"

„Es riecht unmännlich. Wie Altweiberzeugs. Hast du kein After Shave?“

Ihre Worte stimmten ihn nachdenklich. Es gab Dinge, über die machte man sich nie Gedanken, und dann kam jemand und kritisierte sie, und einem wurde bewusst, dass man jahrelang den falschen Duft verströmt oder das falsche Lächeln ausgesandt hatte. Versäumte Zeit. Vielleicht wirkte Eukalyptusöl ja auf alle Frauen abtörnend.

Vielleicht war es der Tropfen gewesen, der bei Cindy das Fass zum Überlaufen gebracht hatte. Als sie wegfuhr, im Cabrio, das rote Haar im Fahrtwind wehend, blieb er zurück, ein staunendes Kind, das die Welt der Erwachsenen nie verstehen würde. Als am Abend die Vögel sangen, weinte er.

Vielleicht kotzte sie inzwischen, wenn sie den Atem von Männern roch, die Eukalyptusbonbons naschten. Oder tötete sie. Damals, bevor sie wegfuhr, hatte er Angst gehabt, sie könnte *ihn* töten.

„Zeig mir deinen Daumen“, sagte Elvira. Er wusste nicht, was sie von ihm wollte. Er hielt ihn hoch, als präsentiere er sein erigiertes Glied.

„Nun ja, nicht gerade grün, aber was nicht ist, kann ja noch werden.“

Zorn überkam ihn, der aber nicht von Dauer war, denn an jenem Tag zirpten noch einmal die Grillen, und die Luft flirrte wie an Wintertagen über Rauchkesseln im Freien . Indianersommer. Die Linie ihrer Schenkel. Seine Augen folgten ihr bis zur Endstation ihrer Cut-off-Jeans, bescheidene Harmonie, ganz Natur und darum auch eine Art von Kunst. Er fragte sich, ob ihre Schamhaare rot waren wie die von Cindy. Sie dozierte währenddessen über eine türkische Pflanze, deren Blätter von weichem Fell überzogen waren (nur zweimal pro Woche gießen), und ihm war, als wolle sie nur eine Frivolität in die schwüle Luft sprühen; einen Regen, nach dem er gierig die Zunge ausstreckte.

„Und wenn du dir Videos ansiehst, nimm nachher die Kassette

wieder raus. Wenn du sie drin lässt, schadet das dem Gerät. Gestern Nacht hast du es vergessen."

Er rieb sich die Stirn. Hatte er sich vergangene Nacht Videos angesehen? Nein. Er hatte in seinem Zimmer gelegen, sich an einem von Elviras langweiligen High-Society-Romanen versucht und war eingeschlafen. Als er protestierte, grinste sie und bedeckte ihre nackten Schenkel mit den Händen.

„Du bist wie ein kleiner Junge, der Angst hat, Schläge zu bekommen, wenn er die Wahrheit sagt." Sie hob amüsiert die Brauen. „Kleine Jungen lügen immer. Ich weiß, was für einen Film du dir angesehen hast. Er liegt noch auf dem Fernseher."

Als er später hineinging, führte sein erster Weg dorthin. „Red Foxy Lady" stand auf der Kassettenhülle. Daneben das Foto einer puppenhaften jungen Frau mit roter Mähne, die er zum ersten Mal in seinem Leben sah.

Am Abend saßen sie im Salon und sahen fern. Unsere Abschiedsfeier, sagte Frank, doch das einzige, was an eine Feier erinnerte, war das Bier, das sie vor sich stehen hatten und von dem sie ab und zu, ohne anzustoßen, lustlos tranken. Nach dem Duschen hatte er auf seine Ganzkörpereinreibung mit Eukalyptusöl verzichtet. Doch es tat ihm nicht gut. Seine Haut, die sich über die Jahre daran gewöhnt hatte, juckte und schuppte. Als er später zur Toilette ging, zog er sein Hemd aus und massierte sich wenigstens den Oberkörper ein. Vor dem Spiegel lächelte er und fand sich attraktiv.

Als er rausging, stand Elvira im Flur. Sie hielt einen Stapel frischgewaschener Kleider in den Händen und tat, als käme sie zufällig dort vorbei; er aber spürte, dass sie auf ihn gewartet hatte.

„Ich war das nicht mit den Videos", sagte er. „Ich habe keine Ahnung, wo die Kassette herkam."

Sie schenkte ihm ein Lächeln, wie fürsorgliche Frauen es behinderten Kindern schenkten. „Dann bliebe nur einer", sagte sie. „Wenn du sagst, du warst es nicht, verdächtigst du Frank."

Das tat er nicht. Aber ihm fiel kein Argument ein, um dieser falschen Logik beizukommen.

„Ich habe nie in meinem Leben Sex-Videos geguckt“, sagte er, und das war eine Lüge. Warum log er plötzlich? Das war nicht Rick Schubert, der ihn zur Rede stellte, und ein Mann, der behauptete, nie Sex-Videos angesehen zu haben, schadete nur seiner Glaubwürdigkeit.

„Dann war es wohl auch Frank, der mir das Kastanienherz gebastelt hat“, sagte sie.

Er hatte keine Ahnung, wovon sie redete. Wollte sie ihn an den Rand des Wahnsinns treiben? Sie griff in ihre Tasche und zeigte ihm den Gegenstand, den sie meinte. Zehn Kastanien, in Herzform aufgereiht und mit Streichhölzern zusammengesteckt. Seine Lippen zitterten.

„Du bist nervös“, sagte sie. „Es hat also gar keinen Sinn, wieder zu schummeln.“

Ihm aber blieb nichts übrig als nervös zu sein. Als Junge war er sehr geschickt im Basteln solcher Herzen gewesen. Für das rothaarige Mädchen vom Schulhof zum Beispiel. Er hatte zauberhafte Tage mit ihr verbracht, doch ihre Zeit endete, als der Sommer ging und Kälte in sein Herz zog. Da war er wieder, jener letzte Tag im Park, als er sagte *Ich werde dich verlassen*, doch da ein Flugzeug über ihnen vorbeirauschte, verstand sie es nicht, und ein zweites Mal brachte er es nicht über die Lippen. Er wollte ihr das Herz zum Abschied schenken, hatte vor dem Spiegel den traurigsten Hundeblick der Welt eingeübt, doch nun saß er neben ihr, und das Geräusch des Flugzeugs verstummte in der Ferne. Er wünschte sich, es würde abstürzen. Irgendwo in der Wüste, wo es keine Hilfe gab. Dann schwieg er, trank Bier, und sie schwieg auch und trank noch mehr, und als ihre Blase sie drückte, verschwand sie ein paar Schritte weiter im Gebüsch. Er hatte das Kastanienherz aus der Tasche gezogen, mit der Spitze nach oben, auf ihren Platz gelegt und war nach Hause gegangen.

Er kannte keinen Jungen außer ihm, der solche Herzen

bastelte. Er hatte auch nie mit jemandem darüber geredet. Oder doch? Vielleicht mit Frank, in einer weinseligen Stunde, an die er sich nicht erinnerte? Und hatte Frank sich alles gemerkt und wollte ihn jetzt fertig machen? Weil er glaubte, er hätte was mit Elvira?

„Lag das Herz auf deinem Bett mit der Spitze nach oben?“ fragte er.

Sie nickte. „Danke für das Geständnis.“ Er hörte sie atmen. Sie rang nach Worten. „Es war nicht klug von dir, dich in mich zu verlieben.“

Wie sollte er jetzt zurückrudern? Was half es, alles abzustreiten, wenn man soeben nach einem Detail gefragt hatte, das nur der Täter kannte? Auch wenn man gar nicht der Täter war.

Täter. Ein seltsames Wort für das, worum es ging. Es konnte nur Frank dahinterstecken. Aber verdammt, was wollte er von ihm? Er war nicht in Elvira verliebt. Nicht mehr als in alle rothaarigen Frauen dieser Welt, deren weiße, teigige Haut und massive Waden ihn einfach verrückt machten. Sogar bei Puppen funktionierte es.

„Liebst du mich?“ fragte sie. Die Art, wie sie es sagte, ließ Übelkeit in ihm hochsteigen: als wolle sie gleich mit dem Zeigefinger winken und ihn in ihr Bett locken. Aber wenn er Nein sagte, wie absurd würde es klingen?

„Ich weiß nicht“, sagte er.

Er hasste Frank.

Vielleicht verreisten sie ja gar nicht. Vielleicht gehörte das nur zur großen Täuschungsaktion. Aus irgendeinem Grund wussten sie, was er vorhatte, wenn er sich erst allein im Haus wähnte: Er würde nach alten Fotos von Elvira suchen. Nach Fotos, auf denen man ihre Beine sah, und es würden gute Fotos gegen die Einsamkeit sein. So konnte er das, was er als einziges an ihr begehrte, mit Frank teilen, ohne dass jener davon erfuhr. Vielleicht planten sie, sich groß von ihm zu verabschieden und zum Hintereingang wieder hereinzuschleichen.

Doch am nächsten Abend, als sie am Airport eincheckten und

danach Arm in Arm die Gangway emporstiegen, war er da und winkte. Sie steckten die Köpfe zusammen, dann drehten sie sich um und lächelten. Bei Abschieden musste man freundlich sein. Egal, was geschehen war.

Er fuhr mit dem Taxi zurück ins Villenviertel und wäre nicht erstaunt gewesen, wenn der Schlüssel, den Frank ihm gegeben hatte, nicht ins Schloss gepasst hätte. Aber er passte. Er hätte es auch nicht als seltsam empfunden, wenn das Steak, das der große Hausmann ihm zum Abendessen gebraten hatte, einen metallenen Geschmack gehabt hätte. Aber es war lecker. Sie hatten ihm das Bett gemacht, seine Hausschuhe vor die Tür gestellt, und auf einem kleinen Zettel mit einem Smiley noch einmal an die Pflanzen erinnert. Wen man hasste, dem schrieb man andere Nachrichten. Den ließ man vermutlich auch nicht in seinem Haus wohnen, wenn ihm die Kröten ausgegangen waren.

Er telefonierte kurz mit einer der Zeitungen, bei denen er sich als Freelancer beworben hatte, aber es gab nichts Neues. Man beriet sich noch. Vielleicht schickten sie Spione aus, die sein Vorleben auskundschafteten und irgendwann auch bei Spielwaren-Schubert nachfragen würden. Dann würde er bald von hier weg müssen, mit Schulden bei seinen Freunden und der Gewissheit, einem bitteren Winter in die Arme zu laufen.

Abends, als er in der Pergola saß, fielen ihm die Einbrecher wieder ein. Warum hatten Frank und Elvira keinen Hund? Reiche Leute hatten immer Hunde. Ob sie von ihm erwarteten, dass er Einbrecher vertrieb, auch wenn er dabei sein Leben riskierte? Er stellte sich vor, nachts Geräusche zu hören. Schritte im Flur. Er beschloss, seine Tür von innen zu verschließen.

Am Abend spazierte er eine Runde durch den Park. Für heute waren alle Pflanzen versorgt, morgen begann die Arbeit. Am Kastanienbaum schauderte ihn. Ein paar Früchte lagen am Boden, die der Sturm der letzten Wochen heruntergeweht hatte. Er hob eine davon auf. Er war sich nicht sicher, ob er das noch so gut hinkriegen würde wie früher: Kastanienherzen basteln, die nachher auch schön aussahen und nicht wie von einem Kind zusammengeschustert. Das Herz, das Elvira ihm gezeigt hatte, es war wunderschön gewesen. Er würde in ihrem Nachttisch nachsehen, ob sie es dort aufbewahrte.

Im Licht der untergehenden Sonne, das sich in den Fenstern wie dunkles Eigelb spiegelte, wärmte er sich den Rücken. Das Haus war riesig; es fiel einem erst auf, wenn man davorstand. Ein großes, geheimnisvolles Hufeisen. Er rätselte, in welchem Flügel das Zimmer war, in dem er schlief. Es musste der linke sein, von hier aus gesehen, denn dort brannte Licht. Er vergaß so oft, es auszumachen. Na gut, den Stromverbrauch würden sie ihn hoffentlich nicht berechnen.

Als er nachzählen wollte, das wievielte Fenster es war (er wollte es künftig genau wissen), sah er das Licht nicht mehr. Dafür segelte eine Wolke vorbei, die sich in den Scheiben spiegelte, dann auseinanderbarst, ein paar Lichtkleckse auf das Glas verspritzte und sie wieder auffraß. Also doch keine Stromverschwendung. Er lächelte. Die Abendsonne hatte seinen Augen das Licht nur vorgegaukelt. Wie in jenem Traum in Hitchcocks *Rebecca*, als Manderley längst ein Opfer der Flammen geworden war.

Als es noch dunkler wurde, beschloss er, sich ins Haus zurückzuziehen. Wunder warteten dort auf ihn. Es war ein unwirkliches Gefühl, als könne sich in letzter Sekunde alles als Fata Morgana entpuppen, so wie das Gold, das man im Traum findet, einem beim Erwachen durch die Finger rinnt. Er setzte sich einen Kaffee auf, danach würde er mit seinen Ausgrabungen beginnen. Er lachte über das Wort Ausgrabungen. Es klang, als wären Fotos Leichen, stinkend und kalt wie Herbsterde. Dann würde er heute Sex mit Leichen haben. Aber erst wollte er in Elviras Nachttisch nach dem Herz suchen. Er ging die Treppe hoch in das Zimmer, wo sie und Frank schliefen.

Es war nicht da. Sie musste es woanders aufbewahren. Oder weggeworfen haben. Er sah sich schon im Müll wühlen. Es ging ihm nicht um das Herz; er wollte einfach wissen, welchen

Stellenwert sie ihm einräumte. Dem Herz und ihm selbst.

Ein Buch fiel ihm auf, quadratisch und mit Blumenmuster bestickt, wie ein Poesiealbum. Bevor er es öffnete, fiel vom Himmel ein Roman in seinen Kopf, eine abenteuerliche, absurde Geschichte, die er sich nicht ausdachte, sondern die ihm zuteil wurde, einfach aus dem Nichts: Das Mädchen vom Schulhof. An ihren Namen erinnerte er sich nicht. Aber er hatte sich in ihrem Poesiealbum verewigt, als Dreizehnjähriger. Mit seinem selbstverfassten Vierzeiler *„Wenn die Stürme wehen, musst du aufrecht gehen, so als käm der Regen nur um deinetwegen.“* Es war ein Album mit Blumenmuster gewesen, so wie das hier. Er schlug es auf, mit geschlossenen Augen. Gleich würde er sein Gedicht wiederfinden. Elvira war das Mädchen von damals, die kleine Rothaarige, und alles, was in diesen Tagen geschah, war Rache. Nichts als Rache.

Er sah eine fahrige Erwachsenenhandschrift. Was er in Händen hielt, war Elviras Tagebuch.

Die ersten Seiten hatte sie vor vier Monaten vollgeschrieben; sie handelten von ihr und Frank. Banalitäten. Zu wenig Geld im Supermarkt herausbekommen. Einen gemeinsamen Bekannten wiedergetroffen, der gedunsen aussah, als trinke er. Er blätterte vor bis zur letzten vollgeschriebenen Seite. Der heutige Tag. Er sah Worte wie *Hilfe, Freunde* und *Mitleid*. Worte, die ihm gar nicht gefielen.

Dann las er das Letzte, was sie geschrieben hatte, bevor sie losgefahren waren. Flüchtig und mit Fäden; denn es hatten Uhren getickt und Schlüssel geklimpert, das Flugzeug wartete nicht.

Ich freue mich auf Florida. Ich lasse das Buch hier. Ich werde Eindrücke im Kopf sammeln und alles niederschreiben, wenn ich zurückkomme. Und werde mein Gedächtnis trainieren, wenn wir dem guten Claude alles erzählen. Ob er neidisch wird? Er hat so wenig vom Leben, gerade in diesen Tagen.

Aber warum lässt er sich so hängen? Ich würde ihm gern helfen. Nur, wie kann ich das, wenn er mich beim Baden durchs

Schlüsselloch beobachtet? Frank hat ihn gesehen, sich aber nicht bemerkbar gemacht. Und gestern, als Frank noch einen Film guckte und ich schon schlafen gegangen war, kam er zu mir rein, setzte sich an mein Bett und beobachtete mich. Er dachte, ich würde schlafen. Er streichelte meine Beine. Mir war nicht wohl dabei. Nach einiger Zeit ging er wieder hinaus. Ich habe Angst, es wird etwas geschehen. Ich mag Claude, aber er muss einsehen, dass er krank ist.

Er warf das Tagebuch zu Boden, und eine Seite löste sich und flatterte hoch wie ein Stück Laub. Lüge, alles Lüge, murmelte er. Sie hatte Wahnvorstellungen. Oder all das nur geträumt. Was hier stand, war nie geschehen. Ich habe mir keine Schmuddelfilme angesehen, rief er. Ich habe für Elvira kein Kastanienherz gebastelt. Ich war nicht in ihrem Zimmer. Ich habe nicht versucht, es mit einer Kinderpuppe zu treiben. Ich wollte nur sehen, ob sie clever sind wie die Natur, die Leute, die solche Puppen herstellen.

Während er sein Gesicht in Elviras Kissen vergrub, verriet ihm ein Luftzug, dass hinter seinem Rücken die Tür aufging. Nicht leise, als wolle jemand sich anschleichen, sondern so wie man Türen öffnete, wo man zu Hause war. *Klack*. Der bittere Geruch von Eukalyptusöl wehte durchs Zimmer. Bleib ruhig, dachte er, es kann kein Licht brennen auf Manderley. Manderley ist abgebrannt, ein rauchender Trümmerhaufen. Jemand tippte ihm auf die Schulter, und eine Stimme, die er sehr gut kannte, sagte: *Komm, Claude, sehen wir uns Urlaubsfotos an. Elvira am FKK-Strand, nackt und weiß, eine Perle im Sommer. Komm schon, Claude, tu nicht, als ob's darauf noch ankäme.*

Nein, dachte er, während er sich die Ohren mit den Fingern verstopfte und den Atem anhielt; ich werde nichts sagen. Er kann mich zu nichts zwingen. Er kann mir nicht einmal weh tun.

Wenn ich schweige, muss er auch schweigen.

Ich schreibe wirklich selten Fortsetzungen. Aber das Thema aus „Vergessen ... wie die Rosen" verfolgte mich noch Jahre lang, also griff ich es in den achtziger Jahren noch einmal auf. Um alle Bezüge zu kapieren, sollte man zuvor die erste Story (Seite 36) gelesen haben.

Türen aus Rauch

„Wir haben die Liste durch." Fuller klappte den Jahresbericht mit den Namen unserer ehemaligen Mitschüler zu und seufzte. „Ich werde die Einladungen noch vor Wochenende verschicken. Aber wie das so ist bei Klassentreffen: Die interessanten Leute kommen wahrscheinlich sowieso wieder nicht."

Wir saßen in seiner Wohnung, in die er mich eigens zu diesen Recherchezwecken eingeladen hatte. Eigentlich hasste ich Klassentreffen, aber Fuller organisierte nun mal gern, und in seinem Leben gab es sonst nicht viel zu organisieren.

„Und Lehrer?" fragte ich. „Normalerweise lädt man zu so was ja auch einen oder zwei Lehrer ein."

Fuller zog die Stirn in Falten. „Schwebt dir jemand Besonderes vor?"

Ich schloss die Augen. Ich sah mich, meine Büchermappe auf dem Rücken, zwischen den Rosenbeeten vorm Schulhaus stehen, und eine flinke, grauhaarige Gestalt mit violetten Ohrringen tanzte mit einer Gießkanne zwischen den Beeten umher, warf mir hin und wieder einen Blick zu und lächelte, als würde sie mich jedes Mal neu entdecken und sich freuen. Ich hatte Fräulein Sonnenberg nie vergessen, all die Jahre über nicht. Doch der Tag, an dem ich die Schule verließ, um aufs Gymnasium zu wechseln, lag mehr als zehn Jahre zurück, und unsere geliebte Kunstlehrerin mit dem extravganten Geschmack war schon damals nicht mehr die Jüngste gewesen. Ich konnte mir nicht vorstellen, dass sie noch an der alten Schule lehrte.

„Ach, die Frau, der deine stockhässlichen Bremer Stadtmusikanten so das Herz gebrochen haben, dass sie dich behandelt hat wie einen kleinen Picasso?“ sagte Fuller, nachdem ich Fräulein Sonnenberg erwähnt hatte. „Aber die ist doch bestimmt längst unter der Erde.“

Die Art, wie er es sagte, kränkte mich fast. „Vielleicht ist sie auch nur pensioniert“, antwortete ich. „Dann wissen die in der Schule bestimmt, wo sie zu finden ist.“

Er zuckte die Schultern und schob seine Adressliste noch einmal zu sich heran. „Gut, wenn du darauf bestehst. Erinnerst du dich noch an die seltsamen Träume, die du vor ein paar Jahren hattest? Mit dem Skelett und so? Ich musste damals extra wegen dir hinfahren, und dann bist du einfach nicht reingegangen. Zumindest die Schule scheint es also noch zu geben.“

Vielleicht steht die alte Schule ja schon gar nicht mehr. Aber es scheint dir sehr am Herzen zu liegen.“

Fräulein Sonnenberg. Wenn es überhaupt eine Lehrerin gab, die ich wiedersehen wollte, dann sie. Sie war es gewesen, die uns ein Bild mit unseren Tränen hatte malen lassen, als kein Wasser für die Aquarellfarben aus der Leitung kam. Sie war es gewesen, die in meine Träume gekommen war, tot und zum Gerippe verfallen in ihrer Kammer, vergessen wie die Rosen, die nun niemand mehr pflegte. Und sie war es gewesen, die gepiesackt wurde, schrecklich gepiesackt, und zwar von dem damaligen Rektor Gottfried Keyserling, dem Streber unter den Lehrern, dem typischen Emporkömmling, wie es ihn auch heute noch gibt. Er erlaubte sich körperliche Übergriffe, selbst gegenüber Mädchen, und wir wussten, dass er zu Hause eine durchgeknallte Ehefrau sitzen hatte, die ihm die Hölle heiß machte und ihm Gerüchten zufolge Salpeter unters Essen mischte, nur um nachts von ihm verschont zu bleiben.

Er hatte sie einmal mit zu einer Klassenfete gebracht: Eine kleine, magere Person mit überschminkten Falten und einem

Blick, der fortwährend Abwehr signalisierte. „Ach, ihre Tanzschuhe aus dem Jahr Hindenburg hat sie angezogen“, sagte sie mit gespielter, aber verächtlicher Anerkennung zu Fräulein Sonnenberg, in der dritten Person von ihr sprechend, obwohl sie nebeneinander standen. Fräulein Sonnenberg war sich erst nicht sicher, wie sie es meinte, und wirkte verwirrt, doch schon Minuten später folgte die nächste Attacke: „Hat Ihnen diesen Schmuck Ihre erste Liebe geschenkt?“ gellte Frau Keyserlings vulgäre Stimme durch den Saal, als würde jemand mit Eiswasser spritzen, und diesmal war die Botschaft durchgedrungen: Fräulein Sonnenberg stand auf, ging hinaus und sperrte sich für die nächste Viertelstunde aufs Klo ein. Und ich schlich die ganze Zeit auf dem Korridor herum, um zu hören, ob sie weinte, doch kein Laut drang an mein Ohr.

Nach einer Reihe weiterer beleidigender Bemerkungen hatte sie es geschafft: Fräulein Sonnenberg setzte ihren Hut auf und ging. Sofort trommelte ich ein paar Mitschülerinnen zusammen (Mädchen sind in solchen Fällen einfach mutiger), und wir traten vor Keyserling, um uns zu beschweren. Er grinste nur, mit seinen langen gelben Zähnen, dann kam er mit dem Zeigefinger meinem T-Shirt bedrohlich nahe und sagte:

„Da will sich wohl einer aufspielen, nur weil sich ein paar Mädels in seine Nähe verirrt haben? Du kommst morgen früh in mein Büro.“

Ich trat an, mutig und entschlossen, Fräulein Sonnenberg in Schutz zu nehmen. Ich war zwar erst neun und konnte körperlich nichts gegen ihn ausrichten, aber falls er mir zur nahe kam, würde ich spucken, treten, schreien, irgendeine Lösung finden.

„Du denkst, ich will dich schlagen?“ fragte er. „Keine Sorge, mir ist etwas Besseres eingefallen. Du kannst wieder gehen.“

Ich fragte mich, ob das sein Ernst war, aber als er mich nicht weiter beachtete, blieb mir keine andere Wahl. Natürlich quälte mich den ganzen Tag über die Frage, *was* ihm wohl eingefallen war. Und dann tauchte er am selben Tag in Fräulein Sonnenbergs

Zeichenstunde auf, nahm in der letzten Reihe Platz und beobachtete sie. „Es macht Ihnen doch nichts aus, wenn ich Sie beehre?“ fragte er, doch sein zynisches Grinsen lastete auf der Stunde wie ein Alb, der uns auf der Brust saß. Er sagte kein Wort, er hörte nur zu, verzog den Mund, wenn sie einen Scherz machte, runzelte die Stirn, wenn einer von uns Schülern etwas sagte, schüttelte den Kopf, als er unsere Bilder sah, machte ein Gesicht, als müsste er sich übergeben, als Fräulein Sonnenberg uns wieder ein paar Takte Mozart vorspielte, um, wie sie immer sagte, dem kleinen Ideenmännchen in unserem Kopf eine Freude zu machen. Das Ideenmännchen liebte Mozart und bedankte sich dafür bei uns mit zündenden Einfällen und besonders leuchtenden Farben. Aber heute schien es Keyserlings Anwesenheit zu spüren. Wir verzitterten sämtliche Linien und brachten auf unseren Zeichenblöcken so gut wie nichts zustande.

„Das ist sehr wertvoll, was ihr heute gemalt habt“, sagte Fräulein Sonnenberg am Schluss der Stunde listig, während Keyserling noch im Raum war. „Es ist eure Angst, in Farben gebannt. Ihr wisst jetzt, wie sie aussieht. Seid künftig gegen sie gewappnet. Das Schreckliche ist immer ganz in der Nähe.“

Das Schreckliche geschah zwei Jahre nach meiner Schulzeit, als ich schon aufs Gymnasium ging, und es kam mir nur zufällig zu Ohren, denn es war ein Thema, über das man schwieg. Keyserling war einer Sache auf die Schliche gekommen, mit der Fräulein Sonnenberg gewissermaßen seit Jahren gegen die Schulordnung verstieß: Wenn irgendeiner ihrer Schüler es mal wieder schaffte, sie mit einem Bild so richtig zu begeistern, beendete sie den Unterricht vorzeitig und machte mit der Klasse lieber einen Ausflug ins Grüne. Auch zu meiner Zeit hatte sie das schon getan.

Wir hatten viel gelernt auf diesen kleinen Wanderungen. Wie Schweine ferkeln, denn Fräulein Sonnenberg hatte Beziehungen zu einem Bauernhof. Wie Bienen ihre Häuser bauen, denn sie kannte einen Imker. Warum auch wir schon bald rosa Herzen und

Kreidebuchstaben auf die Spielplatzmauer kritzeln würden, und warum der große Kirchturm zu schwanken schien, wenn man von unten hinaufblickte. Solche Sachen. Aber das war verboten, und deshalb stattete Keyserling ihr in ihrer Kammer einen Besuch ab. Entweder – oder, soll er gesagt haben. Fräulein Sonnenberg sagte entweder. Er sagte oder. Dann sagte er, aber vielleicht auch. Und sie sagte Nein. Und er holte sich freiwillig, was sie ihm nicht geben wollte.

Ganz brutal.

Mit zerrissenem Kleid, tränenüberströmt und nur einem Schuh an den Füßen soll sie an jenem Tag erst aus dem Schulgebäude, dann nach Hause geflüchtet sein. Am nächsten Tag kam sie nicht, am übernächsten auch nicht, in der Woche darauf war sie zurück. Natürlich erzählte sie manchen ihrer Kollegen davon, denen sie meinte, vertrauen zu können. Doch als sie merkte, dass keiner ihr wirklich beisprang, dass sie sich nur abwandten, aus Zeitmangel angeblich, und schwiegen, schwiegen, schwiegen, beschloss sie ebenfalls zu schweigen. Jenes gewohnheitsmäßige Schweigen der Menschen, nur um ihre eigene Haut zu retten, ist bis auf den heutigen Tag ein Stachel in meinem Fleisch geblieben.

In den folgenden Jahren bekam ich nicht viel von dem mit, was sich an unserer Schule abspielte, und ich kümmerte mich auch nicht darum. Es war ein abgeschlossenes Kapitel, das hinter mir lag, und als ich ein paar Jahre später mein Abitur in der Tasche hatte, studierte ich erst ein paar Semester, dann zog es mich in die Ferne, ich verbrachte mein halbes Leben in Fliegern und Hotels, und als ich jetzt mit Fuller hier saß und die alten Annalen der Schule studierte, war es fast wie ein Besuch in einer alten, moosbewachsenen Welt, die für mich längst nicht mehr der geeignete Lebensraum war.

„Okay", sagte er. „Wer von uns beiden ruft dort an?"

„Mit anrufen ist es nicht getan." Meine Blicke schweiften über die Kohlezeichnung des Schulgebäudes auf dem Umschlag des Heftes. Was, wenn dort jetzt ein kahler Betonblock stand? Oder ein

Loch gähnte, ein unkrautbewachsener Schotterplatz? Ich hatte Fuller vorschlagen wollen, mich zu begleiten, aber jetzt wollte ich das nicht mehr.

„Ich fahre hin“, sagte ich. „Während ich unterwegs bin, kannst du dich um die anderen Einladungen kümmern.“

Es waren wirklich die schönsten Rosen der Welt. Früher hatte ich immer gemeint, es läge an Fräulein Sonnenbergs Pflege, da sie in jeder freien Stunde mit Gießkannen, Gartenscheren und Harken durch die Beete gesprungen war. Aber selbst jetzt, wo sie vielleicht sonstwo war, wenn überhaupt *irgend*wo, blühten die Rosen noch immer in voller Pracht.

Es war ein heißer Julitag; der Himmel tiefblau wie mit Acrylfarben gemalt, und aus einem der Klassenzimmer schwebten die sanften, aber quälenden Noten der Molltonleiter zu mir heran. Ich fragte mich, wer jetzt wohl die Rolle des Gärtners spielte. Es war weit und breit niemand zu sehen.

Ein paar Spatzen erfrischten sich am Wassernapf, und auch den hatte Fräulein Sonnenberg damals täglich neu aufgefüllt. Einmal, so erinnerte ich mich, war der Napf für eine halbe Stunde verschwunden gewesen, dann stand er plötzlich wieder da. Am nächsten Tag lagen überall tote Vögel mit geplatzten Bäuchen. Fräulein Sonnenberg weinte erbärmlich, und an jenem Tag mussten wir Regenbilder malen, grau und kahl und hoffnungslos. Wir wussten nicht, wer der Übeltäter war. Wir wussten damals noch nicht einmal, dass Gottfried Keyserling Chemie studiert hatte.

Nun trat ein Mann aus dem Haus. Aus seiner blauen Kutte und dem Arbeitshut schloss ich, dass es sich um den Hausmeister handelte. Er sah mich mürrisch an.

„Suchen Sie was Bestimmtes?“

Ich lächelte, den ersten Schritt zu einem entspannten Gespräch versuchend, doch er verweigerte sich. „Das ist ein Amtsgebäude. Hier kann nicht jeder nach Herzenslust herumstiefeln.“

Ich räusperte mich. „Ich hab nur eine Frage. Als Hausmeister kennen Sie doch sicher alle Lehrer hier?"

Er bückte sich und hob eine fallengelassene Bonbontüte auf. „Das sollte man von mir erwarten können."

„Wilhelmine Sonnenberg?" Der Name sprang mir einfach aus dem Mund.

Er runzelte die Stirn. „Wilhelmine Was? Nie gehört." Er warf die Tüte in einen Mülleimer, dann stellte er einen leeren Eimer unter einen Wasserhahn. Dabei schüttelte er pausenlos den Kopf.

„Es geht um ein Klassentreffen", erklärte ich. „Gibt es an dieser Schule eine Liste mit ehemaligen Mitarbeitern, also ich meine, mit ihren jetzigen Adressen und …?"

„Woher soll ich das wissen? Ich bin Hausmeister, sonst gar nichts. Fragen Sie doch im Sekretariat nach. Oder bei der Schulleitung. Die wissen solche Sachen."

Ich schnaufte resigniert. „Gut, dann sagen Sie mir wenigstens, wo ich den Rektor finde."

„Wir haben keinen Rektor. Nur eine Rektorin. Nehmen Sie den Haupteingang, gehen Sie drei Stockwerke hoch, dann die zweite Tür links. Aber klopfen Sie laut an. Frau Keyserling hört in letzter Zeit nicht mehr so gut."

Frau Keyserling.

Es war ein Bissen, den ich erst tausend Mal kauen musste, ehe er sich runterwürgen ließ. Während ich zögernd durch die Gänge lief, fiel mir alles wieder ein: Die Schulfeier, die Demütigungen, das hinterhältige und dumme Gesicht dieser Frau. Wie konnte sie es geschafft haben, Rektorin zu werden? Beziehungen? Damit ließ sich nicht alles erreichen. Es musste etwas Merkwürdiges hier geschehen sein, etwas sehr Merkwürdiges.

Ich hielt mich genau an die Wegbeschreibung, und alles, woran ich mich von früher erinnern konnte, war noch da: Das Aquarium auf halber Höhe der Stufen, kunstvoll in die Wand eingelassen, mit Südseefischen und einer Zwergkrake; das schwarze Brett, an dem es nie irgendwelche Aushänge gab (auch jetzt nicht); der Kiosk, an dem heiße Würstchen und Cola verkauft worden waren. Man wird dir nicht weiterhelfen können, rief eine Stimme in mir, Fräulein Sonnenberg ist tot. Ja, tot, bestätigte eine andere Stimme, tot in ihrem Kämmerchen, unter Spinnweben begraben. Aber die Rosen waren noch da, sie blühten sogar. Ein Zeichen dafür, dass die Stimmen logen?

Was würde Keyserlings Frau sagen, wenn ich sie nach Fräulein Sonnenberg fragte? Die Lippen zu einer verächtlichen Fratze verziehen? Und zischen: Sie ist nicht vergessen worden, nein, sie liegt auf dem Friedhof. In einem Sarg. Dort wo sie hingehört, diese hässliche alte Mumie. Oder: Ach, Fräulein Sonnenberg suchen Sie? Tut mir Leid, die ist kürzlich auf ihren Tanzschuhen aus dem Jahre Hindenburg in den ewigen Ballsaal eingegangen.

Nun stand ich vor der Tür zu ihrem Büro. Meine Hand verkrampfte sich, irgendetwas erlaubte mir nicht, jetzt anzuklopfen. Erst als der Schatten vor mir, den ich für meinen eigenen gehalten hatte, sich bewegte, wurde mir klar, dass ich nicht allein war. Ich drehte mich um. Ein kleiner, blonder Junge mit auffallend grünen Augen sah mich an, ungefähr neun. Meine Güte, träumte ich schon wieder nur? Oder war ich in Bereiche vorgedrungen, in denen das Sonderbare, die Angst und der Wahnsinn sich die Hand reichten? Der Junge sprach mich mit Namen an.

„Ich würde es nicht tun“, sagte er.

„Aber ich muss.“

Er lächelte mit schmerzzerfurchter Stirn. „Ich denke auch immer, ich muss. Aber es geht auch anders. Ich dachte immer, irgendwann würde ich es noch lernen, aber war wohl nichts.“

„Wer zum Teufel bist du?“ fragte ich.

„Du weißt sehr gut, wer ich bin. Und ich weiß, warum du hier bist. Sieh mich genau an. Weißt du noch – wie ein kleiner Engel, haben die Leute immer gesagt.“ Er musterte mich. „Das Leben muss dir ganz schön mitgespielt haben."

„Sprich nicht davon. Warum meinst du, soll ich hier nicht reingehen?"

„Es wird schrecklicher werden als alles, worin das Leben dir so mitgespielt hat."

„Was soll an dieser Frau schon noch schrecklicher werden?"

„Wir fürchten uns alle vor ihr." Aus dem Gesicht des Jungen schien jegliche Farbe zu weichen. „Manchmal gestattet sie, dass ihr Mann uns stundenlang auf dem Speicher einsperrt. Sie gilt als teuflisch und wirr im Kopf. Aber trotzdem – es wird nicht so sein, wie du es erwartest."

Ein Schlüsselbund klimperte, und ich hätte es unter tausend anderen Schlüsselbunden sofort herauserkannt. Ebenso wie die entschlossenen, flinken Schritte, die das Geräusch wie eine Rhythmusmaschine begleiteten. Der Mann war im Anmarsch, den wir beide hassten. Der Mann der Frau, die der Teufel war. Als Keyserling mich und den Jungen sah, blieb er stehen.

„Was ist das hier für eine merkwürdige Versammlung?" Als erstes packte er den Jungen an der Schulter. „Du musst in deinem Klassenzimmer sein, kapierst du das nicht? Ich hab dir tausend Mal gesagt, du sollst deine Toilettenbesuche nicht zu Spaziergängen ausdehnen." Dann wandte er sich mir zu. „Und was haben *Sie* hier zu suchen?"

„Das mit den Toilettenbesuchen müssen Sie verstehen", sagte ich. Keyserling war gealtert, aber nicht wie einer, dem das Leben mitgespielt hat, sondern dessen Alterungsprozess mehr einer Fäulnis gleicht. „Es ist für ihn die seltene Gelegenheit, ganz allein im Korridor zu sein. Bei den Fischen und den Fotos an der Wand. Da kann er wunderbar seinen Gedanken nachhängen. Und Wörter im Kopf formen. Und der Junge hat … nun, sagen wir, viel zu verarbeiten, weil viel in ihn eindringt. Er ist …"

„… Ihr Sohn, nehme ich an, da sie ihn so gut kennen. Aber das interessiert mich nicht. Ich würde viel lieber wissen, warum Sie hier sind."

„Weil ich mit Ihrer Frau sprechen will. Der Rektorin. Es geht um … etwas völlig anderes als den Jungen."

Keyserling verdrehte die Augen wie ein Zirkusclown. „Etwas anderes?" wiederholte er. „Ich wüsste nicht, was Sie mit meiner Frau anderes zu besprechen hätten als Schulangelegenheiten. Zumindest behalte ich mir in diesem Fall das Recht vor, ebenfalls eingeweiht zu werden."

Der Schatten des Jungen schrumpfte, während er sich durch den Gang von uns entfernte. Seinen Kleidern war ein vertrauter Geruch entstiegen, nach einer Wohnung, einem Haus auf dem Land, gemütlichen Zimmern im Abenddunkel, Gläsern mit Apfelmus auf einem Tisch mit Wachstuchdecke.

„Ich will sie nach einer Adresse fragen. Mehr nicht."

Er schüttelte den Kopf. „Sie sind ein komischer Kauz. Wegen einer Adresse machen sie ein solches Aufhebens? Aber was soll's, ich habe keine Zeit. Wenn Sie wollen, führe ich Sie zu ihr."

Er klopfte nicht an, er machte einfach die Tür auf. Es roch steril wie in allen Amtszimmern, nach Rauchverbot und PVC und Fünfuhrschweiß. Mir gegenüber ein Schreibtisch, an dem nicht viel gearbeitet zu werden schien, da er abgesehen von ein paar angespitzten Bleistiften und unbeschriebenen Blättern leer war. Eine Frau saß dahinter, die mit großen, erwartungsvollen Augen zu mir aufblickte.

„Guten Tag, Frau Keyserling", flüsterte ich, während das leiser werdende Klimpern des Schlüsselbundes auf dem Flur mir verriet, dass ihr Mann sich entfernt hatte.

Sie antwortete nicht. Sah mich nur an wie jemand, der allenfalls fünf Minuten oder noch weniger Zeit hat für einen so unliebsamen Besucher.

Dann schwiegen wir beide. Mindestens fünf Minuten oder noch länger.

Die Person hinter dem Schreibtisch war Fräulein Sonnenberg.

Für eine Weile war es wie in einem Traum: Kafkaesk, surreal. Da war Frau Keyserlings Büro, und da saß aus irgendeinem Grund – denn die Welt der Träume ist unberechenbar und ohne Logik – Fräulein Sonnenberg. Im nächsten Moment jedoch wurde mir alles klar, begriff ich die brutale Wirklichkeit: Fräulein Sonnenberg *war* Frau Keyserling. Sie hieß jetzt so. Sie war die Rektorin, vor der alle sich fürchteten.

Sie musste weit über siebzig sein inzwischen. Ihr Haar war nicht mehr grau, sondern schlohweiß, dünn wie Spinnfäden, die bei jedem Lufthauch zitterten. Ihre Brille hatte jetzt dickere Gläser, hinter denen ihre Augen größer, aber auch kühler wirkten. Die violetten Ohrringe, die sie einst getragen hatte, suchte ich vergebens. Vielleicht hatte sie sie irgendwann als zu schrill und kindisch empfunden und sich geschworen, sie nie mehr zu tragen.

„Hallo, Fräulein Sonnenberg", sagte ich. Sie erschrak, presste die Lippen zusammen und sah mich verwundert an.

„Sie kennen meinen Mädchennamen?"

Es war so, wie ich befürchtet hatte: Sie erkannte mich nicht mehr. Warum nicht? Weil das Leben mir so mitgespielt hatte? Weil aus dem Jungen mit den zarten Gesichtszügen, der immer so schnell geweint hatte, ein Mann geworden war, der überhaupt nicht zart besaitet wirkte? Das Klassentreffen war jetzt Nebensache. Was mich interessierte, war: Wie um alles in der Welt war Fräulein Sonnenberg zu Frau Keyserling geworden?

Warum zum Teufel stand sie nicht auf und strich mir übers Haar? Warum roch es nicht nach Öl-und Wasserfarben, warum grinsten keine Bremer Stadtmusikanten von der Wand? Ich hatte mit meiner Befürchtung Recht gehabt: Irgendwann in den letzten zehn Jahren musste hier etwas Seltsames, etwas sehr Seltsames geschehen sein.

„Vielleicht wollen Sie mir jetzt sagen, wer Sie sind?"

Ich setzte mich. Ob es sie wirklich interessierte oder ob sie nur ihre Ruhe haben wollte, konnte ich aus ihrem Gesicht nicht ablesen. Also redete ich einfach.

„Es waren einmal vier Stadtmusikanten", sagte ich, „die

machten sich auf, um sich in das Herz einer älteren Frau zu schleichen, und sie erschienen ihr als Bild aus dem Malkasten eines kleinen Jungen. Alle fanden sie sein Gemälde schrecklich, der alten Dame aber – seiner Lehrerin – war es schon immer gelungen, alles mit anderen Augen zu sehen. Was einen zum Lachen bringt, kann nicht schlecht sein', sagte sie und trug dem Jungen die Bestnote ein. Dann klebte sie sich das missratene Kunstwerk zu Hause über ihr Bett, und vielleicht … vielleicht hängt es ja noch immer dort, so dass sie manchmal an ihn denken muss."

Sie schwieg. Ihr Gesichtsausdruck hatte sich nicht verändert.

„Kennen Sie dieses Märchen auch, Fräulein Sonnenberg?"

Im Nebenzimmer schlug eine Uhr elfmal, und auf dem Flur rief ein Mädchen immer wieder ‚Gemein, gemein, das ist so gemein', dann sah ich, wie Fräulein Sonnenberg den Kopf senkte, so dass von ihrer Brille nur noch die Ränder zu sehen waren.

Sie hatte begriffen.

„Das Bild hat er weggeworfen", sagte sie leise. „Einfach zerknüllt und weggeworfen. Ich kann es also nie mehr betrachten und mich erinnern. Warten Sie, ich glaube, ich höre ihn kommen."

Sie hatte richtig gehört. Keyserling trat ein, und ob er spürte, dass hier soeben ein besonderer Moment sich formte, war ungewiss. Er sagte nur: „Sie sind ja noch immer da? Vielleicht können Sie den kleinen Jungen, der angeblich Ihr Sohn ist, zur Räson bringen? Ich sah ihn schon wieder durch die Korridore streichen. Er muss bestraft werden, Wilhelmine."

Sie zuckte die Schultern. „Gut, dann bestrafe ihn."

Er grinste und rieb sich die Hände. Seine schmalen Schultern hoben sich wie die eines heimtückischen Aasvogels. „Dachboden?" fragte er Fräulein Sonnenberg.

Sie schenkte sich aus einer Flasche ein Glas Wasser ein. „Wenn du meinst", sagte sie auf seltsam gleichgültige Art. „Hast du mir meine Pillen mitgebracht?"

Er griff in seine Jackentasche, zog ein Blister hervor und

drückte zwei dicke, grüne Kapseln in seine Hand. Dann schielte er zu mir, wohl um zu sehen, wie ich diese Abfolge von Ereignissen wohl deuten würde. Er legte die Pillen vor sie auf den Tisch, steckte die Packung wieder ein, danach fiel die Tür ins Schloss. Der Spuk war vorbei, Fräulein Sonnenberg und ich wieder allein.

„Warten Sie einen Moment, bevor Sie die Pillen schlucken“, sagte ich und lächelte sie an. „Sie haben ja mittlerweile kapiert, wer ich bin.“

Sie nickte und schmunzelte, als wäre ich ein Kind, das etwas Ärgerliches, aber auch Harmloses ausgefressen hatte. „Mein Bremer Stadtmusikant“, sagte sie und schüttelte ungläubig den Kopf. „So habe ich dich doch immer genannt, oder?“

„Das haben Sie. Und glauben Sie mir: Ich male heute um keinen Deut besser als damals.“

Sie presste die Lippen aufeinander, eine Art Angst trat in ihre Augen. „Ich kann nicht darüber reden“, sagte sie. „Wenn ich darüber rede, fällt mir alles wieder ein. Aber ich hab versucht, diese Tage einfach zu vergessen. Es war schön, dich wiedergesehen zu haben. Aber weißt du, gleich muss ich meine Pillen nehmen, und dann werde ich immer furchtbar müde, und die Welt um mich verändert ihre Farben. Wenn ich schlafe, kann ich am besten vergessen. Also gönn mir meinen Schlaf.“

Ich legte meine Hand auf ihre, in der sie die Tabletten hielt, aber es sollte nicht so wirken, als wolle ich sie mit Gewalt an etwas hindern, sondern eher wie ein Zeichen alter Vertrautheit. „Nur eins noch“, sagte ich, während das Mädchen auf dem Flur erneut die Gemeinheit dieser Welt beklagte. „Warum heißen Sie Keyserling?“

Sie zuckte die Schultern und schnaufte, als wäre das eins der großen Rätsel im Leben, die sowieso niemand lösen konnte.

„Weil ich ihn geheiratet habe.“

„Und warum haben Sie ihn geheiratet? Womit hat er sie gezwungen?“

Sie schüttelte den Kopf. Ich hatte sie an eine Grenze geführt, die sie nie überschreiten würde. Ihre Hände begannen zu zittern. Und da fiel er mir wieder ein, jener verhängnisvolle Vormittag, oben in ihrem Kunstzimmerchen, als sie *entweder* sagte, und Keyserling sagte *oder*. Ich sah ihr an, dass sie ebenfalls daran dachte, genau in diesem Moment. Und es bereitete mir wirklich keinen Spaß, die schwärzesten Erinnerungen in ihr zu wecken, die sie vielleicht hatte, aber ich wusste auch: Was damals geschehen war und ihr jetziger Name, das hing eng zusammen.

„Warum haben Sie ihn geheiratet?" wiederholte ich meine Frage. Wieder versuchte sie, die Pillen zum Mund zu führen, und wieder hielt ich sie mit einer zärtlichen Geste davon ab.

„Was hätte ich tun sollen?" sagte sie. „Die Schande war zu groß. Die Welt redete über mich, und ich lief mit einem dicken Bauch durch die Gegend. Es blieb mir keine andere Wahl, als das Kind zur Welt zu bringen und … ja, und ihn zu heiraten. Bitte, ich muss diese Pillen jetzt schlucken."

Zum Glück klopfte es in diesem Moment an die Tür. Ich schnappte mir die Pillen, so schnell ich konnte, dann sah ich den kleinen Jungen, wie er ins Zimmer stürzte, gehetzt und keuchend, und sich vor den Stuhl stellte, auf dem ich saß.

„Er verfolgt mich", sagte er. „Er will mich einsperren. Gleich wird er hier reinkommen und mich mit sich hinauszerren. Bitte tu nichts dagegen. Hilf mir nicht. Es muss so sein, damit geschehen kann, was geschehen soll."

Ich sah ihn verwirrt an. „Wovon redest du?"

„Glaub mir einfach. Vertrau auf dich selbst." Er grinste verschmitzt und puffte mich an. „Mir wird nichts geschehen", sagte er leise. „Also denk nicht daran, dass du weißt, wer ich bin. Es ist in dieser Sache nicht wichtig."

Ein paar Sekunden nur, und seine Prophezeiung begann sich zu erfüllen. Keyserling stürmte ins Zimmer, packte den Jungen, der sich heftig wehrte, am Unterarm und schleppte ihn zur Tür.

„Wieso leistest du Widerstand?" fragte ich. „Wenn alles ohnehin so geschehen muss …"

Er schüttelte den Kopf, als halte er mich für unbelehrbar. „Nun tu doch einfach, was ich dir gesagt habe. Die Welt ist ein Spiel. Und ich verabschiede mich jetzt aus dieser Runde."

„Du Dreckspatz", hörte ich Keyserling mit ihm schimpfen, als sie wieder draußen auf dem Flur waren. „Du denkst, du kannst mich narren? Mich nicht, du Zwerg. Auf dem Dachboden ist die Luft schön kühl und erfrischend. Es wird dir Spaß machen."

„Wie alt ist Ihr Kind jetzt?" fragte ich Fräulein Sonnenberg.

„Sieben. Sie wird acht. Schade, dass ich kein Foto von ihr dabei habe. Sie ist hübsch. Für ihren Vater kann sie ja nichts. Sie lebt nicht bei uns zu Hause, er hat sie weggegeben. Vielleicht besser für sie. Aber Sie wissen ja, man kann sich seine Eltern nicht aussuchen."

„Aber er war doch bereits verheiratet", wandte ich ein.

„Nicht mehr an jenem Tag, als es geschah. Wäre sie nicht tot gewesen, hätte er es vielleicht nicht getan."

„Mit Sicherheit nicht" sagte ich. Er hat es nur getan, weil ihm niemand mehr Salpeter unters Essen mischte, fiel mir ein, aber das ließ ich unausgesprochen.

„Waren Sie nicht schon immer eine Mutter?", fragte ich. „Ich meine, unsere Mutter, irgendwie. Auch vorher schon. Übrigens, ich habe Ihnen Ihre Pillen weggenommen. Und ich merke sogar schon, wie die Wirkung bei Ihnen nachlässt. Am besten, Sie nehmen sie nie wieder ein."

„Ich wusste, dass du das tun würdest, Bremer Stadtmusikant. Weil du willst, dass ich aufwache. Zum ersten Mal seit Jahren wieder so etwas wie Sonnenlicht sehe." Sie atmete tief ein und wieder aus. „Aber du musst auch verstehen, dass es für mich die einzige Möglichkeit war, die Rolle zu spielen, die er mir zugedacht hatte. Nur so konnte ich vergessen, was hier an dieser Schule geschah. Es ist ein Teufelszeug, dieses Medikament. Die Welt ändert sich sofort, wenn man es einnimmt. Es ist, als schreite man auf Teppichen von grauen Wolken; und alle Türen, durch die man tritt, sind wie Türen aus Rauch. Am besten, du kommst morgen noch mal. Ich muss erst mit dem Licht vertraut werden. Und mit der Wahrheit. Alle zittern sie hier vor mir. Dabei habe ich immer nur willenlos getan, was er von mir verlangt hat. Ich hatte das Gespür für Gut und Böse verloren."

„Da fällt mir noch etwas ein." Ich kratzte mich am Kopf. „Der Junge, der vorhin hier war – ich meine der, den ihr Mann sich gegriffen hat … wissen Sie zufällig seinen Namen?"

Sie sah mich an, durchaus freundlich, aber so, als hätte sie meine Frage akustisch nicht verstanden.

„Ein Junge?"

„Na, gerade eben, vor fünf Minuten. Der Junge, der hier reinkam …"

Sie hielt sich die Hand vor den Mund und kicherte. „Ich hoffe doch, du hast mir die Pillen nur weggenommen und sie nicht auch noch geschluckt. Ich habe keinen Jungen gesehen."

„Aber er war hier."

Sie schüttelte entschieden den Kopf. „Du musst etwas durcheinanderbringen. Es kommen hier öfter mal Kinder rein, um irgendwas abzugeben oder zu holen, aber in der Zeit, seit du hier bist, war niemand da." Sie warf den Kopf in den Nacken und gähnte. „ Aber jetzt muss ich wirklich ein wenig für mich sein."

„Gut." Ich nahm ihre Hand, die sich kalt und starr anfühlte. „Aber erschrecken Sie nicht vor der Welt, wenn sie sich ein für alle Mal verändern wird. Ich werde morgen wieder bei Ihnen sein."

Meine erste Nacht im Hotel ist immer ein Drama. Meist kann ich nicht schlafen oder habe Albträume oder sehe Ortsschilder an mir vorbeiziehen, Straßen, Gesichter, Bahnhofsstationen. Heute war es besonders schlimm. Gänge, Korridore, Treppen, Flure, Türen. Und immer wieder jene eine Tür, ganz oben, aus deren Ritzen der Geruch von Staub und Verlassenheit drang.

Obwohl die Müdigkeit mich frösteln machte, fand mein Geist keine Ruhe. Mein Körper verweigerte jede Bewegung, und ich verfiel in eine Art Starre, wie bei einem jener Drogenräusche, bei dem du die ganze Zeit alles mitbekommst, die Zeit vergehen spürst, aber unfähig bist, dich vom Bett oder aus dem Sessel zu erheben.

Um fünf verfiel ich in einen nervösen Katzenschlaf, um halb sieben riss ich mir die Bettdecke vom Leib, duschte, ging in dem kleinen Café gegenüber frühstücken, dann machte ich mich auf den Weg. Der Unterricht hatte noch nicht begonnen, als ich an der Schule eintraf, aber die meisten Kinder waren bereits in ihren Klassenzimmern, und ihr Geschrei und Gelächter drang bis auf die Straße. Ich eilte die Treppe hoch und klopfte an Fräulein Sonnenbergs Tür. Keine Antwort. Ich versuchte einzutreten, doch die Tür war noch verschlossen. Da fiel mir der Dachboden ein.

Der Eingang lag gleich in der Nähe des ehemaligen Kunstzimmerchens; eine verschlungene Holztreppe führte dort hinauf. Es roch nach Linoleum und Bodenpolitur. Für einen Moment kam mir der Gedanke, der Junge könnte wirklich noch oben sein, abstrus vor. Jedenfalls war die Tür nicht verschlossen. Aber vielleicht gab es da drin ja noch weitere, separate Räume. Trotzdem – hätte man nicht wenigstens etwas hören müssen? Er würde sicher nicht schlafen. Aber hier war mehr als Stille. Etwas viel Bedrückenderes lebte in diesen Räumen, wie ein Vakuum, das sogar das Geräusch meiner Schritte zu schlucken schien, als ich auf eine weitere Tür zutrat, ganz am Ende des Raums, bemalt mit rosa Wachsmalkreide.

Hinter dieser Tür befand sich ein merkwürdiger Raum. Er sah aus wie das Spielzimmer eines Kindes. Ringsum bunte Bilder, in tausend leuchtenden Farben – gesammelte Werke aus Fräulein Sonnenbergs Unterrichtstagen, nur meine Stadtmusikanten waren nicht mehr dabei. Man spürte sofort, dass dieser Raum von niemandem außer Fräulein Sonnenberg betreten wurde. Auf dem Boden bunte Murmeln, ein Ball, eine Puppe, ein Kaleidoskop aus alten Tagen. Ich blickte hindurch, und Schmetterlinge flatterten hoch, ein Vogel, eine grüne Wolke. Ich drehte es, und ein Bienenschwarm zog vorbei. Fast konnte ich sein Summen hören.

Noch eine Drehung, und ein kühler Mond wanderte durch eine blaue Nacht aus Licht. Ich würde sie fragen, wenn sie später hier war, ob wir zusammen hindurchschauen wollten. Abwechselnd. Und wieder malen, malen, wie vor vielen Jahren, als die Welt noch jung war und voll mit Blumen und Frühlingen und Kindern, bis eines Tages ein schwarzer Schatten kam, der wie ein Messer diese Welt durchstach. Wasser spritzte hoch, ein Delphin entglitt den Wellen und verschmolz mit dem Himmel.

Ja, wir würden wieder zusammen malen.

Ein Ruck fuhr durch meinen Körper. In dem Raum, wo ich war, hatte sich etwas bewegt. Vor mir an der Wand tanzte ein Schatten hin und her, hin und her, ganz langsam hin, ganz langsam her.

Ich hatte mich nicht sorgfältig genug umgesehen, als ich hier reingekommen war; all das Spielzeug hatte mich abgelenkt. Wie ein Dieb, der bei einem Einbruch überrascht worden ist, fragte ich mich zögernd, ob ich mich umdrehen sollte oder nicht.

Ich hätte es besser nicht getan. Ich schrie, ich brüllte, so laut ich nur konnte. Tränen der Verzweiflung quollen aus meinen Augen wie kleine Seen.

An der gegenüberliegenden Seite des Speicherraums, an einem dicken Seemannstau, baumelte an der Zimmerdecke Fräulein Sonnenberg. Die Zunge quoll ihr aus dem Mund, ihr Gesicht war bleich, wächsern, tot, und trotzdem voll Entsetzen. Wie in Trance stürzte ich auf sie, umarmte sie, schrie sie an, sie möge doch aufwachen.

Sie aber baumelte nur. Baumelte hin, baumelte her, auf und ab bewegte sich ihr Schatten an der Wand, links von mir der Tod, rechts sein Echo.

Jahrelang war die Welt für sie ein Leichnam gewesen, ein starres Etwas ohne Seele, und als sie nach vielen Jahren wieder zum Leben erwachte, hatte sie sie nicht mehr ertragen können. Als die Menschen um sie wieder von Schattengebilden zu Wesen aus Fleisch und Blut wurden, als die Türen, durch die sie ging, nicht mehr aus Rauch, sondern aus Angst und Schrecken waren, hatte sie Abschied genommen. Ich streichelte ihr weißes, dünnes Haar, aber ich schloss dabei die Augen, um ihren Anblick nicht ertragen zu müssen. Irgendwann sank ich zu Boden und wollte nicht mehr. Nicht mehr streicheln, nicht mehr weinen, nicht mehr atmen.

Und in jenem Moment stand Keyserling unter der Tür. Sein Blick erinnerte mich an den eines Kinobesuchers, wenn ein Film eine unvorhergesehene, aber irgendwie auch unterhaltsame Wendung nimmt.

„Sie ist tot." In meinen Augen, das spürte ich, war jetzt ein wilder Blick. „Ihre Frau ist tot. Sie hat sich das Leben genommen."

Er kam näher, hob Fräulein Sonnenbergs Fuß, musterte ihn, ließ ihn wieder los, als sei dies die übliche Art, einen Exitus zu überprüfen, und nickte.

„Sie ist letzte Nacht nicht nach Hause gekommen", sagte er. „Ich wollte sie schon für vermisst melden lassen. Aber nun wissen wir ja, wo sie ist."

„Wissen wir das?" fragte ich. „Wir wissen nicht mal, wo sie in den letzten Jahren war, wenn sie von der Welt da draußen nicht mal mehr wusste, dass es sie gab. Und wahrscheinlich auch nicht, wenn sie hier raufging, um zu spielen. Mit Kreiseln und Puppen und bunten Bändern. Die wie Tropfen für ihre Seele waren, einmal am Tag, aber bitte nicht überdosieren." Ich schüttelte den Kopf. „Keiner von uns wusste, wo sie in solchen Momenten war. Keiner."

Er sah zu Boden, auf all die Bälle und bunten Kreidestücke. „Ich hole erst mal einen Müllsack, damit wir den ganzen Krempel hier rausschaffen können. Vielleicht sollten wir sie mit dazustecken. Ihr Tod fällt sicher niemandem weiter auf."

Er hätte es nicht sagen sollen. Denken, ja, das hätte ich ihm nicht beweisen können, aber nicht sagen. Ich wusste, was jetzt geschehen würde. Ich kannte mich. Ich zog ihn zu mir heran, stieß ihm das Knie in den Magen, dann schubste ich ihn weg, so dass er mit dem Hinterkopf an die Wand prallte. Angst trat in seine Augen. Keyserling hatte Muffe, er pisste sich fast ein. Er stützte sich ab, taumelte auf mich zu, um Gegenwehr zu leisten, als ich einen gezielten Schlag gegen sein Kinn folgen ließ. Ich hörte, wie etwas in seinem Hals knackte. Könnte ein hübsches Schleudertrauma geben, dachte ich. Dann beendete ich das Drama mit einer wutgeladenen Rechten auf seine ausgemergelte Wange.

Er sackte zusammen. Er war erledigt.

„Das bin ich dir schon lange schuldig gewesen“, sagte ich, dann rannte ich die Treppe hinunter ins Schulhaus und trommelte ein paar seiner Kollegen zusammen, die mit mir auf den Speicher strömten und sich um Fräulein Sonnenbergs Leiche scharten wie um ein aufregendes Naturschauspiel. Einer von ihnen entdeckte schließlich den zusammengekrümmten Keyserling, der soeben wieder halbwegs zu sich kam.

„Hat er sie verprügelt, Herr Keyserling? Hat der fremde Mann Ihnen das angetan?“

Keyserling stöhnte und rieb sich die Stirn, dann schüttelte er den Kopf. „Es war … ein Junge aus unserer Schule. Sie … müssen ihn finden. Er ist etwa neun.“

Die Anwesenden sahen sich ratlos an.

„Ein neunjähriger Junge?“ fragte eine seiner Lehrerkolleginnen. „Sie haben sich von einem neunjährigen Jungen vermöbeln lassen?“

Er nickte heftig, dann döste er wieder weg. Sicher eine Gehirnerschütterung, sagte jemand.

Die Orgel spielte schwermütig und klagend die Melodie von „So nimm denn meine Hände“; wenig später bewegte sich der lange Trauerzug durch das Kirchenportal auf den Friedhof. Keyserling lief bei den Sargträgern ganz vorne, in seinem Gesicht nichts als eisige Gleichgültigkeit und ein fettes Veilchen. Dahinter folgten einige fremde Personen, vermutlich Angehörige oder Bekannte, dann eine lange Kinderschar, die noch immer nicht verstehen wollte, dass die böse Rektorin nur die Frau eines bösen Menschen gewesen war, und dass andere Zeiten hätten anbrechen können, ein richtiger Sommer vielleicht, für den es jetzt aber zu spät war

Und ganz am Ende der Prozession, fast unsichtbar, sah ich zwei wassergrüne Augen und einen pfiffig lächelnden Mund. Er hatte es sich nicht nehmen lassen, ebenfalls zu kommen. Als er mich sah, entfernte er sich kurz aus dem Zug und deutete auf ein Mädchen seines Alters, das zusammen mit den Angehörigen am Altar stand, neben dem Sarg, gebückt und mit Blumen in der Hand.

„Ich wollte dir doch meine neue Freundin vorstellen", sagte der Junge. „Sprich sie ruhig an, sie ist nett. Und komm später gut nach Hause. Ich gehe jetzt, und wir werden uns wohl nicht mehr wiedersehen."

„Warum bleibst du nicht noch ein wenig?" fragte ich.

Er schluckte. „Ich hab für dich getan, was ich tun konnte. Irgendwann muss man wieder zu Hause ankommen. Also fahr vorsichtig. Und leb wohl."

Ich sah ihn noch einmal winken, dann tauchte er in der Menge unter. Nach Ende der Zeremonie bahnte ich mir zusammen mit den anderen meinen Weg hinaus und lief auf das fremde Mädchen zu. Über ihre Augen rannen Tränen. Den Jungen konnte ich in der Menschenschar nicht mehr entdecken.

„Du hast sie sehr lieb gehabt, deine Rektorin?" fragte ich.

Sie sah unsicher zu mir hoch. „Sie war nicht meine Rektorin", murmelte sie mit weinender Stimme, hell wie schluchzende Geigen. „Sie war meine Mutter."

„Oh."

Sie presste ihren Kopf an meine Hüften und hielt meine Oberschenkel umschlungen. „Aber ich hab nicht bei ihr gewohnt. Ich lebe bei meiner Tante. Das hat alles seine Gründe. Und wer bist du?"

Die Sargträger setzten sich in Bewegung, ein Posaunenchor spielte, und zum ersten Mal fiel mir, dem Erwachsenen auf, wie klein Fräulein Sonnenborg gewesen sein musste. Der Sarg war nicht viel größer als der eines Kindes.

„Ich? Nur ein Bremer Stadtmusikant“, antwortete ich, was sie kurz zum Schmunzeln brachte. „Und ich hab deine Mutti auch sehr lieb gehabt.“

Sie zog die Brauen hoch, als hätte ich ihr etwas ganz Vertrauliches und Verbotenes erzählt. „Sie war leider krank“, sagte sie. „Sehr, sehr krank. Aber wenn du sie lieb hattest, dann können wir uns die neuen Farben ja irgendwann gemeinsam ansehen.“

„Die neuen Farben?“

Sie gab mir einen ungeduldigen Puff. „Na, die auf den neuen Bildern. Es wird zum ersten Mal sein, hat sie gesagt, dass sie noch schönere Farben zu sehen bekommt als die, die ihr für sie gemischt habt.“

Ich trat einen Schritt beiseite, um den anderen Trauernden nicht im Weg zu stehen, und zog sie schützend an mich. „Das hat sie sich redlich verdient“, sagte ich. „Ein paar schönere Bilder als meine Bremer Stadtmusikanten.“

Sie küsste meinen Arm, weil sie woanders nicht hinkam, dann rief sie „Also, tschüss, bis später“, und verschwand in der Menge.

Und so kam es, dass mir – bevor ich nach Hause fuhr und meine Teilnahme an jener Klassenfete absagte – inmitten all meiner Tränen ein Lächeln geschah.

Wieder eine jener psychedelischen Geschichten, die unter all meinen Werken lange eine Art Schattendasein fristete, bis ich sie für diese Sammlung wieder ausgrub. Ich finde, sie hat es verdient.

Doktor Trost

1

Sie nannten ihn den Propheten der Lichtblauen Tage, und was er lehrte, war rein und gut. *Giuseppe Alighato* stand auf seinem Praxisschild, *Spezialist für hoffnungslose Fälle*, und sein Sprechzimmer war eine Art Salon mit Palmen, Musik und blauen Fischen. Wenn Alighato in griechischem Versmaß seine Schutzgeister beschwor und mit den Händen Kugeln aus Liebe formte, die er im Zimmer umherschweben ließ wie Ballons, vergaß Filipo zuweilen, dass sich in Tadjas Bett jetzt fremde Männer wälzten. Er entspannte sich auf Alighatos Couch, und manchmal waren es seine Worte, die ihn trösteten, manchmal nur seine Stimme.

„Haben Sie wieder von ihr geträumt?“ fragte Alighato. „Irgendwann, in den letzten Tagen?“

Filipo hatte vom Meer geträumt, zum hundertsten Mal. Von einem grauen Strand, verschmiert mit menschlichen Fäkalien. Seit Wochen schwamm er fast jede Nacht in verjauchtem Wasser, und nach dem Aufwachen trieb es ihn förmlich unter die Dusche. Der Meister meinte, erst wenn er klares Wasser erschaffen könne, mit Seepferdchen und Korallen und weißem Sand, werde das Licht seinen Weg zu ihm finden. Reinige dich, sagte er – notfalls mit einem Schwert, das im Feuer geläutert wurde.

„Kürzlich“, erzählte Filipo, „stand sie im Traum vor mir, in rotem Leder-Latex-Outfit. Ihre Pobacken pumpten, und ich griff nach ihren Brüsten, als wären es Weltkugeln, die zu besitzen Macht und Reichtum bedeutete. Doch sie löste sich auf, vor meinen Augen. Zurück blieb der Geruch von verbranntem Gummi.“

Alighato rieb sich die Augenbrauen. Er wirkte unzufrieden. „Das war alles? Es ging nicht weiter?“

Filipo schüttelte den Kopf. Er musste der Versuchung widerstehen, seine Traumfragmente zu großen Dramen auszuschmücken.

Alighato sah seufzend hinaus in den Park. Oktobertau hing an den Ästen, und die Bäume sahen aus, als ob sie alle Schnupfen hätten.

„Was ich für meine Arbeit brauche, sind erotische Träume“, sagte er, und seine Augen verrieten, dass er wusste, wovon er sprach. „Solange Sie mir nur Vorspanne liefern, werde ich stets an Ihrem Kummer vorbeianalysieren.“ Er glättete die Akte Filipo mit der Handkante zu einem perfekten Quader und seufzte. Es war das dritte Seufzen, seit Filipo hier war.

„Eine Frage noch: Ist sie böse oder gut in Ihren Träumen?“

Gut? Wie hätte sie gut sein können, bei all den demütigenden Erinnerungen? Tadja erschien ihm im Traum als Spinne, als Stabheuschrecke, als Gottesanbeterin. Ihr Haar verwandelte sich, wenn er verliebt mit den Fingern darin wühlte, in ein Schlangennest. Kein einziges Mal sah er sie hässlich; in seinen Träumen war sie ohne Makel. Und vielleicht lag darin der Schlüssel, der Weg zur Heilung. Er musste ihre Unzulänglichkeiten entdecken: schlechte Zähne, Pickel, fettiges Haar. Als Junge war er einem Mädchen davongelaufen, weil sich beim Küssen aus ihrer Zahnspange ein Speiserest gelöst hatte. Ihm war kotzübel geworden. Bei Tadja fand er nichts, was seinen Ekel erregte oder seine aufgepeitschten Sinne mit einer Prise Ernüchterung hätte läutern können. Sie war vollkommen. Ein vollkommenes und betörendes Scheusal.

Eine Nixe. Er war ihr am See begegnet, an einem Sonntag, den er ohne jede Abenteuersehnsucht im Stadtwald verbracht und ihr lange zugesehen hatte, wie sie allein und nackt durch tiefes Wasser schwamm. Als sie ihn bemerkte, kraulte sie ans Ufer, sah weg, setzte sich nach einer Weile zu ihm. Wassertropfen platzten auf ihrer Haut, und Filipo spürte, wie unter der Badehose seine Männlichkeit sich regte. Sie redeten und lachten und teilten sich ein Tomatenbaguette. Und kein Zweifel, sie hatte sich verliebt: nicht in sein Gesicht, nicht in seine freche Fröhlichkeit, sondern in jene Beule unter dem Stoff. Dieser Beule hinterließ sie ihre Telefonnummer, ihr schrieb sie zwei Tage später einen kurzen, vieldeutigen Brief, und auf ihr ruhte ihr Blick, als sie zwei Tage später den ersten gemeinsamen Abend in einer Bar verbrachten, sie bei gespritztem Wein, er bei vielen Tequilas.

So hatte es angefangen.

Damals war er dreißig, und zum ersten Mal seit Jahren vertraute er sich wieder einem Tagebuch an. Seite um Seite füllte er mit banalen Gedichten, die sich wie armselige Plagiate biblischer Psalmen lasen. Er war high. Und eine innere Stimme sagte ihm, ein wenig Dankbarkeit könne nicht schaden. So opferte er der Mondgöttin und den Müttern der Sioux, stellte Kerzen ans Fenster und feierte rauschende Feste, mit Lampions und Masken. All seine Freunde lud er ein und erzählte ihnen von seinem Glück. Und auch seine Schaffenskraft stieg: In der Modeboutique, wo er arbeitete, entwarf er wilde Sommermuster, Bilder von gefräßigen Teichrosen, die scharfsinnige Kunden als Vaginas deuteten; und damals begriff er noch nicht, wie nahe diese Interpretation der Wahrheit kam.

„Gut und böse – was ist das überhaupt?“

Er war stolz auf seine Frage. Sie ähnelte ein wenig den Antworten, die Alighato gab. Nimm den einfachsten Begriff der Welt und mach daraus ein Vexierbild.

Alighato tat, als hätte er ihn nicht gehört. Er saß über einer farbigen Reproduktion des jüdischen Lebensbaums und hüpfte mit den Fingern von Sephiroth zu Sephiroth, nach einem Muster, das Filipo nicht nachvollziehen konnte, wie früher, wenn er den Mädchen beim Gummihüpfen zusah.

Er beschloss, es anders zu formulieren.

„Sie haben gefragt, ob Tadja gut oder böse war in meinen Träumen. Ja?“

Alighato nickte, seine Finger hüpften. „M-hm“, brummte er.

„Aber was sind die Kennzeichen von Gut oder Böse? Ich habe Tadja als gut empfunden, solange sie bei mir war. Ich empfinde sie jetzt als böse. Und mehr als das: Ich habe den Verdacht, dass alles, was ich damals für gut hielt, in Wirklichkeit böse war. Aber wer ist im Recht? Der Filipo von damals oder der von heute?“

Alighato sah noch immer nicht von seiner Zeichnung hoch. Er drehte sie um, so dass beide Säulen die Plätze tauschten, und das ewige Licht auf einmal unten war, und die Welt der Materie oben.

„Böse ist alles, was dich aus dem Gleichgewicht reißt“, sagte er dann.

Eine Binsenweisheit, fand Filipo. Was war Gleichgewicht? Der Zustand des Kindes? Behütet sein, keine Risiken eingehen, sich nicht verlieben, sich die verdammten Eier veröden lassen? Er fragte sich, was geschehen würde, wenn er das, was er dachte, laut aussprechen würde: dass es eine Binsenweisheit war.

Er ließ es bleiben. Er hatte Angst vor Alighatos Reaktion. Und warum hatte er Angst? Weil er Auseinandersetzungen hasste. Weil sie die Harmonie störten. Weil sie böse waren. Ihn aus dem Gleichgewicht rissen.

Aah ...!

Ein Jahr später war alles vorbei gewesen. Und seine Tränen flossen und wollten nicht wieder versiegen.

Da entdeckte er an einem windstillen Morgen, als er angetrunken und müde durch die Vorstadt schlurfte, jenes Mietshaus, in dem Alighato seine Praxis hatte: ein dreistöckiger

Sozialbau gegenüber vom Stadtpark, die Vorderfront alt und verwittert, wie die sich schälende Haut eines Greises. Er läutete. Und sah, im selben Moment, den Schatten einer Wildgans am Himmel. Alighato erklärte ihm das später: Wo die Wildgans fliegt, begleitet sie die Seele von Sphäre A nach Sphäre B. Das klang merkwürdig mathematisch. Aber wer sagte, dass die Wahrheit immer ein Gedicht sein musste?

Als erstes führte der Meister ihn hinter das Haus, eine Art Schrebergartenweg entlang in den *Park der Reinigung*. Filipo staunte und sank fast in die Knie. Vor ihm lag ein Garten aus Licht und Gräsern, eine Art Traumlandschaft. Fontänen, die sich drehten und ineinander verschlangen; Wasserspiele in kühlem Rosa.

„Sieht aus wie das Paradies“, sagte er mit einem verdutzten Lächeln. „Ich hätte so etwas nie hier vermutet. Nicht in dieser Gegend.“

„Es lohnt sich oftmals, hinter die Dinge zu blicken“, sagte Alighato. „Ich zum Beispiel kann hinter Ihre Stirn sehen, bis auf den Grund Ihrer Seele: Sie haben Liebeskummer.“

„Unglaublich.“

Liebeskummer, das lernte Filipo noch am gleichen Tag, war die häufigste aller Todesursachen. Auf den Totenscheinen stand Herzinfarkt, Magendurchbruch, Leberzirrhose – aber in Wirklichkeit war es Liebeskummer. Getarnter Liebeskummer.

„Ich kann Ihnen helfen“, sagte Alighato, während sie an Pyramidenbäumen und marmornen Quellnymphen vorbeispazierten. „Es gab junge Männer wie Sie, die zwanzig Jahre lang wegen einer Frau weinten und beteten, ohne Erfolg, nur um letztlich zugrunde zu gehen. Es gibt einen Weg, die Geister auszutreiben. Aber es ist ein mühsamer Weg. Sie brauchen Geduld.“

Lektion Eins bestand darin, den Energiekörper von Unrat zu säubern. Zu solchem Unrat zählten vor allem starke Träume mit dem Beigeschmack von rohem Fleisch und Wollust.

„Ich kann sie tilgen“, sagte Alighato, „indem ich sie verfluche.

Aber man kann nur verfluchen, was man kennt. Also müssen Sie mich mit Ihren Träumen vertraut machen."

Tadja hatte ihm bewusst gemacht, dass er sexuell gesehen noch ein Junge war.

Ein paar Abenteuer waren vorausgegangen, dünn verteilt über ein dickes Bündel von Jahren: dünn genug, um von Leere sprechen zu können. Frauen, die ihn zum Orgasmus streichelten, ohne eine Gegenleistung zu erhalten; die daraufhin verschwanden und im Dickicht des Lebens nach wahren Männern suchten. Beschwipste Küsse in Schlafwaggons, während die Zugräder bereits dem Dorf entgegenratterten, in dem es Abschiednehmen hieß. Leere Abende in leeren Kneipen: Rauch und Schweiß und ein klimperndes Klavier. Ein Bordell in Bordeaux. Ein teurer Club in Neapel, wo sie ihm die Brieftasche klauten. Leuchtfeuer, die verpufften.

Der Tag am See war einer der schlimmsten, der trostlosesten gewesen. Und ausgerechnet an jenem Tag veränderte sich die ganze Welt. Ein paar Nächte später erfuhr er zum ersten Mal, was Sex sein konnte. Er krümmte und verkrampfte sich, explodierte und brüllte die Tonleiter rückwärts. Mit ihren kräftigen Fingern quetschte sie seine Hoden aus, immer wieder, bis er befürchtete, nur noch seine Seele ejakulieren zu können. Fieber und Halsweh quälten ihn noch Tage später, und wie ein Leistungssportler, der auf Pizza und Cola verzichten muss, vergaß er Bücher, Filme und Gespräche und widmete alle Stunden des Tages nur seiner Lust. Nach zwei Monaten hatte er das Gefühl, ein Wolf zu sein. Sogar ein Büschel Brusthaare wuchs ihm nach, was auf einen Ansturm männlicher Hormone hindeutete.

Es folgte ein verzauberter Herbst. Sie sprachen nicht viel miteinander; doch ihr Schweigen, wenn sie vom Fenster auf die Straße blickten, wo der September seine Chiffren hinterließ, war sexueller Natur. Er nahm ab, ohne dabei jedoch stattlicher zu werden. Es war eine Art Auszehrung: Er verschwendete sich an sie und konnte mit der Schönheit anderer Frauen nichts mehr anfangen. Auf Geschäftstreffen stiegen ihm immer ein paar späte Schönheiten nach, die sich im Suff an seinen Hintern schmiegten. Er ließ sie stehen. Er wurde eitel.

Nie fragte er, woher sie kam, wer sie wirklich war. Tadjas Vergangenheit war wie ein verbranntes Buch.

„Ein hoffnungsloser Fall – bin ich das eigentlich?“ hatte Filipo ihn nach der zweiten Sitzung gefragt. Er wusste, dass Alighato viele Besucher nach einem kurzen Vorgespräch wieder nach Hause schickte – zumindest behauptete er das. Es waren nie Leute hier, wenn Filipo kam. Das Haus wirkte tot und verlassen, nur aus dem Hinterhof drang Kindergeschrei.

„Was steht an meiner Tür?“

„Für hoffnungslose Fälle.“

„Was sind das also für Leute, die kommen?“

„Leute, die keine Hoffnung mehr haben.“

„Falsch. Wer keine Hoffnung mehr hat, bringt sich um, käme aber nie zu mir. Auch Sie, Filipo, sind mit einer großen Hoffnung gekommen – der Hoffnung auf Erlösung. Das werden wir hinkriegen. Aber hoffnungs*los* – das gibt es nicht. Zahnlose gehen nicht zum Zahnarzt. Kastrierte brauchen keinen Arzt für Geschlechtsleiden. Wer also zu einem Berater geht, der Experte für hoffnungslose Fälle ist, mag nichts haben, gar nichts, eins aber auf jeden Fall: eine dicke fette Hoffnung.“

Was er sagte, klang seltsam wahr. Es blieb einem nichts als zu nicken. Filipo nickte.

„Ich stelle Ihnen eine andere Frage“, sagte Alighato. „Eine große Frage.“

Filipo hob die Brauen und versuchte sich an einem Gesichtsausdruck, der großen Fragen angemessen war.

„Was“, fragte Alighato, „machen die wirklich Hoffnungslosen?“

Oh Gott, was machten die wirklich Hoffnungslosen?

„Sterben?“

Alighato schüttelte den Kopf. „Die Hoffnungslosen handeln nicht. Sie *machen* keine Besuche, sie *empfangen* Besuche. Sie erzählen nicht aus ihrem Leben, sie hören anderen zu. Sie weinen nicht, sie trocknen Tränen. Sie geben Trost."

Dann schluckte er, als hätte er etwas Rührendes gesagt. „Dafür ist ihnen das Lachen abhanden gekommen. Sie haben keinen Sinn für Humor. Das ist der Preis."

Filipo nickte. Er versuchte, in Gedanken noch einmal aufzuzählen, was er heute gelernt hatte. Dann lächelte er.

Eine Geschichte erzählte sie ihm immer wieder: die von Hoddy Doddy, jenem Obdachlosen, dem sie in einer Regennacht eine Münze in den Hut geworfen hatte. In einer menschenleeren Straße war sie ihm begegnet, und das Lied, das er auf seinem Akkordeon spielte, verklang im Prasseln des Regens. Sie lachte und klatschte in die Hände, dann sangen sie gemeinsam, bis der Morgenwind die Wolken auseinandertrieb. Er folgte ihr. Und schenkte sein Akkordeon einem fremden Jungen, der von der Tanzstunde kam.

Für Hoddy Doddy begann ein neues Leben. Bisher hatte er sich von schimmligem Brot ernährt, Zigarren geklaut und sich mit herrenlosen Hunden herumgetrieben, deren Herzen verwundbar waren wie seines. Tadja zeigte ihm ihr Haus, und bestimmt hatte sie jenen Weihnachtsblick aufgesetzt, der sagte: Das alles gehört nun auch dir. Und vermutlich hatte er sich täuschen lassen. Wie später Filipo.

Fette Tage.

Tage, an denen Hoddy Doddy sich als Glückspilz fühlte. Seinen Freunden unter den Brücken erzählte er, es sei der Segen eines Goldtalers, den er im Park, gleich hinterm Pferdekarussell, in einer vergrabenen Holztruhe gefunden habe: vielleicht der Notgroschen einer Rentnerin oder das Requisit einer Schnitzeljagd. Die Münze war beinahe wertlos: eine billige Legierung nur, aber seit jenem Abend – sagte Hoddy Doddy – habe er fest an sein Glück geglaubt.

Das Glück verließ ihn, als der Winter kam und fast eine Woche lang Schneetreiben in der Stadt herrschte. Räumfahrzeuge krepierten auf offener Straße, Parks verwandelten sich in weiße Wüsten, und Tag und Nacht schrie der Wind und verursachte Krämpfe und Zahnschmerzen. Die Kinder bekamen kältefrei, und die Zeitungen hatten ihre tägliche Sensation: im Auto erfroren, in den Wäldern vermisst, am Laternenpfahl erstarrt. Auch eine Menge Todkranke hauchten ihr Leben aus. Und es war gar keine gute Zeit für Pennbrüder und Straßenmusikanten, deren Melodien nur im Sommer die Herzen der Menschen berührten.

„Du musst mich verstehen“, sagte Tadja eines Abends, während draußen der Sturm heulte, zu Hoddy Doddy. „Ich habe im Schlaf deine Handlinien studiert. Du wirst bald sterben. Ganz plötzlich sogar, und ich finde es besser, wenn Menschen, die sich zum Sterben keine Zeit nehmen, nur Möbel hinterlassen, leere Flaschen und all das Zeug. Kein verwundetes Herz. Ich darf mich nicht an dich gewöhnen, sonst muss ich leiden. Ich habe noch nie gelitten in meinem Leben; ich weiß nicht, ob ich es verkraften könnte.“

Und er schnürte sein Bündel und ging. Sie wusste, dass er kein Zuhause hatte, dass die Kälte in den Bahnhofshallen und Kellergewölben an seinen Knochen nagen und ihm die Haut zerfetzen würde. Als er die Straße hinablief, stand sie am Fenster und winkte.

Das war alles aus ihrem Leben, was sie ihm erzählt hatte. Und er hätte aufwachen müssen: spätestens, als er bemerkte, wie ihre Augen funkelten, wenn sie von jener Schneenacht sprach, in der sie wachgelegen und über Hoddy Doddy nachgedacht hatte. Immer wenn der Schlaf sie übermannen wollte, habe sie seine Stimme gehört: ferne Hilferufe, es habe sich angehört wie das Trauern von Hunden. Sie sah ihn nicht wieder.

Es war ein Abschied, aus dem man einen guten Film hätte machen können; als sie später Filipo den Laufpass gab, zeigte sie weniger Gespür für Dramaturgie. Eines Morgens, beim Frühstück, eröffnete sie ihm, sie habe geträumt, sein ganzer Körper sei von Zellulitis verunstaltet worden. Er lachte und hörte nicht mal auf zu lachen, als sie ihn dazu aufforderte, die Hosen auszuziehen, damit sie sein Hinterteil begutachten könne.

Du hast dich verändert, hörte er sie sagen und spürte ihre kalten Nägel auf seiner Haut. Es ist viel geschehen, seit jenem Tag am See. Du bekommst Falten. Hässliche überflüssige Haut an den Pobacken. Er lachte weiter.

In der folgenden Nacht täuschte sie vor, frigide zu sein. Er ist nicht mehr der alte, flüsterte sie laut genug, um von ihm gehört zu werden. Ein Frühstück noch, eisig und stumm, zwei Gesichter hinter Zeitungsblättern; Toast und Honig, die nach Abschied schmeckten. Als er wegfuhr, ließ er den Motor aufheulen und die Reifen durchdrehen. Schlamm und Kieselsteine wirbelten hoch und blieben an ihrer Haustür kleben, und in jener Nacht träumte er von Hoddy Doddy: Gemeinsam machten sie sich auf die Suche nach dem verflossenen Glück. Doch im Park, beim Pferdekarussell, war alles anders geworden: Kids in schwarzen Klamotten feierten eine Mitternachtsparty. Ohrenbetäubende Bässe skalpierten die Nacht. Und im Schein der Lichtorgeln schimmerten Münzen, die, sobald man sich nach ihnen bückte, wie Schaum zergingen.

„Schildern Sie mir Hoddy Doddy. Wie sah er aus in Ihren Träumen? Ich möchte mir ein Bild von ihm machen."

„Er sah überhaupt nicht aus." Filipo zuckte die Schultern. „Ein Etwas aus Luft. Liegt wohl daran, dass sie ihn mir nie beschrieben hat. Das heißt: Im Traum wusste ich, dass ich wusste, wie er aussah, aber gerade weil ich es wusste, brauchte ich ihn mir nicht genauer anzusehen."

Der Meister seufzte und sah hinaus in den Himmel. Wie ein Klumpen Packeis quälte sich der Tagmond durch die Wolken.

„Hoddy Doddy war ein Schwärmer. Goldmünzen und alles, was sie bewirken, sind für die Gefräßigen. Wer von Küssen und wilden Nächten träumt, ist gefräßig. Wer meint, Liebe hätte etwas zu tun mit dem Akt der sexuellen Vereinigung, ist gefräßig. Wer bunte Kleider trägt wie ein Papagei und sich dafür bewundern lässt, ist gefräßig und hat sein Herz verhökert. An die Heimsuchungen einer Goldmünze. Die Verliebten wissen das nicht. Ihre Schwärmereien von Mondschein und Mandolinen sind nichts als platt."

„Als ich ein Junge war", sagte Filipo, „lief ich einmal am Strand entlang, als das Meer eine alte schmutzige Perlenkette anspülte. Ich schenkte sie einem Mädchen, doch als unsere Zeit zu Ende war, wünschte sie mich zum Mond und hängte die Kette einem streunenden Hund um den Hals. Ich erzählte einer Zigeunerin im Dorf davon, und sie sagte: So fügt es sich, wenn man die Schätze des Meeres an treulose Flittchen verschwendet. – Können Sie sich denken, was damit gemeint war?"

Alighato nickte. „Ich weiß von einem Jungen, der Muscheln sammelte, um sie bunt zu bemalen. Doch bunt bemalte Muscheln sind keine Muscheln."

Filipo, der nicht wusste, ob er das Gleichnis verstanden hatte, versuchte seine Gedanken zu ordnen: Muscheln, Vaginas – und schmutzige Filme. Tadja war ganz wild darauf gewesen, vor der Kamera zu posieren. Im Widerschein farbiger Glühbirnen hatte sie getanzt, die Arme gereckt, die Beine gespreizt, gib's mir, ich kann nicht mehr, ich platze. Er war ihr ins Bett gefolgt. Und die Kamera lief weiter.

„Kein weltbewegendes Video", sagte er zu Alighato. „Nur ein paar hübsche Bilder von uns beiden, beim Sex, im Scheinwerferlicht. Ich bin nicht traurig, dass sie es für sich behalten hat. Sie können sich ja vorstellen, wo meine Hände jede Nacht gewesen wären, wenn ich das Band mitgenommen hätte."

Der Meister kaute Luft, wie immer, bevor er eins seiner erlesensten Worte preisgab.

„Sie bannen auf Filmstreifen, was das Vergessen – Ihr treuester Freund – Ihnen ersparen möchte. Sie erhalten Mumien am Leben und werden von ihnen geplagt. Warum glauben Sie, dass wir vergessen? Warum gibt es diesen Mechanismus? Weil wir das Bleibende nicht ertragen könnten. Es festzuhalten bedeutet, die Natur vor den Kopf zu stoßen.“ Er lehnte sich scheinbar entspannt zurück, doch sein Atem ging hektisch. „Die Menschen auf den Zelluloidstreifen sind wirklich. Wenn wir Sie mit Energie füttern, bekommen sie Macht über uns. Aber sie sind starr. Sie wachsen nicht und altern nicht; sie quälen uns als junge Schönheit auch dann noch, wenn sie längst zu hässlichen alten Weibern geworden sind. Daher sind sie böse. Sie müssen ihnen ihre Macht nehmen, Filipo. Bringen Sie mir das Video.“

Er zuckte zusammen. „Ich ... äh, ich habe es nicht. Es ist in ihrer Wohnung.“

„Bring es mir“, sagte der Meister. „Ich muss es vernichten.“

2

Auf dem Nachhauseweg verbiss sich die raue Nachtluft in seinem Nacken. Die Straßen rochen nach Kälte und Schmutz, und welke Weingirlanden hingen von den Häusern wie alte Kleider. Und er fragte sich, wo Tadja jetzt wohl steckte: ob sie in perlendem Champagner badete, auf den Glitzerpartys der Reichen; ob sie Wasser auf Hoddy Doddys Grab goss, um seine Frostbeulen zu lindern; oder ob sie inzwischen fette Beamte peitschte, die vor ihr im Schmutz robbten und quiekten. Stell deine Frage dem Himmel, sagte Alighato immer, und der Himmel wird dir antworten, notfalls mit der Stimme des Windes. Doch der Wind plapperte in den Baumkronen und behielt sein Geheimnis für sich.

Tadjas Haus stand am Ende einer Kastanienallee: eine Art Schloss, hinter dessen Parks nur noch der Himmel hätte Eindruck schinden können. Da nirgendwo Licht brannte, ging er davon aus, dass sic nicht zu Hause war; sie war es selten. Er zog den Magischen Schlüssel aus seiner Tasche, der nur dem Meister der

Lichtblauen Tage zustand und mit dem alle Schlösser sich öffnen ließen, wenn man seiner Zauberkraft wirklich bedurfte. Er musste ihn nach seinem Einbruch sofort zurückgeben. Einbruch – das Wort hatte Alighato ihm übelgenommen. *Ohne Meister kein Schlüssel*, hatte er gesagt, und *ohne Schlüssel keine Erlösung. Du wirst keinen Schlaf mehr finden, solange du mir nicht diese Kassette bringst. Wie auch immer du sie herkriegst.* Aber sie darum zu bitten, wäre Selbstmord gewesen. Sie hätte ihn verspottet und zum Teufel gejagt. Und er hätte ihr Gesicht wieder sehen müssen, aus nächster Nähe: diese Augen einer Dompteuse, die ihn in die Knie zwangen wie Jakob den Engel Gottes in jener grauenvollen Nacht am Jabbok.

Nachdem er die Haustür aufgeschlossen und sein absichtliches Husten keine Reaktion hervorgerufen hatte, betrat er den Salon. Es war jener Raum, der am deutlichsten offenbarte, dass in jeder Göttin eine Schlampe steckte. Er kam in eine heillose Unordnung, und vor allem: Sie hatte alles umgeräumt; die Kassette stand nicht mehr im Bücherregal zwischen den Aufzeichnungen von Boxturnieren und Hamilton-Filmen. Er fand ihren Schmuck und Tampons und Antibabypillen, all den Weiberkram. Und schließlich, in einem schmierigen Winkel hinter dem Fernseher, jenen Koffer mit Videokassetten, so dick mit Staub bedeckt, dass seine Fingerkuppen kleine Krater hinterließen. So also ging Tadja mit ihren Erinnerungen um.

Als er, den Koffer in der Hand, das Haus verließ, fühlte er sich wie jemand, der sich unsichtbar machen und auf diese Weise zu jeder Befriedigung gelangen konnte. Alighato war ein Genie.

Dem Meister brachte er nur das Video, auf dem er selbst mit ihr zu sehen war; den Koffer stellte er im Treppenhaus ab und erwähnte seine Beute mit keinem Wort.

„Ich werde diese Bilder ungeschehen machen“, sagte Alighato. Als Filipo später die Treppe hinabeilte, kniete ein kleines Mädchen vor seinem Koffer, drehte die Kassetten zwischen ihren Händen und las die Beschriftungen.

„Nimm die Finger weg“, sagte Filipo.

Sie erschrak, ohne wirklich schockiert zu wirken. „Sind da Monsterfilme drin?“ fragte sie mit frühreifer Stimme. „Können Sie mir einen ausleihen?“

„Natürlich sind da Monsterfilme drin. Nur Monsterfilme.“ Er entriss ihr den Koffer und schrammte dabei ihren Arm. „Aber in deinem Alter sollte man sich lieber Tierfilme ansehen. Gib her jetzt.“

Sie sah ihm nach, bis die Tür hinter ihm ins Schloss fiel. Unerhört, was Kinder sich manchmal erlaubten. Sobald er allein war, prüfte er, ob sie sich nicht heimlich eine Kassette unter den Rock gesteckt hatte. Aber es fehlte nichts; die einzige Lücke klaffte dort, wo er den Film für Alighato herausgenommen hatte.

Er sah hinauf zum Fenster, hinter dem der blaue Salon lag. Huschende Schatten verrieten, dass der Meister den Film bereits eingelegt hatte. Hinter einem Oberlicht sah er das Gesicht des Mädchens; sie hielt ihre Hände an die Schläfen, damit sie wie Hörner aussahen, und zeigte ihm die Zunge. Im Zwielicht des Korridors wirkte ihr Gesicht krank und abstoßend.

Irgendwo im Haus war ein Schluchzen, wurde aufgefressen vom Bassgehämmer eines vorbeifahrenden Autos. Filipo lief weiter. Ein wässriger Mond begleitete ihn und versank zuletzt in einer Wolkenbucht. Und ohne zu wissen warum, machte ihn das traurig.

Sie besaß alle Männer ihres Lebens auf Film.

Filipo las Namen, die er nie gehört hatte, und er sah, als er die erste Kassette, beschriftet mit dem Namen „Foxboy“, in den Recorder schob, Szenen aus Tadjas Teenagerjahren: Ein Schuljunge, mit weißen Schenkeln, nuckelt an ihrer Brust. Als er sich sattgetrunken hat, taucht er den Finger in einen Honigtopf und zeichnet einen Klecks auf ihre Nasenspitze. Sie hat riesige Mandelaugen; ein Trick mit dem Licht oder ein Merkmal, das sich später zurückgebildet hatte. Mit feinem goldenen Honig zeichnet der Junge Fäden und Schleifen auf ihren Bauch. Sie lacht, und er schleckt. Filipo stoppte den Film.

Er las weiter: Billy the Snake, Otto the Hero, der haarige Ralph; es war abscheulich. Dann: Hoddy Doddy, der Tröster. Filipos Herz schlug schneller. Das Schicksal jenes Stadtstreichers, den Tadja gekleidet, genährt und schließlich in eine Nacht aus Eis und Fieber zurückgejagt hatte, entspann sich neu in seinem Kopf. Hoddy Doddy war in ihm gewachsen und lebendig geworden, fast wie eins von Tadjas Opfern auf Video. Hinter jedem Akkordeonspieler, in den kleinen Städten im Süden, wo er Urlaub machte, hatte er ihn vermutet; er war durch Gassen und Höfe geirrt, auf der Suche nach einer traurigen Melodie; und immer musste er sich zum Schluss eingestehen, dass seine Phantasie ihn veräppelt hatte. Hoddy Doddy, der stille Wanderer, wartete nirgendwo auf ihn. Er war im Schneetreiben verendet, oder wehte als Rauch aus den Schloten eines Krematoriums.

Bevor er den Film einlegte, zögerte er. Er dachte an Alighatos Worte, dass es eine unverzeihliche Sünde sei, hinter die Schlafzimmervorhänge fremder Menschen zu blicken. Aber Tadja, so viel stand fest, war keine Fremde; im Übrigen verstieß Alighato selbst gegen seine Gebote. Jenes Flimmern, das Filipo hinter seinem Fenster gesehen hatte. Warum zerstörte er den Film nicht, ohne ihn zuvor gesehen zu haben? Um ihn besser erlösen zu können? Nichts anderes wollte Filipo im Moment: Er wollte Hoddy Doddy erlösen. Egal, ob er nun bei den Würmern lag oder in irgendeiner Kneipe an billigem Schnaps verreckte. Er schob die Kassette ein und drückte die *Play*-Taste.

Es flimmerte auf dem Bildschirm. Szene Eins zeigte ein leeres Bett, und einen Mann, der vor Tadja auf den Knien lag und heulte, während sie mit ihren langen roten Nägeln seine Kleider zerschlitzte. Ein Streifen von einem weißen Seidenhemd wehte durchs Bild wie eine geschändete Flagge. Als der Mann noch erbärmlicher schrie und Tadjas Knöchel umfasste, stieß sie ihn weg.

Filipo schaltete aus.

Er ging zur Hausbar, fand eine viertelvolle Flasche Wodka und trank sie leer. Speichel aus dem Nichts sammelte sich in seinem Mund, und es tropfte auf den Teppich und auf sein Hemd. Er riss die Kassette aus dem Gerät und zerschmetterte sie an der Türklinke. Er trat auf ihr herum, bis er sicher war, dass auch ein Fachmann sie nicht mehr wiederherstellen konnte.

Er hatte Tausende solcher Filme gesehen; sie brachten ihn nicht aus der Fassung. Man musste schon das Herz einer Nonne haben, um sich darüber zu entsetzen. Nein, es war etwas anderes, das seinen Ekel wie mit einem Mastschlauch nährte. Er ging ins Badezimmer und quetschte sich eine Ladung Magensäure aus der Speiseröhre.

Es ging um Hoddy Doddy selbst.

Um sein Gesicht.

3

Der Meister trieb im Pool; seine Hände waren weiß und fett wie riesige Schnecken, und das kleine Mädchen stand am Beckenrand und lächelte, als wäre eine Wasserleiche ein höchst amüsanter Anblick. Die Sonne ging auf, und über den Kastanienbäumen flatterten Raben, die bereits ahnten, dass hier ein üppiges Frühstück auf sie wartete.

„Wann ist es passiert?“ fragte er das Mädchen und sah, wie ihre brüchigen Spiegelbilder im Pool sich ineinander verdrillten. Sie zuckte die Schultern, schöpfte eine Handvoll Wasser und kühlte sich damit den Nacken.

„Irgendwann gestern Nacht. Kurz nachdem Sie gegangen waren. Aber ich glaube, er blufft nur. In Wirklichkeit ist er unsterblich.“

Filipo wusste, dass er von hier verschwinden musste, denn der Tag hatte es eilig. Riesige Motten, müde vom Morgenwind, plumpsten ins Gesträuch; Mücken schwärmten aus und suchten die Sonne.

„Seine Freunde nannten ihn Hoddy Doddy“, sagte er, weil er hoffte, es würde lustig klingen.

„Bescheuerter Name. Zumindest für einen, der sich mit Zombies und Vampiren unterhält.“

„Pass auf“, sagte er und beugte sich zu ihr herab. „Ich werde jetzt verschwinden. Und du hast mich hier nicht gesehen, verstehst du?“ Er schüttelte sie und spürte, wie ihre kleinen schwachen Arme sich wehrten. Aus ihren Locken rieselte etwas, das wie abgebröckelter Putz aussah. Sie zitterte, aber er wollte kein Mann sein, vor dem man zittern musste, also ließ er sie los.

Alighatos Leiche trieb langsam an den Beckenrand; an seinen Nasenlöchern klebte Blut. Filipo fragte sich, wie er es wohl gemacht hatte: Mit Schlaftabletten? Mit schweren Eisklötzen an den Füßen, die sich im pinkfarbenen Becken spurlos aufgelöst hatten?

„Hast du mich verstanden?“ wiederholte er kraftlos. Das Mädchen lachte und bespritzte ihn mit Wasser. Vermutlich aus Angst, er könne sie wieder anfassen, hüpfte sie im Kreis um seine Beine und hob kokett das verschmutzte Röckchen.

„Sag mir deinen Namen“, bat Filipo. Vielleicht würde er sich irgendwann als wichtig erweisen.

„Ich kann mich verwandeln“, rief das Mädchen. „Was nützt dir mein Name, wenn ich morgen vielleicht ein Zebra oder eine Lokomotive bin? Na gut, ich heiße Lokomotive.“ Sie kicherte. „Oder Schneeflocke. Oder heißes Würstchen. Oder Stachelkaktus. Oder ... oder ... oder ...“

Er trat vor Wut gegen eine der Marmorsäulen und lief davon. Ihre Stimme, heiter und spitz, hüpfte hinter ihm her, war bald hier, bald dort, wirbelte und zwirbelte, auf und ab, hin und her, schrumpfte zuletzt zum Echo, dann zur Halluzination. Als er durch den Park ging, bohrte sich die Kälte wie ein Schwert in seinen Rücken. Ich muss klar denken, sagte er sich, einfach nur klar denken, dann wird alles gut. Er setzte sich auf eine Bank in der Nähe des Springbrunnens – doch es war zwecklos. Sein Kopf war leer. Er sah auf die Uhr und wusste nicht, was die Zeiger ihm sagen wollten.

Zwischen zwei Eichen, deren Äste sich umarmten und zum Bogen wölbten, sprang ein Hund hervor. Er war groß und schwarz und jagte bellend seinen Schatten; seine hohen, schlanken Läufe wirbelten Erdbrocken und verrottetes Laub empor. Als er Filipo sah, blieb er stehen. Ein hektisches Herz pochte in seiner Brust.

„Komm her", rief Filipo und streckte die Hand nach ihm aus. Der Hund legte die Ohren an.

„Na, komm schon."

Mit steifen, ängstlichen Schritten kam der Hund auf ihn zugelaufen. Filipo ging ihm auf halbem Weg entgegen. Er gehört jemand, dachte er, er trägt ein Halsband; ich werde ihn zurückbringen müssen.

Der Hund schüttelte sich, und Filipo hörte das Klimpern von Perlen. Großer Gott. Es war eine Kette. Kein Halsband. Eine Kette. Bunter Krimskrams, wie man ihn auf Flohmärkten erstand oder an Stränden entdeckte und an Mädchen verschenkte. Die Kette war verklebt mit einem Brei aus Schlamm und Kieseln. Wenn er sie erst abgespült hatte, würde er lächeln und sich an alte Tage erinnern. Ein behämmerter Gedanke, denn ... natürlich gab es so etwas nicht in Wirklichkeit.

Er träumte, bestimmt. Gleich würde er ein Akkordeon hören, und die Bäume würden sich färben, und das Wasser zu Feuer werden, und die Blätter zu Feen, die in den Herbsthimmel schwebten. Der Hund knurrte. Als Filipo ihm die Kette vom Hals nahm, biss er zu.

Das Blut, das auf Filipos Knie tropfte, war feucht und warm.

Hier geht es um Stalking – ein sehr unerquickliches Thema für jeden, der in der Öffentlichkeit steht, und mit Sicherheit eine der abscheulichsten Formen von psychischem Vampirismus.

Blutkonzert

Kein Bühnengewitter diesmal, keine Lichteffekte, kein Schweiß auf den Körpern. Ich wollte mit einem melancholischen Song beginnen, denn es war Herbst, die Blätter fielen, die Zeit der Schwärmer war. Jetzt kam mir der Gedanke, es könnte ein Fehler gewesen sein. Ich war mir plötzlich sicher, dass sie irgendwo da unten saß.

Es gibt Dinge, die kann man einfach spüren. Es ist wie eine Schwüle oder eine Hautirritation. Ja, sie war da. Es war unmöglich, sie unter tausend Besuchern mit dem Auge wahrzunehmen, aber die Luft roch auf einmal nach diesem verdammten Kokosparfüm, nach dem getrockneten Schweiß in dieser Locke, nach dem ekligen Recycling-Karton, in dem sie immer alles verpackte, ehe sie es an mich losschickte. So wie die Häuser von Kranken manchmal voll sind von deren Ausdünstungen, und jeder nimmt es wahr, außer ihnen selbst, und keiner kann es in Worte fassen, was da so riecht. Es ist etwas Organisches, das ist alles, was sich sagen lässt. Etwas, in dem noch kleine Tierchen leben.

Noch einmal verglichen wir die Tonhöhen unserer Instrumente, und wie immer gab Jeffrey am Keyboard den Stimmton vor. Wahrscheinlich bewunderte sie das, falls sie überhaupt wusste, was wir da machten. So wie man als Kind Elektriker bewundert, die dafür sorgen, dass im Haus alle Lichter brennen. Gleich würden da unten alle Herzen brennen. Ihres sogar lichterloh. Ich konnte plötzlich meinen BigMac wieder schmecken, mit Magensaft gewürzt.

Der Song begann. Kopf und Finger trennten sich. Meine Finger waren ihr Geld wert, immer schon, aber war es heute auch mein Kopf? Klänge können dich bis auf den Grund deines Herzens runterziehen, wenn du ohnehin schlecht drauf bist. Ich weiß noch, wie es war, als meine Mutter starb. Als das Cello zu knurren begann, bei der Trauerfeier, verspürte ich nur noch Entsetzen. Die Tore zur Hölle waren aufgegangen. Vielleicht bin ich ja deshalb Musiker geworden, um wie ein Forscher dieses Rätsel zu lösen.

Meine bisherigen Forschungsergebnisse: Musik ist Gestalt. Man kann sie anfassen. Musik bildet Formen: Steine, Gräser, Unterleiber, auch Gerüche. Heute war es dieser warme Hauch von Kokos in der Luft. Und die Erinnerung an das Kettchen.

Mit diesem Kettchen hatte alles begonnen. Mein Name eingraviert. Mein *vollständiger* Name, also war es nichts fertig Gekauftes gewesen. Und so etwas kostete. Was umso erstaunlicher war, falls sie wirklich so bescheiden lebte, wie sie immer schrieb. Ein armes Mädchen, die Aschenputtel-Schürze beschmutzt mit Staub und schmieriger Bodennässe, der Beginn eines Märchens, das gut enden würde. Ich hatte tagelang gegrübelt, was man sich davon versprach, Geld für jemanden auszugeben, den man gar nicht kannte.

Oder sich eine Fahrt nach Paris zu leisten. Als wir im Olympia auftraten, stand sie plötzlich nach der Vorstellung neben mir. Ich hatte keine Ahnung, wie sie es geschafft hatte, auf die Bühne zu gelangen. Sie fragte, ob ich Lust hätte, mit ihr im Laternenschein durch den Jardin du Luxembourg zu spazieren. Fragte es genau in diesen Worten. Ich sagte nur: „Pass auf, ich geh jetzt in meine Garderobe, und dann bin ich weg." Sie verstand die Botschaft trotzdem. „Aber das ist ein öffentliches Konzert", rief sie mir nach. „Jeder kann hierher kommen."

Und dann kam diese Scheißlocke von ihr mit der Post. Ich hatte daran gerochen. Fettiges Haar, ein bisschen wie Schweineschmalz. Dann hatte ich sie weggeworfen, vors Haus zur Tonne gebracht, und mir danach die Hände gewaschen. Und

Wasser geschnupft, um den Geruch wieder loszukriegen. Und nachts von dieser Locke geträumt: Von einem Penner, der ein belegtes Brot aus der Tonne stahl, an dem sie pappte.

Vielleicht gab es ja Schlimmeres. Wie die alte Dietrich, die ihren Fans zuletzt gebrauchte Höschen schickte, an denen Schamhaare klebten. Als Achtzigjährige. Ich kannte einen ihrer Fans, dem das wirklich passiert war.

Den ersten Song überstand ich, dann folgten ein paar rockigere Nummern, bei denen ich mich sicher fühlte. Es war für dieses Jahr unser letztes Konzert im Freien. Die Linden dufteten noch einmal, aber das Licht war schon krasser und härter. Die Leute im Publikum trugen zum ersten Mal in dieser Saison dicke Jacken, und manche kuschelten zu zweit in einer.

Es folgte eine Pause, und bevor wir weiterspielten, sagte ich zu Jeffrey: „Den letzten Song lassen wir heute weg.“

Er sah mich an, lange und lange, dann grinste er hilflos. „*When the stars begin to fade?*“ fragte er.

“Wir lassen ihn weg.”

Jene eine Nacht, in der ich diesen verdammten Stromausfall hatte. Ich fand keine Kerze, keine Taschenlampe, nichts, jedenfalls nicht in dieser gefräßigen Dunkelheit, die ihre Tentakeln durchs ganze Haus ausstreckte. Okay, dachte ich mir, eine gute Gelegenheit, mal früher zu schlafen. Und dann lachte jemand im Garten. Laut, gemein, mutwillig, wie in einer verrückten Oper. Ich bin echt kein ängstlicher Typ, aber ich hab mich nicht aus dem Haus getraut. Ich wartete darauf, das Lachen ein zweites Mal zu hören, und es kam auch, weiter entfernt diesmal, vor dem hinteren Teil des Gebäudes, und ohne Strom kann man natürlich auch nicht telefonieren, die Bullen anrufen oder so. Ich hörte das vertraute Geräusch des Gartenstuhls, der zurechtgeschoben wurde, ich roch Kokos durchs gekippte Fenster. Dann hielt ich mir die Ohren zu. Die Sonne ging später auf an jenem Tag, viel später als sonst. Im Garten fand ich Kuchenkrümel, um die zwei seltsame schwarze Schmetterlinge schwirrten und ab und zu davon fraßen.

Sie wohnte siebenhundert Kilometer von mir entfernt.

Jeffrey kam jetzt mit Crooks, unserem Bassisten, zurück.

„Ich will ja nicht desertieren“, sagte Crooks. „Aber weißt du, wie viele Wunderkerzen die Jungs da unten verkauft haben? Alles nur wegen dem einen Song. Der passt in die Jahreszeit, auf den freuen sich alle. Wie kommst du überhaupt auf die Idee?“

„Ich weiß nicht“, sagte ich. „Für mich ist das ein bisschen wie im Kitschroman. Die Leute kennen bereits den Schluss. Ich bin … na ja, mehr so der Mann für Überraschungen.“

Crooks ließ nicht locker. Im Moment gab ich nicht gerade das Musterbeispiel eines Frontman ab. „Spielen wir doch *Under my Skin*. Der bringt's immer irgendwie.“

„Ein Cover? Du willst mit einem Cover … hey, wir sind wer, Junge. Wir brauchen nicht mit einem Cover zu schließen. Das ist verdammtes Understatement.“

Ich kniff die Augen zu, aber das brachte nichts, denn dann sah ich nur mich. Lederjacke. Docs. Und einen Arsch in der Hose. Trug ich Windeln darunter, die bloß keiner sah? Ich machte die Augen wieder auf, und da war Crooks‘ erwartungsvolles Gesicht, fast wie das eines großen Bruders. Hatte ich das nötig?

„Okay, vergiss es“, sagte ich. „Diskutieren wir jetzt nicht auf der Bühne darüber. Ziehen wir es heute durch. Aber unser Konzept …“

Der Bahnhof in der Nacht, der einsame Bahnhof. Kein Mensch weit und breit, und mein Anschlusszug hatte Verspätung. Der Kiosk war schon seit Ewigkeiten geschlossen, und ich saß auf einer Holzbank in diesem kleinen kroatischen Kaff, irgendwo in den Pampas, und dann kam ich auf die Idee, auf meinem Walkman nach einem Klassiksender zu suchen. Manchmal brauche ich das. Geigen und Kontrabässe und … Cellos? Ich war kurz vor dem Einnicken, als dieser Geruch einem Cello entstieg, Kokos, verdammtes Scheißkokosparfüm. Meine Güte, ich war in Osteuropa, das konnte nicht sein. Als ich aufstand und aus der Halle floh, hörte ich Schritte hinter mir. Jemand rannte mir nach.

Dann wieder dieses Lachen, schrill und hässlich und gierig. Ich sehnte mich nach einem Bier, aber die Kneipen waren alle dicht. Und auf der Weiterfahrt war sie im Zug, ich konnte es spüren. Als einzige Passagierin außer mir, und ich rollte durch die Nacht und dachte darüber nach, den Beruf zu wechseln.

Crooks ging einfach wieder an seinen Platz auf der Bühne, hörte mich nicht mal bis zum Ende an. Mit bitterem Gesicht quälte ich mich durch die zweite Hälfte. Der Mond kam raus, und wahrscheinlich auch ein paar Sterne, die von den Scheinwerfern verschlungen wurden.

Und dann ließen wir, wie immer am Ende eines Konzerts, die Sterne einen nach dem anderen verblassen. *When Jupiter begins to fade ... Mars ... Uranus.* Die Nummer hatte ich geschrieben, „in einem ganz jungen Sommer", wie ich mal bei einem Interview gesagt hatte.

Die Wunderkerzen leuchteten auf. Nicht alle miteinander, sondern eine um die andere, wie um das Phänomen Zeit zu verdeutlichen, Herbstzeit, Herbstnachtzeit. Ich lächelte und zwinkerte Crooks zu. In drei Minuten war alles vorbei.

Und dann stand sie plötzlich auf der Bühne.

Mit einem kranken Lächeln im Gesicht, und kranker gelber Haut und braunen kranken Zähnen. Sie kam in meine Richtung, und ich hob die Arme. Sie zog ein Messer. Jetzt bin ich fällig, dachte ich.

Ihre Hand mit dem Messer hob sich in die Luft. Psycho Eins, die Duschszene. Die Musik dazu: Squeak, squeak, squeak, wie das Todesgrunzen eines Schweins im Schlachthof. Und wieder entstieg der Musik ein Duft. Schweineblut und Kokos. Ich schloss die Augen und machte sie fort wieder auf. Und so konnte ich alles sehen: Wie sie sich das Messer selbst in Herz rammte, wie sie die Augen verdrehte, den Mund zu einer Fratze verzerrte, wie ihr Kehlkopf würgte, wie sie zusammenbrach. Und das Schlimmste daran war der hohe, herzzerreißende Schrei, den sie dabei ausstieß.

Blut spritzte. Auf mein Mikro, auf meine Kontaktlinsen, auf meine Docs. Auf meinen Arsch in der Hose. Je höher sie schrie, umso gewaltiger wurden ihre Augen. Es war wie eine moderne Arie. Und dann sackte sie zusammen, und alles sackte mit. Das Messer fiel auf ein Kabel, und ein Rauschen hüllte alles ringsum ein. Dann begann das Geschrei im Publikum.

Sie rauften sich die Haare. Sie stürzten wild durcheinander. Sie waren völlig kopflos. Altamont, mal anders. Sie blickten flehend zur Bühne, erwarteten etwas von mir. Es hörte sich an wie das Geschrei der Tiere in einem Zoo, wenn ein Feuer ausbricht.

„Scheiße“, rief Crooks. „Verdammte Scheiße. Warum haben die Jungs nicht gleich geschnallt, was Sache ist?“

Ich erinnerte mich an Mick Jagger, wie er in Altamont geflennt hatte. Ob ich das jetzt auch durfte?

„Leute …“ sagte ich. Und das war alles, was mir einfiel. Kein Satz mit Grammatik. Ich konnte nicht mehr richtig sehen, wegen dem Blut auf der Kontaktlinse. Also stürmte ich hinaus, in meine Kabine.

„Scheiße“, sagte jemand. Crooks war mir gefolgt. Er hielt die angebrochene Whiskyflasche in der Hand, die er immer mit auf der Bühne hatte.

Jetzt kam auch Jeffrey. Und Toby, der Drummer. Er nahm mich in den Arm, ein alter Bär, und ich wusste, dass meine Haartolle gerade zu Brei schmolz. „Da draußen ist Presse“, sagte er.

„Lass sie nicht rein. Die sollen mich mal kreuzweise.“

Die Presse würde ich noch früh genug am Hals haben. Spätestens morgen. Ich würde versuchen, sachlich zu reden, wie einer, der die Dinge im Griff hat. Ich würde meinen Fans Mut machen. Diesen tausend Leuten, denen diese Nacht ein Leben lang als Blutkonzert im Gedächtnis bleiben würde.

Epssen tauchte auf, unser Manager. Er sah aus, als hätte er schon ein paar Fragen beantwortet.

„Wie ist die Stimmung?“ fragte ich.

„Na, super natürlich. Die Leute haben ein gebratenes Lamm bestellt, als Festmahl. Und eine große Tanzfläche installieren lassen. Du stellst Fragen."

Ich würde keinem sagen, dass ich sie gekannt hatte. Dass sie mir schon seit drei Jahren hinterher gelaufen war. Ich würde es psychologisch aufziehen. Wissenschaftlich. Beispiele bringen, aus der Musikgeschichte, von dem Typen, der Paul Simon im Madison Square Garden beinahe erdolcht hätte. Ein paar andere musste ich noch bei Wikipedia recherchieren.

Toby kippte das Fenster. „Ich glaube, es fängt an zu regnen", sagte er.

Ganz sachlich würde ich bleiben, nichts riechen, nichts hören. Kein Cello, kein Psycho, kein Quieken eines Schweins. Nichts.

Ich hielt meine Kontaktlinsen unter die Wasserleitung, um das Blut abzuwaschen.

Ohne die Lust in all ihren Ausprägungen würde nichts mehr geschehen, die Welt förmlich zu Eis erstarren. Und auch die bedrohlichsten Schatten sind nichts als ihre Bastarde.

Der schwarze Vorhang

Mein Vater starb schon früh. Eines Nachts hörten meine Mutter und ich einen dumpfen Schlag im Korridor, und als wir hinauseilten, lag er dort am Fuß der Dachbodentreppe, gefällt wie ein Baum, mit gebrochenem Genick. Immer wieder fragten wir uns, was er mitten in der Nacht dort oben gesucht hatte, doch es blieb ein Rätsel. Die einzige Erklärung, die ich finden konnte: Mein Vater hatte mir einmal gestanden, er sei als Junge Schlafwandler gewesen; vielleicht hatte er ja in jener Nacht so etwas wie einen Flashback erlitten. Er wurde beerdigt, und meine Mutter und ich lebten von nun allein im Haus.

Von diesem Haus erzählte man sich in der Stadt nichts Gutes. Manchmal, wenn ich am Fenster saß und durch die Scheiben blickte, sah ich, wie Leute stehenblieben, mit dem Finger auf die Fassade deuteten und tuschelten. Vielleicht sagten sie ja auch nur, es sei doch eigentlich viel zu groß für eine so kleine Familie. Und nun war die Familie noch kleiner geworden.

Ich vermisste meinen Vater. Ich hatte ihn geliebt. Es war jene männliche Nüchternheit, jener unbestechliche Sinn für Realität, den er ausgestrahlt hatte – eine Eigenschaft, die meine Mutter und ich kaum besaßen. Wir waren beide ängstlich, sensibel, ein wenig neurotisch fast. Es mangelte uns auch am Sinn für praktische Dinge. Natürlich konnte ich eine Glühbirne in die Fassung und auch wieder herausschrauben, natürlich wusste ich, wie man einen Nagel in die Wand schlägt. Aber was darüber hinausging, überstieg meine Kapazitäten, und die meiner Mutter auch. Schon bald stand ihre Entscheidung fest: Es musste wieder ein Mann her, und zwar schnell.

Sie brachte ihn eines Abends von einer Bar mit nach Hause, ließ ihn bei uns übernachten, verabredete sich ein paar Wochen lang mit ihm, dann gingen sie aufs Standesamt. An einem der nächsten Tage fuhr ein Möbelwagen vor und brachte seine Habseligkeiten, die er in der nunmehr gemeinsamen Wohnung verteilte: Ein paar Bücher, eine Stereoanlage, eine Gesteinssammlung, kaum mehr. Er war ein stiller Mann, nicht unfreundlich, aber kurz angebunden, und es war schwer, Vertrauen zu ihm zu fassen. Durch seinen Einzug würde es hier kaum lebendiger werden, aber die Familie würde wachsen, ja nicht nur größer werden, sondern sogar doppelt so groß. Denn er hatte eine Tochter, die ab jetzt ebenfalls hier wohnen würde. Ich sah sie zum ersten Mal am Tag der Einweihungsfeier. Sie hieß Tamara und war so alt wie ich.

Zwei kleine Kinder wären in einer solchen Situation okay gewesen und wohl auch gut miteinander ausgekommen. Sie hätten in einem Etagenbett geschlafen und miteinander gespielt. Zwei Achtzehnjährige, das war komplizierter. Ich hatte meine Freunde, und sie hatte ihre. Ich war im Grunde schon ein Mann, sie im Grunde schon eine Frau. Zwischen unseren Geheimnissen, unseren Hobbys, unseren Herzensangelegenheiten gab es keine Überschneidungen. Also gingen wir uns aus dem Weg. Zumindest in den ersten Tagen.

„Du wirst dich schon noch an deine Schwester gewöhnen.“

„Sie ist nicht meine Schwester.“ Ich empfand es als Zumutung, was meine Mutter da sagte.

„Verwandtschaft kann man sich nun mal nicht aussuchen.“

„Du hast leicht reden.“

Etwa um diese Zeit begann Tamara, mich zu beobachten. Die ganze Zeit. Heimlich zwar, aber man merkt so etwas ja. Sie studierte genau, wie ich mir beim Essen die Gabel in den Mund schob. Wenn ich aufstand, rausging und nach kurzer Zeit zurückkam, fragte sie mich: „Wo warst du denn?“ – als hätten wir ein süßes Geheimnis miteinander, das ihr das Recht zu solchen

Fragen gab. Wenn ich Kohlen für den großen Wohnzimmerkamin aus der Scheune holte, sah ich ihren Schatten am Fenster. Und an einem Tag – ich lag in der Badewanne und seifte soeben meine Brust ein – hörte ich ein seltsames Geräusch von draußen, als habe jemand im Flur etwas fallenlassen, dann schlug eine Tür. Von jenem Tag an klebte ich beim Baden das Schlüsselloch zu.

Wäre ihr Vater ein ganzer Kerl gewesen, hätten wir ein Gespräch unter Männern führen können. Aber ich machte nicht mal den Versuch. Ich wusste, dass er allen Themen aus dem Weg ging, die so etwas wie den Einsatz von Worten erforderten. Und dass ihm selbst etwas aufgefallen war, glaubte ich nicht, dafür erschien er mir zu stumpf. Von unseren Gesprächen kann ich mich nur an Satzfetzen erinnern, meistens ging es um meinen Vater.

„Er ist da wirklich runtergefallen?“, fragte er.

„Nun ja, wir haben uns das nicht ausgedacht.“

Er schüttelte den Kopf. „Merkwürdig. Wer geht denn nachts um zwölf auf den Dachboden? War er ein seltsamer Mensch, dein Vater?“

„Es gibt viele seltsame Menschen.“

Nachts saß er meist im Wohnzimmer auf dem Sofa und las im Licht einer Stehlampe eins seiner Bücher über Gesteine. Manchmal saß Tamara neben ihm, etwas ungeduldig, wenn er nicht schnell genug blätterte, aber wie er fasziniert von all den Felsbrocken und fossilen Klumpen, die auf jeder Seite abgebildet waren und die ich im Leben nicht voneinander hätte unterscheiden können. Aber die beiden kannten sich da aus.

„Was ist so interessant an Steinen?“, fragte ich Tamara irgendwann mal.

„Dass sie nicht ständig Fragen stellen.“ Sie lachte und warf ihr langes, rotschwarzes Haar in den Nacken. „War nicht so gemeint.“

Ich hätte mich nie für Steine begeistern können. Meine Hobbys waren anderer Natur: Ich trieb ein bisschen Sport, obwohl ich auch da vorsichtig sein musste, da ich mit einem Herzfehler geboren war und ständig Medikamente einnehmen musste, und ich liebte Musik. Mein Vater hatte mir seine riesige Sammlung mit kultigen Rockplatten hinterlassen, und ich schwärmte für die LPs von Emerson, Lake and Palmer, den Doors und Led Zeppelin. Tamara hatte keinen Sinn für Musik.

Eigentlich war sie hübsch. Wie eine dunkle Kerze hübsch ist, die bei einem seltsamen Ritual entzündet wird. Oder ein Nachtschattengewächs. Es gab sicher viele Jungs, die für sie schwärmten. Auch mir gefiel sie, aber ich hätte nicht mit ihr knutschen können. Nicht mit ihr Händchen halten. Es war zu wenig Sonne um sie. Ich mag Mädchen, die mich an Sommerdinge erinnern, an Hitzetage und Wasserbälle und Grillabende am Steinbruch. In ihrem Gesicht aber war der Winter, war Schnee. Im Schein der Neonlampe im Esszimmer fiel mir oft auf, wie bleich sie war.

So lebten wir die ganze Zeit nebeneinander her, sie auf Spähposten, jede meiner Bewegungen beschattend, ich mit gespielter Gleichgültigkeit – bis ein paar Tage vor Weihnachten etwas Seltsames geschah. Es war ein wässriger Abend, ohne Stimmung und Festatmosphäre, Regen und grauer Himmel beherrschten das Wetter. Ich ging an jenem Tag früh schlafen, weil eine Prüfung bevorstand. In meinem Zimmer blätterte ich noch kurz im Lehrbuch, als ich ihre Schritte hörte, die ich von denen der anderen mühelos unterscheiden konnte. Es war nicht, als liefe sie die Treppe hoch, sondern als wachse sie, als ranke sie sich wie eine Kletterpflanze am Geländer nach oben. Sie klopfte.

„Darf ich reinkommen?“ Sie kniff die Augen zusammen, als ich den Lichtkegel meines Nachtlämpchens auf sie richtete und hielt sich den Unterarm vors Gesicht wie ein Vampir, den man mit einem Kruzifix bedroht.

„Ich habe morgen eine Prüfung. Ich muss ausgeschlafen sein.“

„Ich habe eine CD mitgebracht. Eine aus deiner Sammlung natürlich. Du hast doch einen Player hier?“

Wieso schnüffelte sie in meiner Sammlung herum? Ich fragte sie, mit ganz höflichen Worten.

„Es interessiert mich einfach, was du so hörst“, sagte sie. „Ich glaube, es verrät eine Menge über uns, welche Musik wir bevorzugen.“

Sie hatte *The Last Waltz* dabei, das Doppelalbum. Das war ein Argument. „Okay, setz dich.“

„An deinen Bettrand?“

„Von mir aus.“

„Hast du deine Herzmedikamente genommen?“

Woher zum Teufel wusste sie das nun schon wieder? Ich hatte nie ein Wort gesagt.

„Ja, hab ich.“

Ihre Blicke wanderten über meine Bettdecke, dann zog sie sie ein Stück zurück, bis unterhalb meiner Herzgegend. „Nicht schön zu wissen, dass da drin nicht alles in Ordnung ist.“

„Ich lebe.“

Sie nickte nachdenklich, als hätte ich ihr einen Spruch zum Meditieren anvertraut. „Das Herz ist ein seltsames Organ“, sagte sie.

„Vielleicht, ja.“

Sie legte die Hand auf meine Brust und vollführte mit ihr kreisende Bewegungen, ohne auch nur einen Finger zu heben. „Nicht größer als anderthalb Fäuste.“ Sie sprach es wie einen Theatertext, der genau gleich lauten würde, egal was ich sagte. „Und in ihm ist alles Leben. Wenn man es dir rausnimmt, wirst du sterben.“

„Das würde ich auch, wenn sie mir die Leber rausnehmen. Das ist keine Spezialität des Herzens.“

„Wie ein Vogel. Wie ein kleiner Vogel. Als ich ein Mädchen war, hatte ich eine graue Amsel, aber ich musste sie verstecken, weil meine Mutter nichts davon wissen durfte. Ich stellte den Käfig in einen Wäschekorb und deckte ihn mit einem luftdurchlässigen Tuch zu. Und jeden Tag fütterte ich ihn. Dann kam der Sommer …“ Sie seufzte, und ihre Hand ruhte für einen Moment. Sie stand auf und legte die CD ein, dann setzte sie sich wieder zu mir, diesmal dichter, es wurde wärmer, es wurde ungemütlich.

„Ich fuhr mit meiner Klasse ins Schullandheim. Fuhr einfach los, ohne an den Vogel zu denken. Nach ein paar Tagen dort fiel er mir ein. Es war ja niemand da, der ihn fütterte. Meine Mutter konnte ich jedenfalls nicht anrufen, die hätte ihn sofort weggegeben. Also betete ich, er möge noch leben, wenn ich nach Hause kam. Aber ich wusste natürlich, dass ein so kleiner Vogel nicht so lang überleben kann. Er lag abgemagert auf dem Boden des Käfigs. In seinem Todeskampf hatte er sich einen Großteil seines Gefieders ausgerissen. Überall kleine graue Federn mit blutigen Kielen."

Ich wollte, dass sie ihre Hand wegnahm. Ich hätte sie einfach wegstoßen können, aber das ging nicht. Es wäre mir vorgekommen, als würde ich eine Rose aus dem Erdreich reißen, einfach so.

„So ist das Herz", sagte sie. „Ein Vogel, der eines Tages tot im Käfig liegt, wenn man ihn nicht füttert. Und es gibt sehr hungrige Herzen."

„So richtig verfressen, ja."

Sie störte sich nicht an meiner derben Bemerkung. Sie sah mich nickend an, und ihre Wimpern flatterten wie das Federkleid eines Vogels.

„Ich habe nachts von ihm geträumt. Von seinen Schreien, bevor er starb. Meine Mutter konnte es nicht hören, mein Zimmer war ganz oben. Aber im Traum hörte ich ihn laut. Und ich glaube …"Sie seufzte und legte ihren Kopf auf meine Brust. „… auch tote Herzen schlagen in unseren Träumen. Manchmal. Sie finden keine Ruhe."

Ich hätte ihr Haar streicheln können. Ihr einen Kuss auf die Stirn drücken, einen trockenen zumindest. Ich weiß nicht, warum ich es nicht getan habe. Manchmal wäre es so leicht, jemanden glücklich zu machen. Und wir tun es trotzdem nicht.

Sie blieb liegen, bis der legendäre letzte Walzer von *The Band* verklungen war. Ich schlief ein, und am nächsten Morgen war sie weg, mein Herz raste. Und ich hatte nicht geträumt. Weder von Vögeln noch von Herzen.

Zwei Tage später, es war Sonntag, fuhr die ganze Familie zum Minigolf. Tamara und ich hatten in der Zwischenzeit kaum miteinander gesprochen. Das Nötigste nur, wie *Guten Morgen* und *Gute Nacht* und *Gib mir mal den Löffel*. Jetzt saßen wir hinten im Wagen, ich gelangweilt, sie interessiert an allem, mit ausgehungerten Blicken die Landschaft leerfressend. Und mich. Meinen Körper. Ich stellte mich schlafend.

„Hübsch“, sagte sie irgendwann, und ich dachte zuerst, sie hätte draußen irgendwo ein Tier oder eine Blume gesehen. Dann ging mir auf, dass sie meine Klamotten meinte: Ich trug ein weißes Hemd, eine Mischung aus sportlich und schick, und dazu Camouflage-Hosen. Eine nicht ganz alltägliche Mischung, die ich an jenem Tag zum ersten Mal erprobte.

„Cooles Hemd“, sagte sie. „Du siehst darin aus wie ein Held.“

Während des restlichen Tages blieb ich mir dieses Hemdes fortwährend bewusst, was irgendwie komisch war. Dass sie mich beim Spiel die ganze Zeit beobachtete, muss ich wohl nicht erst erwähnen. Dabei war ich nicht mal gut im Minigolf, mir fehlte das Augenmaß. Meine Mutter hatte Schnupfen und verzögerte das Spiel, indem sie sich an jeder Bahn fünfmal die Nase putzte. Tamaras Vater spielte am besten, konnte sich aber über seine Erfolge nicht freuen, er spielte wie eine Maschine.

Bei einer der Bahnen musste der Ball durch eine enge, trichterförmige Luke zwischen zwei ungeschliffenen Steinen bugsiert werden. Und dort geschah es. Ich schaffte es aufs erste Mal. Wenn ich ihr gehört hätte, wäre sie stolz auf mich gewesen. Aber ich gehörte ihr nicht. Also musste sie es jetzt unbedingt auch schaffen. Möglichst ebenfalls beim ersten Versuch. Aber es gelang ihr nicht mal in sieben Anläufen. Sie war enttäuscht, harkte den Schläger wütend ins Erdreich, und er sprang wieder hoch, vollzog eine Art Salto und streifte sie am Auge. Sie schrie, hüpfte, hing plötzlich an meiner Schulter, und ich spürte ihr warmes Blut, wie es auf mein Shirt tropfte. Pfirsichrot und dick. Ich hatte die Nase voll.

„Sie hat mir das ganze Hemd versaut. Ich spiele nicht mehr mit. Fahren wir nach Hause."

„Nun sei doch nicht albern", sagte meine Mutter, während Tamara sich von ihrem Vater trösten und verarzten ließ. „Das kann doch mal passieren."

„Ich will nach Hause. Sofort."

Ein stickiges Schweigen entstand, man hörte die enttäuschten oder begeisterten Rufe anderer Besucher, und ganz am Ende des Platzes zwei Kinder, die um die Wette kreischten. Ich starrte auf Tamaras Schläger, der wie eine Waffe vor mir im Gras lag.

„Gut, fahren wir", sagte ihr Vater und klimperte mit den Autoschlüsseln.

Ein paar Tage später schaffte ich es gerade rechtzeitig zum Frühstück. Es hatte die ganze Nacht geregnet, schwer und schwarz und ohne Pause. Meine Mutter und Tamaras Vater saßen am Tisch und rührten in ihren Kaffeetassen. Jeder hatte Kuchen auf seinem Teller, aber keiner aß. Die Fenster waren beschlagen.

„Ist Tamara schon weg?" fragte ich.

Meine Mutter nickte. Tamaras Vater wechselte das Drehmoment seines Löffels. „Setz dich", sagte er, als würde ich sonst nur im Stehen frühstücken.

Er sah meine Mutter an, erteilte ihr auf diese Weise das Wort. Sie räusperte sich. „Tamara kommt nicht wieder", sagte sie.

Ich setzte mich und biss von meinem Kuchen ab. Was hätte ich sonst tun sollen?

„Sie wohnt also jetzt woanders", sagte ich. „Oder? Na gut, sie ist alt genug."

„Sie wohnt jetzt woanders", sagte ihr Vater.

„Ihre Kleider hängen alle noch im Badezimmer", sagte ich. „Hat sie nichts mitgenommen?"

„Wenn man ganz von vorne anfängt“, sagte ihr Vater, „braucht man nichts mitzunehmen.“

Eine Zeit lang glaubte ich wirklich, sie würde noch leben, denn von einer Beerdigung war nie die Rede, und ihr Vater kleidete sich weder dunkler noch verhielt er sich anders als sonst. Aber die Art, wie sie von ihr sprachen, verriet mir, dass etwas geschehen sein musste. Ich dachte viel über sie nach. Abends saß ich am Fenster und sah den Vögeln zu, die durch den Himmel segelten und lachten.

Ich sprach auch oft mit meiner Mutter, mit guten Freunden aus der Schule, oder falls überhaupt niemand hier war, mit meinem Vater. Vor dem Einschlafen meistens. Ich stellte mir einfach vor, er säße an meinem Bett und würde nicken und für alles eine natürliche Erklärung finden. Für ihn war der Tod nichts Religiöses, sondern etwas Biologisches gewesen. Wahrscheinlich war er bei meiner Geburt auch nicht an die Decke gesprungen wie andere Väter, sondern hatte sich höchstens erkundigt, ob die Fruchtblase nicht zu früh geplatzt sei oder so. Er wäre der Mensch gewesen, den ich jetzt gebraucht hätte.

Und er kam.

Eines Nachts, in der ich immer nur für kurze Zeit einschlief, um mich dann mindestens eine Stunde lang im Bett herumzuwälzen, stand er vor meinem Bett. Sein Gesicht sah aus, als würde jemand es mit einer schwachen Taschenlampe anstrahlen, und er blickte ernst, aber nicht verzagt. Eigentlich hätte ich Angst haben müssen, aber es war eher jenes seltsame Gefühl von Sympathie, das man spürt, wenn man jemanden, der lange Zeit auf Reisen war, unvermutet wiedersieht. Und die ersten Worte, die er zu mir sprach, waren genau die Worte, die ich von ihm hören wollte.

„Ich kann dir alles erklären.“

Ich rieb mir die Augen. „Du kannst mir erklären, wo Tamara ist?“

„Du wirst es selbst herausfinden. Aber du wirst vielleicht begreifen, was ich damals mitten in der Nacht auf dem Speicher wollte.“ Er ließ mir Zeit für eine Zwischenfrage, doch ich wusste, nach einiger Zeit würde er von selbst weitersprechen.

„Es gibt dort oben ein Geheimnis. Es war mir am Nachmittag zuvor aufgefallen, als ich eins der alten Musikinstrumente runterholen wollte, aber … ich hab den Blick dorthin nicht gewagt, vor allem war ich nicht allein. Also bin ich nachts noch mal hochgegangen. Und dann – wenn du weißt, wovon ich rede, wirst du es verstehen – dann … bekam ich Angst. Ich wollte *dich* holen. Aber … du weißt, in solchen Momenten ist man nicht Herr seiner Sinne, und ich stolperte auf der engen Stiege. Dann kam die Talfahrt. Den Rest kennst du.“

Ich konnte es nicht fassen. Gut, ich konnte auch nicht fassen, dass mein toter Vater vor mir stand und mit mir sprach, aber das meine ich nicht. Was mir wirklich nicht in den Kopf wollte, war, dass er Angst gehabt hatte. Zum Teufel wovor? Wenn ich mich als kleiner Junge vor etwas gefürchtet hatte, war er es immer gewesen, der mir alles erklärte und mir sämtliche Bedenken nahm. Und dann will er *mich* holen, um ihm beizustehen, auf einem lächerlichen Dachboden, wie es auf dieser Welt Tausende gibt. Ich spürte, wie auf meinem Rücken etwas Kaltes aus den Poren schoss, wie Schneeregen oder Blut, bevor es gerinnt.

„Was ist es?“, fragte ich. „Was ist da oben?“

Er gab mir einen Wink, aufzustehen und ihm zu folgen. „Die letzten Schritte musst du allein gehen“, sagte er. „Es hat seinen Sinn.“

Ich rollte mich aus dem Bett und folgte ihm auf den dunklen Flur. „Mach kein Licht“, flüsterte er. „Du sollst nicht sehen, wohin die Toten gehen, wenn sie plötzlich verschwinden.“

„Und warum nicht?“, fragte ich leise.

„Es gibt Dinge, die zu sehen euch nicht erlaubt sind. So wie man nicht mit bloßem Auge in die Sonne blicken soll, wegen der UV-Strahlen. Und jetzt geh auf den Speicher. Dort oben ist Licht.“

Ich kannte das Licht auf unserem Speicher. Manchmal, wenn ich es tagsüber einschaltete, hatte ich mich gefragt, ob es die Räume nun eigentlich erleuchtete oder noch mehr verdunkelte, aber jetzt in der Nacht leistete es ganz gute Dienste. Auf jeden Fall konnte ich bis runter zu meinen Füßen sehen, und im Augenblick fand ich es auch tröstlich, dass es mit einem Schalterdruck sämtliche Räume gleichzeitig ausleuchtete. Es gibt Momente, da kann man sich über solche kleinen Dinge freuen.

Ich sah mich um, und mir fiel nichts Außergewöhnliches auf. Große Kisten standen herum wie immer, mit alter Bettwäsche, alten Büchern und anderem Krempel. Geh weiter, befahl mir eine Stimme, aber es war nicht mehr die meines Vaters, sondern etwas in mir. So weit nach hinten gelangte man eigentlich nur selten, weil die wichtigen Dinge alle gleich an der Tür standen. Auch hier lauter Kisten, teilweise gestapelt, aber was wir in denen aufbewahrten, wusste ich nicht, weil sie nie geöffnet worden waren. Rechts von mir in einem Korb eine Sammlung mit Handpuppen, aus ganz frühen Kindertagen. Der Kasper grinste mich an, als wüsste er etwas. Ich trat ihm gegen den Kopf.

Und dann entdeckte ich es plötzlich.

Eine weitere Tür.

Sie lag am hinteren Ende des schmalen Abschnitts der Kammer, hinter den Wäscheleinen. Warum war sie mir zuvor nie aufgefallen? Klar, weil hier meistens Wäsche hing. Meine Mutter wusste bestimmt von dieser Tür. Und dachte vermutlich, ich auch.

Es gab also noch eine weitere Kammer hier oben. Wenn ich mir die Konstruktion der Stockwerke darunter vorstellte, war das auch nur logisch. Gleich unterhalb des Abschnitts hinter der Tür musste sich Tamaras Zimmer befinden. In diesem Moment wurde mir bewusst, dass ich dort eigentlich nicht mehr gewesen war, seit sie uns verlassen hatte. *Verlassen hatte* – die Formulierung war vielleicht schwülstig, aber optimal; sie ließ alles offen.

Ich machte die Tür auf. Der Raum, den ich dahinter sah, war fast doppelt so hoch wie die anderen, und fast dreimal so groß. Ein richtiger Saal fast, aber weitgehend leer. Was mir ebenfalls einleuchtete, denn neben Tamaras Zimmer war ja auch noch ein Korridor, ein Badezimmer und das ihrer Mutter. Unter diesem einen Raum lag im Grunde ein ganzer Hausflügel.

Die Kammer selbst war gespenstisch leer. Nur ein Tisch, dessen Platte unter einem dicken Staubteppich ruhte – alles Spinnenkacke, dachte ich mir. Und zwei Stühle, die irgendwie aussahen, als würden sie regelmäßig benutzt werden, obwohl man Stühlen das ja in der Regel nicht ansehen kann. Dann sah ich an der Decke eine weitere Lampe, die nicht brannte, und gleich darauf entdeckte ich, direkt neben der Tür, den dazugehörigen Schalter. Ich knipste die Lampe an.

Und da sah ich den schwarzen Vorhang.

Am Ende des Raums musste sich eine Nische in der Wand befinden, die hinter diesem Vorhang verborgen lag. Und wenn ich von einem schwarzen Vorhang rede, dann meine ich wirklich *schwarz*. Es war nicht das staubige Schwarz von Hosenstoff, es war auch kein Schwarz mit samtigem Schimmer. Es war so ein Kirchenschwarz, so ein völliges Schwarz, wie man es von Priesterkutten kennt; ein Schwarz, das man gerne mit reinem Weiß oder glänzendem Gold kontrastiert; ein totes und trotzdem irgendwie leuchtendes Schwarz, ein Trauerschwarz.

Was zum Teufel war das denn?

Schau nicht dahinter, sagte mir etwas. Hinter diesem Vorhang liegt das Grauen. Man schaut nicht hinter solche Vorhänge, weil alles an ihnen schon wie eine Warnung ist. Aber du musst, sagte eine andere Stimme, deswegen bist du hier, dein Vater hat dich geschickt. Ich vermisste ihn jetzt. Gerade in diesem Moment. Warum war er nicht mit mir hochgekommen? Wo gehen die Toten hin, wenn sie plötzlich verschwinden? Und warum haben die Menschen so gruslige Dinge erfunden wie Nischen in verlassenen Dachbodenkammern und pechschwarze Vorhänge und ängstliche Jungen und überhaupt?

„Hallo?“ rief ich durch den Raum. Ich wollte hören, ob sich

etwas bewegte, ob etwas atmete oder vielleicht Antwort gab, leise, klagend, wie auch immer. In einem Horrorfilm hätte diese Kammer vielleicht „Raum der gepeinigten Seelen“ geheißen oder so. Nein, ich *musste* hinter diesen Vorhang blicken, ich hatte keine andere Wahl. Jetzt wieder zu gehen hätte mich erstens zum Feigling gemacht, zweitens wäre aus der ganzen Nachtszene ein ziemlich schlechter Film geworden. Der Junge hat Schiss und geht wieder runter und alles ist bestens, bringt schon mal die Abspannmelodie. Na toll!

Die Stille war wie ein Gehörausfall. Ein guter Ort, um ungestört zu sterben.

Ich stand jetzt direkt vor dem schwarzen Vorhang. Irgendwie roch es hier seltsam. Vor allem nach Alter und Staub und Verfall, aber stärker, dicker, bitterer. Wie ein Geruch, der nicht nur einfach da ist, sondern dich aus Böswilligkeit quälen will. Ein Effekt. So als würde ein Regisseur sagen: Der Protagonist steht jetzt direkt am Ort des Schreckens, da darfst du ihn ohne Gestank nicht wegkommen lassen.

Also zog ich den Vorhang weg.

Ich darf jetzt nicht haspeln, wenn ich erzähle, was dahinter lag. Ich muss der Reihe nach berichten, nicht von hinten oder kreuz und quer. Es war eine Art Altar, mit einem schwarzen Tuch bedeckt, davor ein Podest zum Niederknien, und oben auf dem Altar ein Stuhl, oder eine Art Thron, alles in Gold. Und auf dem Thron saß Tamara. Sie hielt ein Zepter in der Hand, sah mich mit weit aufgerissenen Augen an, und ihr Gesicht und ihr Körper erschienen mir wie gedunsen, wie bei einer Wasserleiche oder jemandem, der Kortison in hohen Dosen nimmt. In ihrem Gesicht und an ihren Händen klebte Blut, und am Gold des hohen Stuhls, in dem sie wie eine Königin saß, etwas Braunes, das nur menschliche Fäkalien sein konnten.

Ich schrie. Ich wusste nicht, was ich mir jetzt zuhalten sollte: die Augen, die Ohren, den Mund, ich wusste überhaupt nichts mehr.

Bis auf eines: Nämlich, was den Staubgeruch so verstärkt hatte. Es war ein widerwärtiges Aroma, wie der faulige Atem eines ungepflegten Greisenrachens, nach Verfall und Luftmangel und inneren Vereiterungen. Wahrscheinlich wäre jeder andere sofort weggerannt, aber ich musste hinsehen, musste, hinsehen. Eine Unendlichkeit von Fragen: Lebt sie noch oder ist sie tot? Wer hat sie hierher gebracht? Warum sieht sie so schrecklich aus? Will sie mir etwas sagen? Will sie mir nichts sagen? Die Fragen kreisten und wirbelten herum wie eine Schneeverwehung, dann zog ich den schwarzen Vorhang zu und ging wie in Trance zum Ausgang. Meine Knie würden gleich einknicken, ich schien in den Beinen keinerlei Kraft mehr zu haben.

Ich würde *nicht* die Treppe runterfallen.

„Was ist los? Warum stehst du hier rum? Und warum hast du geschrien?“ Meine Mutter stand im Nachthemd vor mir, und das Seltsame war, ich stand jetzt woanders, viel weiter unten auf der Treppe, eigentlich schon fast vor meiner Zimmertür.

„Ich habe nicht geschrien. Das kannst du vergessen. Ich habe keinen Laut von mir gegeben.“

„Du hast geschrien wie am Spieß. Du hast schlecht geträumt.“

Ich rieb mir den Arm, und er fühlte sich an wie Raufasertapete. Gänsehaut auf Anabolika. Ich zitterte. Irgendwie war mir nach Weinen zumute. Man kann aus Angst weinen, aus Trauer, vor Verzweiflung – und vor *Grauen*. Wie schlimm muss ein Grauen sein, wenn man deswegen weint.

„Mom, wie soll ich geträumt haben, wenn ich gar nicht in meinem Bett liege? Ich stehe hier auf der Treppe. Hast du irgendwann schon mal auf der Treppe geträumt?“

Meine Stimme zitterte nicht nur, sie warf nur noch wahllos Silben aus wie Holzstücke aus einer Sägemaschine. Mom, frag mich wenigstens, was mit meiner Stimme los ist.

Sie seufzte. „Komm mit runter in die Küche, ich mache uns einen Kaffee. Dann erzählst du mir, was du geträumt hast.“

Ich hatte eben einfach *geträumt*. Weil sie es so sagte. Aus,

Punkt, fertig. „Verdammt, hörst du mir überhaupt zu?“

Sie gab keine Antwort. Ich sah zu, wie sie vier Heftchen mit Instantpulver aus der Packung holte und den Heißwasserboiler einschaltete. „Dein Vater war Schlafwandler“, sagte sie. „Er sagte immer, das wäre nur als Kind so gewesen, aber er war es auch später noch. Vielleicht, ohne es zu merken. Manchmal stand er nachts einfach vor meinem Bett und redete irres Zeug, oder er wanderte im Haus herum. Kein Wunder, wenn jemand sonst so ein Kopfmensch ist. Irgendwo bricht sich die Fantasie dann Bahn. Und bei dir scheint es ähnlich zu sein. Wenn ich vorhin schon darüber nachgedacht hätte, hätte ich dich nicht geweckt. Manche Schlafwandler werden orientierungslos, wenn man sie weckt, geraten in Panik.“

Hm, wenn sie Recht hatte, erklärte das zumindest, wieso ich plötzlich woanders gestanden hatte. Aber konnte man nicht unterscheiden, wann man träumte und wann man wach war? Eigentlich nur nicht, so lange man träumte. Dass ich jetzt am Tisch in der Küche saß und meine Mutter sah, wie sie die beiden Kaffeetöpfe rüberbrachte, war aber kein Film, den ich schob. Es passierte wirklich.

„Sag mal, Mom, in der großen Dachbodenkammer oben, wo das ganze Gerümpel steht und du deine Wäsche aufhängst … ist da ganz hinten noch eine Tür?“

Sie sah mich argwöhnisch an. „Du warst doch nicht etwa da oben?“

„Ist da eine Tür oder nicht?“

Ihre Blicke schweiften planlos umher, als sei sie erst vor einem Tag hier eingezogen und mit der Architektur der Räume noch nicht richtig vertraut. „Hinten an der Wand? Ja, da ist noch eine Tür. Das weißt du doch aber selbst.“

„Nein, das weiß ich eben nicht. Hätte ich sonst gefragt? Und liegt da ein Raum dahinter, der verdammt groß ist? Vielleicht doppelt so groß wie all die anderen Räume?“

Sie lachte, als wäre ich ein dummes Kind, das soeben

unwillkürlich für eine Pointe gesorgt hatte. „Nein“, sagte sie und wischte sich Kaffee von den Lippen. „Eher kleiner. Da sind nur ein paar Körbe mit Wäscheklammern drin. Und altes Geschirr, glaube ich. Aber das verwendet eh niemand mehr. Müssen wir gelegentlich zum Container fahren.“

Noch immer hatte ich Tamaras Leichengeruch in der Nase, und das Schlimmste war, mein Kaffee schmeckte danach. „Mom“, sagte ich, und dann machte ich eine Pause, ganz bewusst, aus dramaturgischen Gründen, damit ihr klar wurde, dass ich hier nicht einfach nur Löcher in den Käse fragte. „Mom … bitte … wo ist Tamara?“

Sie wollte auch ein wenig auf Dramaturgie machen und erst von ihrem Kaffee trinken, aber die Tasse war leer. Sie bediente sich einfach von meiner. Dann zündete sie sich eine Zigarette an, zog, aschte ab, alles betont langsam, doch irgendwann fiel ihr kein neuer Zeitverlängerungseffekt mehr ein.

„Sie kam an jenem Abend einfach nicht nach Hause. Du kennst doch die Stelle unten auf der Weide, gleich hinter der Pferdekoppel, wo der Fluss eine Biegung macht und ein paar Stromschnellen überquert?“ Sie räusperte sich. „Dort lief am nächsten Morgen ein Jogger vorbei. Er dachte erst, es sei ein riesiges Blumenbukett, das da vorbeitrieb, aber es war Tamara, in ihren schönsten Kleidern. Sie hatte sich geschmückt, geschminkt und hübsch gemacht, als wolle sie ein Fest feiern anstatt sich …“

Ich legte ihr die Hand auf den Arm und nickte, um sie zum Schweigen zu bringen.

„Aber warum?“, fragte ich. „Warum um alles in der Welt?“

Meine Mutter biss auf ihrer Backe herum, wie jemand, der über ein schwieriges Rätsel nachdenkt. „Gib dir nicht die Schuld“, sagte sie dann. “Gefühle lassen sich nicht programmieren. Aber es ist schlimm, verschmäht zu werden. Und ich glaube, es ist nicht die Liebe, die wir nicht bekommen, die uns umbringt, sondern die Liebe, die wir nicht geben können. Wer weiß, in was sie sich verwandelt.”

“Energie verwandelt sich immer”, sagte ich, und in diesem Moment wurde mir klar, dass ich wie mein Vater werden würde. Für alles eine Erklärung finden, nur um der eigenen Angst nicht ins Auge blicken zu müssen.

Und im Augenblick *hatte* ich Angst.

Ein paar Wochen nach jenen Geschehnissen verließ ich das Haus meiner Mutter und zog weg, in eine andere Stadt. Dort lernte ich lange niemanden kennen und sehnte mich auch nicht danach. Mein Studium der Astrophysik, das ich mittlerweile begonnen hatte, nahm mich genügend in Anspruch, und auch Mädchen interessierten mich in jener Zeit nur am Rande. Ich kann mich nicht erinnern, in den ersten beiden Jahren auch nur einmal verliebt gewesen zu sein.

Und dann geschieht es irgendwann doch.

Ich fuhr mit dem Zug von der Geburtstagsfete eines Kumpels zurück, bei dem ich die Nacht verbracht hatte, und stieg in ein Abteil, das bis auf ein Mädchen, das am Fenster saß und gelangweilt in einer Zeitschrift blätterte, völlig leer war. Und das erste, was mir auffiel, war, dass sie Ähnlichkeit mit Tamara hatte. Besser gesagt, mit einer gealterten Tamara, denn sie war etwa in meinem Alter, sah aber nicht aus wie eine Studentin, sondern – sagen wir – wie ein Mädchen, das noch auf der Suche ist. Nach ihrer wahren Bestimmung, nach der Kerze, die den Rest ihres Lebens erleuchten sollte, und nach dem richtigen Jungen.

Ab und zu blickte sie von ihrem Magazin hoch und lächelte mir zu, als wären wir zwei Verbündete, die beide wissen, wie sehr sich Zugfahrten in die Länge ziehen können. Ich wünschte mir, auch etwas zum Lesen zu haben, nur um mich gelegentlich darin verstecken zu können, doch das Netz am Vordersitz, in dem sich normalerweise der Lesestoff befindet, war leer. Und aufzustehen, um mir woanders etwas zu holen, hätte vielleicht zu sehr nach demonstrativem Desinteresse ausgesehen. Das Seltsame war: Sie gefiel mir. Ich könnte sagen, *obwohl* sie wie Tamara aussah, aber das würde es nicht treffen. Ich muss mich also korrigieren und sagen: *Weil* ich sie nicht als Schwester betrachtete.

Klar, wir kamen ins Gespräch, aber sie ließ eigentlich nur mich erzählen, ich erfuhr kaum etwas über sie. Ich hätte schöne Finger, sagte sie, was auch so typisch für Mädchen ist, dass sie an einem immer Sachen schön finden, über die man sich eigentlich nie Gedanken gemacht hat.

Und klar, wir verabredeten uns. Sie kannte ein Bistro, das sie sehr romantisch fand, nicht zu laut, gute Snacks und gute Weine, nicht zu teuer. Als ich die paar hundert Meter vom Bahnhof zu meiner Studentenunterkunft lief , versuchte ich mich daran zu erinnern, was sie mir überhaupt über sich verraten hätte. Nichts, musste ich mir eingestehen. Ich war wohl zu dämlich gewesen, an den richtigen Stellen nachzufragen.

Zum Beispiel hätte ich mich wenigstens erkundigen können, auf welchen Style sie bei Jungs stand. Schlabberlook war nicht so meins, da hätte ich passen müssen, aber ansonsten besaß ich eine recht bunte Klamottenauswahl. Mir kam eine Idee: Wenn sie Ähnlichkeit mit Tamara hatte, ähnelte sich vielleicht auch ihr Kleidergeschmack. Tamara hatte jenes weiße Hemd geliebt, das ich damals zu den Camo-Hosen getragen hatte. Das Rüschenhemd. Das Stilbruchhemd. Das Minigolfhemd. Das Blutfleckenhemd. Ich hatte es, wenn ich mich recht einnerte, seit jener Zeit nicht mehr getragen. Ich hoffte, es würde noch passen, denn schmaler war ich nicht geworden. Aber ich hatte es mitgenommen, irgendwann im Frühling war es mir aufgefallen, gefaltet und ganz unten in einem Stapel im Garderobeschrank. Ich beschloss, es einfach zu riskieren. Konnte ja sein, dass ich damit nicht ihren Geschmack traf, aber so abgrundtief hässlich kann man ein weißes Hemd ja nun auch nicht finden. Nachdem ich geduscht und mich frisiert hatte, begann ich im Kleiderschrank zu stöbern. Komisch, das Zeug war tausendmal gewaschen worden, und trotzdem roch es noch wie früher.

Ich musste nicht lange suchen. Es war noch dort, wo ich es das letzte Mal gesehen hatte. Meine Finger glitten über den Stoff, das Hemd war trotz des Ärgers, den es damals verursacht hatte, eine Erinnerung an die guten, warmen Tage in dem bösen, kalten Haus, die so nicht wiederkehren würden. Nach einer Weile entdeckte ich auch die Camo-Hose. Es war wirklich die coolste Kombination der Welt. Vom Kopf bis zur Hüfte ein wenig Gentleman, von den Weichteilen bis zu den Füßen der harte Fighter. Vielleicht war ich ja so.

Die Ernüchterung kam, als ich mir das Hemd anziehen wollte und mein Blick auf das fiel, was ich sofort als die Blutflecken von damals wiedererkannte. Meine Güte, war das möglich? Es war doch sicher irgendwann mal gewaschen worden. Aber das Blut war da, inzwischen mehr braun als rot, und wenn man die entsprechenden Stellen berührte, fühlte sich der Stoff dort härter an, klamm, ein wenig wie verkrustet. Ich faltete das Hemd wieder zusammen und schob es zurück an seinen Platz.

Irgendetwas, so weiß ich heute, wollte nicht, dass ich an jenem Abend wegging. Nicht mit diesem Mädchen. Oder vielleicht überhaupt nie mehr mit irgendwelchen Mädchen. Natürlich hätte ich was anderes anziehen können, aber eine Stimme sagte mir: Bleib zu Hause, du hast schon einmal hinter den schwarzen Vorhang geblickt, das sollte reichen. Mir war klar, dass ich sie dadurch versetzte. Wahrscheinlich hat sie lange auf mich gewartet, ehe sie enttäuscht nach Hause ging. Vielleicht aber … egal, was brachte es, darüber nachzudenken? Ich habe das Hemd nie wieder angefasst.

Aus Angst.

Ich hatte immer gedacht, seit jener Nacht, als ich auf dem Speicher hinter den schwarzen Vorhang blickte, könnte mich nichts mehr erschrecken. Aber das Gegenteil ist der Fall: Ich gehe im Geist diese Treppe hoch, sehe diesen hohen, irgendwie heilig wirkenden Raum, in dem nichts auf mich wartet als das Unheiligste, das ich mir vorstellen kann, und alles andere auf dieser Welt verwandelt sich. Nichts ist mehr so, wie es mir einst erklärt wurde. Alle Tage sind tot wie ein Sonntag, und nachts leben die Uhren auf.

Vor einiger Zeit starb meine Mutter, und Möbelpacker kamen und räumten das ganze Haus. Ich selbst zog es vor, den Arbeiten fernzubleiben. Aber wenn ihnen irgendwo ein schwarzer Vorhang aufgefallen wäre, mit einem blutbeschmierten Thron dahinter, in dem ein totes, inzwischen wahrscheinlich längst verwestes Mädchen saß, hätten sie doch bestimmt etwas gesagt.

Oder etwa nicht, Paps?

Nochmal ganz kurz …

Sind Sie durch? Oder haben Sie erst mal nur einige Geschichten gelesen? Egal, wichtig ist nur, dass Sie was zum Kauen haben, zum Herumspinnen. Ich beteilige meine Leser gerne interaktiv am Erzählvorgang, indem ich nie alles ausspreche, sondern mindestens genauso viel verschweige. Eine Geschichte, die lückenlos erzählt wird, braucht im Grunde gar nicht erzählt zu werden. Damit folge ich der amerikanischen Schule – vergleichen Sie einmal einen Songtext aus den USA mit einem aus Deutschland, dann wissen Sie, was ich meine.

Man kann die Stories in diesem Band grob in drei unterschiedliche Zeitabschnitte einteilen: Die ersten vier – von „Nachtgesang“ bis „Broadway“ - waren tatsächlich die ersten vier Geschichten, die ich überhaupt schrieb. Die darauffolgenden Stories habe ich im Laufe der folgenden Jahre verfasst, und die letzte Story im Buch („Der schwarze Vorhang“) ist relativ neu. Dazwischen liegen fast fünfunddreißig Jahre – was ich erstaunlich finde.

Denn bewusst habe ich mich nie fürs Schreiben entschieden. Ich meine, ich habe nie gesagt: „Ich will Schriftsteller werden und sonst nichts.“ Ich war zum Beispiel auch musikalisch begabt, und es gab eine Zeit, da konnte ich den Blues recht anständig spielen, außerdem hatte ich eine ganz brauchbare Stimme. Aber obwohl die Leute an meiner Schule sich nie um irgendeins meiner Talente kümmerten, sagte eines Tages ein Deutschlehrer zu mir: „Dein Zeug liest sich, als hätte es jemand von einem anderen Stern geschrieben.“ Hm, ich hätte ihm sogar sagen können, von *welchem*.

Ja, und noch etwas: Gezeichnet habe ich auch immer ganz gern. Manchmal (wenn ich mir die Zeit nahm) sind ganz passable Sachen dabei herausgekommen, meist jedoch nur Fragmente, nicht zu Ende Geführtes, Momentaufnahmen. Dazu gehört auch das „Selbstporträt“ unten, das ich als 19jähriger Gymnasiast zeichnete.

Was ich genau damit sagen wollte, weiß ich heute nicht mehr – aber ich glaube, es lässt sich zumindest daraus ersehen, dass meine „Lieblingssünde“ stets eine gewisse Selbstverliebtheit war – und wahrscheinlich noch immer ist.

O. F.

"The Young Poet Reaching for the Stars on a Flying Apple Pie" (1979)

Oliver Fehn
Die Klavierbrücke
Roman

Pandämonium Verlag
978-3-9813482-4-8
152 Seiten, Paperback
Preis € 11,90

Ein Dorf, in dem es scheinbar nicht mit rechten Dingen zugeht – und ein 15-jähriger Junge der dort bei seiner verschrobenen Tante Lissi wohnt und nur eins will: Hinaus in die Welt der Städte. Um seiner Langeweile beizukommen, hat er die Gabe entwickelt, sämtliche Dorfbewohner an der „Musik" zu identifizieren, die ihre Füße auf der Klavierbrücke spielen – einem morschen Holzsteg, der direkt an Lissis Haus vorbeiführt.
Als eines Nachts ein Mord geschieht, erkennt er den flüchtenden Täter an seinen Schritten – doch keiner will ihm glauben. Als dann noch sein bester Freund, der freche Rotschopf Wolfi, in Verdacht gerät, spitzen die Dinge sich zu.

Oliver Fehn
Keiner will mehr nach San Francisco

Pandämonium Verlag
978-3981348262
236 Seiten, Paperback
Preis € 18,95

Kurzgeschichten, Aphorismen, Gedichte und Essays des Autors Oliver Fehn.
Erleben Sie witzige, aber auch verträumte Texte eines jugendlichen Oliver Fehn, der von der großen weiten Welt träumt.

Mark Twain
Der geheimnisvolle Fremde
Die Abenteuer des jungen Satan
Roman

Pandämonium Verlag
978-3-9813482-5-5
156 Seiten, Paperback
Preis € 16,90

Österreich im Mittelalter: In Eselsdorf taucht eines Tages ein fremder Junge auf, der über geheimnisvolle Kräfte verfügt. Er gibt sich den Jugendlichen des Dorfes als ein Neffe Satans zu erkennen, und mit seiner Ankunft häufen sich seltsame Ereignisse. Doch was er dem jungen Theodor, der zu seinem besten Freund wird, über die Welt und den Sinn des Lebens zu berichten hat, ist voller Tiefe und Weisheit.

Gerd Frey
Tödliche Aussichten
Erzählungen

Pandämonium Verlag
978-3981348286
252 Seiten, Paperback
Preis € 19,50

Phantastische Kurzgeschichten von Fantasy und Horror über Science Fiction bis hin zu skurrilen Begebenheiten.

Der größte Teil der zumeist düster gehaltenen Kurzgeschichten wirft einen kritischen Blick auf unsere heutige Gesellschaft.

Uwe Siebert
Totenkönig
Roman

Pandämonium Verlag
978-3981348279
196 Seiten, Paperback
Preis € 12,95

Einige Zeit ist vergangen, seit Larkyen mit dem Totenheer siegreich von den Schlachtfeldern des Westens zurückgekehrt ist. Aus Anerkennung gewährt der Imperator von Kyaslan ihm und seiner Gefährtin Patryous eine Audienz im Reich der Unsterblichen.
Auf dem Weg dorthin müssen sie die größte Stadt der menschlichen Zivilisation durchqueren. Inmitten der Straßenschluchten von Meridias begegnet Larkyen dem alternden Majunaykrieger Khorgo wieder. Doch die Freude über das Wiedersehen ist nur von kurzer Dauer, denn Khorgos Tochter Zaira schwebt in großer Gefahr. Tief unter der Stadt, in den von Dunkelheit erfüllten Kanälen, lauert eine Kreatur, die schon seit langer Zeit auf Zaira wartet und deren Macht und Einfluss nicht zu unterschätzen ist.

Die Larkyen Reihe:

Band 1 - Die Wiedergeburt
Band 2 - Der Gott des Krieges
Band 3 - Blutkult
Band 4 - Totenheer
Band 5 - Totenkönig